全国交通运输行业干部培训系列教材

公路路政执法概论
Gonglu Luzheng Zhifa Gailun

李振斌　夏　晓　王　慧　主编

人民交通出版社股份有限公司
China Communications Press Co.,Ltd.

内 容 提 要

本书为全国交通运输行业干部培训系列教材之一。内容包括路政执法概述、路政执法的主要行政行为、路政执法的主要业务、公路路产损害赔(补)偿法律制度、路政执法的调查取证和路政执法文书6个部分。

本书可作为交通运输行业干部培训教材使用,也可供交通运输行业相关人员参考。

图书在版编目(CIP)数据

公路路政执法概论/李振斌,夏晓,王慧主编. —北京:人民交通出版社股份有限公司,2017.1
ISBN 978-7-114-13560-6

Ⅰ.①公… Ⅱ.①李… ②夏… ③王… Ⅲ.①公路养护—行政执法—中国 Ⅳ.①D922.296

中国版本图书馆 CIP 数据核字(2016)第 305648 号

书　　名:	公路路政执法概论
著 作 者:	李振斌　夏　晓　王　慧
责任编辑:	李　斌
出版发行:	人民交通出版社股份有限公司
地　　址:	(100011)北京市朝阳区安定门外馆斜街3号
网　　址:	http://www.ccpress.com.cn
销售电话:	(010)59757973
总 经 销:	人民交通出版社股份有限公司发行部
经　　销:	各地新华书店
印　　刷:	北京市密东印刷有限公司
开　　本:	787×1092　1/16
印　　张:	12
字　　数:	243千
版　　次:	2017年1月　第1版
印　　次:	2017年1月　第1次印刷
书　　号:	ISBN 978-7-114-13560-6
定　　价:	29.00元

(有印刷、装订质量问题的图书由本公司负责调换)

前言

  干部教育培训是建设高素质干部队伍的先导性、基础性、战略性工程。交通运输行业干部教育培训是提高交通运输行业干部队伍素质，保障交通运输行业可持续发展的关键。"十三五"及未来一段时期将是交通运输行业贯彻五大发展理念、加强法治政府部门建设、加快供给侧改革、实现行业治理体系和治理能力现代化的重要时期。面临着转型升级、结构调整、提质增效、推进综合交通运输体系建设的艰巨任务，交通运输作为经济社会发展的先行官，迫切需要建设一支适应"四个交通"发展的高素质的干部队伍。部党组高度重视干部教育培训工作，强调要通过集中轮训、专题培训、岗位培训、网络培训等方式，突出重点，统筹推进各级各类干部教育培训。目前，交通运输行业迫切需要一套体系完整的行业干部教育培训系列教材。

  交通运输部管理干部学院按照部党组的要求，贯彻《干部教育培训工作条例》，"适应不同类别干部教育培训的需要，着眼于提高干部综合素质和能力，逐步建立开放的、形式多样的、具有时代特色的干部教育培训教材体系"。学院全面推进正规化建设，高度重视培训教材建设，在部人事教育司的大力指导下，与人民交通出版社签订了战略合作协议，组织开发了全国交通运输行业干部培训系列教材。《公路路政执法概论》是系列教材中的一本。

  《公路路政执法概论》针对公路路政执法培训的需求和特点，着眼于路政执法的主要行为和主要业务，突出路产损害赔偿和调查取证，便于执法人员学习。

  本教材由李振斌、夏晓、王慧负责整个教材框架和结构设计。教材共分六章，其中杨继勇主要参与第一章、第二章、第三章的编写，范金国主要参与第四章的编写，夏晓、王慧主要参加第五章、第六章的编写，邱曼丽主要参与第六章的编写。

  由于编写水平有限，存在不足之处，敬请谅解。

编写组
2016 年 10 月

目 录
CONTENTS

第一章　路政执法概述 ………………………………………………………… 1
　第一节　我国路政执法的历史沿革与基本现状 ………………………… 1
　第二节　路政执法的概念及特征 ………………………………………… 4
　第三节　路政执法法律关系 ……………………………………………… 9

第二章　路政执法的主要行政行为 …………………………………………… 23
　第一节　路政执法法理基础及法律依据 ………………………………… 23
　第二节　路政管理行政许可行为 ………………………………………… 31
　第三节　路政监督检查行政行为 ………………………………………… 39
　第四节　路政行政强制行为 ……………………………………………… 43
　第五节　路政行政处罚行为 ……………………………………………… 60

第三章　路政执法的主要业务 ………………………………………………… 78
　第一节　公路路产的登记 ………………………………………………… 78
　第二节　公路建筑控制区管理 …………………………………………… 83
　第三节　涉路标志管理法律制度 ………………………………………… 89
　第四节　涉路施工管理 …………………………………………………… 94
　第五节　超限运输车辆行驶公路执法 …………………………………… 98

第四章　公路路产损害赔（补）偿法律制度 ………………………………… 109
　第一节　公路路产损失赔（补）偿法律制度概述 ……………………… 109
　第二节　公路路产损坏相关法律制度 …………………………………… 130
　第三节　公路路产损失赔（补）偿热点难点问题解析 ………………… 147

第五章　路政执法的调查取证 ………………………………………………… 152
　第一节　路政执法证据概述 ……………………………………………… 152
　第二节　路政执法调查取证原则和程序要求 …………………………… 160
　第三节　路政执法调查取证的基本方法及实例探讨 …………………… 166

第六章　路政执法文书 ………………………………………………………… 175
　第一节　路政执法文书制作 ……………………………………………… 175
　第二节　路政执法文书送达 ……………………………………………… 182
　第三节　路政执法文书归档 ……………………………………………… 184

第一章 路政执法概述

第一节 我国路政执法的历史沿革与基本现状

一、历史沿革[1]

(一)民国时期路政管理概况

旧中国是一个半殖民地半封建的国家,经济落后,公路发展缓慢、质量低劣,公路路政管理有所发展。

1. 北洋政府时期(1912~1927年)

公路在各系军阀的控制下,为争权夺地,公路修建时修时停,时兴时废,建成的公路不多,而公路管理机构变动频繁。在全国,路政曾先后归交通部、内务部、铁道部及全国经委管辖。在直隶省(即现河北省)初期,未建立专管机构,路政由直隶省负责。1917年,北京成立了京兆乡镇马路工巡捐局,其后演变为北京国道局,路政主要由京兆国道局负责。

北洋政府时期,在公路建设与管理方面也颁布了一些法规,如1919年11月颁布的《修治道路条例》。但由于当时军阀割据,又缺乏公路知识和经验,有些规定脱离实际情况,实际上未能执行。

2. 国民政府时期(1927~1937年)

公路开始纳入国家建设规划,初期国民政府的交通部和铁道部还草拟了全国道路规划和公路工程标准。1932年,全国经委会筹备处奉命督造苏、浙、皖三省联络公路,仿照国外中央贷款筑路办法,筹集资金,贷给各省作为补助筑路之用。以后在华中、西北、西南几省督造边境公路和联络公路。据统计,截至1936年,全国公路通车里程达117300km。各级养护机构日趋健全。

为加强护路修路工作,一些省相继成立了护路警察队。

3. 抗日战争和解放战争时期(1937~1949年)

1937年7月7日,日本侵略者发动了卢沟桥事变,中国抗日民族解放战争从此开始。当时,我国沿海各省相继失守,沿海公路中断,陆上运输已转入西南、西北大后方。为了适应战时需要,于1938年撤销全国经济委员会,公路处移归交通部领导,并改建

---

[1] 本节部分内容选自中国公路网《路政管理历史沿革》一文。

为公路总管理处。1943年,又改为交通部公路总局,负责护路筑路工作。1945年8月,日本侵略者宣布投降,全国公路交通机构恢复平时建制,同时恢复了交通部公路总局。1945年国民政府行政院发布关于军用大车行驶公路的通知规定。

日本投降后,国民党发动大规模内战,抢修了一些公路,但路政管理无从谈起。

与此相反,在解放区,人民政府不但组织力量整修公路,恢复通车,同时还制定了一些规定和办法,以加强路政管理。例如,华中行政办事处为加强解放区的公路管理和养护工作,公布了《养路队暂行条例》。

(二)新中国路政管理的建立和发展

中华人民共和国成立以后,交通部主管全国公路事业,公路事业一步一个台阶地有了较大发展,路政管理工作也有新的突破。

国民经济恢复和发展时期(1949~1966年)。新中国成立前的中国,从修建第一条公路起,到1949年的43年间,共修建公路13万km,而能通车的只有80700km,同时,这些公路布局畸形,质量低劣,不少路段路基狭窄,弯急坡陡,缺桥少涵,依靠渡船。新中国成立后,党和各级政府对公路建设及管养十分重视,全国从上到下建立了公路管理机构,并建立了设计、施工和养护的专业队伍,同时还颁布了一系列重要法规,如《公路留地办法》《公路养护办法》,动员民工整修公路办法,养路费征收办法等。路政管理工作明确列为公路养护管理的一项重要工作,并在全国进行公路普查,全面恢复和改善了原有公路,同时由国家和各省市自治区投资,对重点公路进行建设,如康藏、沈(阳)—大(连)等公路兴建,还对原有一些干线如川陇、京塘等公路进行了改建。1952年以后,公路建设稳步发展,各级公路部门补充完善了各项管理制度和技术规范,公路建设队伍进一步充实发展;并继续修建了一些干线公路。1955年国务院公布了《改进民工建勤养护和修建地方道路的指示》,使专业队伍和群众力量密切起来,县乡公路得到了普遍发展。

"大跃进"和国民经济调整时期(1958~1966年)。1956年交通部、邮电部、电力部颁布了《关于处理电线与行道树互相妨碍的规定的联合通知》,1957年铁道部、交通部、农业部、水利部印发《关于各部门基本建设工程占用公路暂行规定的联合通知》,1958年交通部、水利部联合印发《关于公路兴修农田水利工程注意事项》,1962年国务院印发《关于加强公路养护的指示》等。这些规定和办法的实施,对于搞好路政管理起到了一定的积极作用。

"文化大革命"时期(1967~1976年)。公路建设仍有发展,渣油路面发展较快,10年中增长了10万km,还相应地改善了一些线路标准,大部分木桥改建为永久性桥梁,一批干线上的渡口也改建为桥,国防公路建设和县乡公路也有不少进展。然而,"左"思潮盛行,错误地将一些行之有效的规章制度视为"管、卡、压",管理机构遭到冲击,公路建设和管养工作受到严重影响。

为改变这种状况,1975年交通部颁发了《公路养护管理暂行规定》,提出"全面养护,加强管理,统一规划,积极改善"的方针,明确了公路养护职工应和交通管理人员密切配合,积极做好路政管理工作。

1978年,交通部、石油部颁发了《关于处理石油管道,天然气管道与公路相互关系的若干规定》,规定了各种管线与公路交叉或接近的处理问题。

党的十一届三中全会后,我国的经济建设进入发展的新时期,交通部制定了《公路养护质量检查评定办法》《公路养护定员标准》等规章制度,还修订了《公路工程技术标准》及一些设计与施工规范,全国公路事业稳步长足发展。1982年6月,交通部在甘肃平凉召开全国公路养护工作会议,提出要依靠地方,依靠群众,认真贯彻落实"全面规划、加强养护、积极改善、重点发展、科学管理,保证畅通"和"普及与提高相结合,以提高为主"的方针。1984年8月中共中央书记处和国务院在听取交通部汇报后,指示要加快交通基础设施建设步伐,修建平、直、宽公路,发展大吨位的公路运输;随后中共中央召开全国农村工作会议,又明确了发展公路交通运输的若干政策等。随着公路里程的增加、等级的提高,公路养护管理取得了明显的进展。公路路政管理工作也同时引起了各方面的重视,各地开始组建路政管理机构,充实路政管理人员。1983年7月,国务院印发了新中国成立以来第一个路政管理方面的文件,即《关于加强公路路政管理,保障公路安全畅通的通知》,把路政管理工作摆到了重要议事日程。

进入80年代中期,人们对公路的重要性认识提高了,"要想富,先修路",全国掀起了修路的热潮。为保护公路不受侵占和破坏,1987年10月,国务院颁布了《中华人民共和国公路管理条例》,根据条例授权,交通部又发布了《实施细则》。这是我国第一个比较系统全面的公路管理行政法规。

1989年11月,交通部在四川重庆召开新中国成立以来全国性的路政管理工作会议,使路政管理工作逐步走向法制管理轨道,由单纯路政管理转向保护路产、维护路权、环境监督等多维管理;由季节性管理转向常年性管理,各级公路路政主管部门及其授权的路政管理机构的人员不断完善、充实和加强,取得了不小的成绩。

随着改革开放的深入,国民经济的发展,高等级公路在我国逐步发展起来,尤其是高速公路在我国土地上的出现,《公路管理条例》的贯彻施行,无疑也是搞好高等级公路路政管理的良好契机。1997年7月八届全国人大常委会第26次会议通过了《中华人民共和国公路法》,它的颁布施行标志着我国公路事业发展步入了法制轨道,有利于保障和促进公路事业的发展,充分调动了各方面建设公路积极性,指明了改革方向及建设和管理公路的措施。以《公路法》为基础,加快建立配套的法规、规章,使之成为一个科学、完备和有序的法律体系,《公路法》在公路事业新的发展历程中发挥了重要作用,依法建好管好公路,推动了整个国民经济的持续发展。

二、基本现状

到2014年年末,全国公路总里程446.39万km,公路密度46.50km/hkm^2,公路养护里程435.38万km,占公路总里程97.5%。全国等级公路里程390.08万km,等级公路占公路总里程87.4%,其中,二级及以上公路里程54.56万km,高速公路里程

11.19万km。

根据第十一届全国人民代表大会第一次会议批准的国务院机构改革方案和《国务院关于机构设置的通知》(国发〔2008〕11号),设立交通运输部,为国务院组成部门。交通运输部下设公路局,其主要职责是:承担公路建设市场监管工作,拟订公路建设、维护、路政、运营相关政策、制度和技术标准并监督实施;承担国家高速公路及重要干线路网运行监测和协调;承担国家重点公路工程设计审批、施工许可、实施监督和竣工验收工作;承担公路标志标线管理工作;指导农村公路建设工作;起草公路有关规费政策并监督实施。

县级以上地方人民政府交通运输主管部门,在本级人民政府的统一领导和上级人民政府交通运输主管部门指导下,依法主管本行政区域内的公路保护工作,根据《公路安全保护条例》的规定,在本行政区域内的贯彻执行管理、监督工作。关于各省、自治区、直辖市对本行政区域内的国道、省道的管理,各地在实践中有条条管理、条块结合、块块管理三种管理模式。考虑到实践中各省、自治区、直辖市对国道、省道的管理体制的不同情况,《公路法》《公路安全保护条例》均规定,"县级以上地方人民政府交通运输主管部门对国道、省道的保护职责,由省、自治区、直辖市人民政府确定",以适应各地的不同情况。

《公路安全保护条例》通过行政法规授权的形式,明确了公路管理机构的法律主体资格,规定了公路管理机构具体负责公路保护的监督管理工作,同时也赋予了公路管理机构行使公路行政管理职责的必要权力和手段。

第二节 路政执法的概念及特征

日益完善的公路路网有力地促进了我国经济社会的快速发展,同时也对公路保护提出了更高的要求。保护公路设施,维护国家公路财产安全,提高公路的通行和服务水平,是各级交通运输主管部门和公路管理机构的重要职责。公路保护的内容包括公路的养护和管理,而路政管理则是公路保护的重要内容。路政管理主要保护的是静态的物,即公路。同时,针对可能或已经导致公路损害的行为,依法履行调查处理。如前所述,公路属于国家或集体所有,交通运输主管部门和公路管理机构代表国家行使对公路的管理权,一是依行政权对公路进行管理,二是代表国家对造成公路损坏的公民、法人和其他社会组织行使民事赔偿请求权。

一、路政执法的概念

公路路政管理是我国行政管理的组成部分,所谓公路路政管理,是指交通运输主管部门和路政管理机构根据国家法律、法规和规章,对公路进行的行政管理,目的是为了保障公路完好、安全、畅通,提高公路的社会经济效益。路政管理的对象包括人、社会组织、物质资源(路产)、时空资源(路权)和信息资源❶。根据《路政管理规定》(交通部2002年第2号令),路政管理是指县级以上人民政府交通运输主管部门或者其设置的公路管理机构,为维护公路管理者、经营者、使用者的合法权益,根据《公路法》及其他有关法律、法规和规章的规定,实施保护公路、公路路产及公路附属设施的行政管理活动。

二、路政执法的特征

(一)路政管理是通过行政权对公路实施保护

公路法律法规中,对路政行政许可、路政监督检查、路政强制、路政行政处罚等方面做出明确规定,意在通过公路保护行政主体、行政权、行政保护措施等方面的规定,强化对公路的保护和管理。这也是国际通行的保护方式,例如,《印度喀拉拉邦公路保护法》第二十条规定,建筑线与控制线之间土地使用的限制,无论现行的其他法律中包含何种规定,除非在公路主管部门的书面文件中含有先前的许可,任何人不得在位于公路建筑线和控制线之间的土地上,建造或者重建建筑物或结构物,或者通过降低、抬升、挖掘或填充等方式改变地面,或者建造、形成或布设任何方式的公路出入口。《加拿大马尼托巴省公路及运输法》也规定,使用关闭的部属公路的人,或是移动或损坏依法放置在路上的布告牌以及路障的人,将被视为违法,并将在即席判决中被处以不超过50美元的罚款;并对因此造成的对部属公路的损坏和伤害负责,或者对政府的财产或由该人使用部属公路而向政府提起的诉讼负责。南非、日本、澳大利亚等国均有类似的规定。

(二)实施路政管理,依法保护路产路权

1. 公路路产

公路路产包括公路、公路用地及公路附属设施等。

2. 公路路权

一般意义上的路权是指交通参与者的权利,是交通参与者根据交通法规的规定,一定空间和时间内在道路上进行道路交通活动的权利。路权可分为上路行驶权、通行权、先行权、占用权。此处的路权是指公路的所有权,包括:一是公路、公路用地和公路附属设施的所有权;二是相关的权益。

(1)公路所有权❷

①各级人民政府投资建设的公路产权。

我国《公路法》第二十一条规定:"筹集公路建设资金,除各级人民政府的财政拨款,包括依法征税筹集的公路建设专项资金转为的财政拨款外,可以依法向国内外金融机构或者外国政府贷款。"首先,从上述规定及目前公路建设的实践来看,政府投资

---

❶ 洪秀敏编著《新编公路路政管理学》,杭州出版社,2002年12月第1版,第38页。
❷ 部分内容来自杨继勇著《公路法概论》,山西经济出版社,2011年5月版,第109页。

建设公路的资金来源有两种,一是财政拨款,包括国家和地方投资、征收的车辆购置税;二是以政府或政府交通部门作为贷款主体,通过融资形成的公路建设资金。其次,从公路建设用地来看,各级政府及交通部门投资建设的公路,其土地无一例外地全部都是征用土地。第三,许多公路特别是国省道主干线兼具国防资产的作用,特别是通往国家军事设施的公路。第四,从公路的保护主体看,根据《公路法》第八条的规定,交通部门和公路管理机构是公路管理和保护的行政主体。综上所述,上述公路的路产为国家所有是毫无疑问的。

②国内外经济组织依法投资建成或受让的公路产权问题。

关于此类公路的所有权问题,虽然《公路法》并未作明确规定,但根据其中的一些条款是可以界定其产权的。《公路法》第六十五条规定:"有偿转让公路收费权的公路,转让收费权合同约定的期限届满,收费权由出让方收回。由国内外经济组织依照本法规定投资建成并经营的收费公路,约定的经营期限届满,该公路由国家无偿收回,由有关交通运输主管部门管理。"《公路法》的这些规定其实是BOT/TOT模式的展开表述,对于公路资产的归属没有明确规定。但是,如果从"由国家无偿收回"中"收回"的表述来看,可以理解为国家所有。在民商事和经济法律中,所谓"收回"即意味着本权利人在将本权利或者本权利之部分权能向他人一定程度授权以后,因为授权到期或者撤销授权,重新使本权利归于完整。照此解释,对于公路法中"收回"的表述,笔者的理解是:国家依法将收费权及相关权益授权国内外经济组织一定期限后,到期或者提前终止而消灭收费权及相关权益,使公路资产的国家所有权恢复完整性。

③农村公路的产权。

近年来,农村公路(水泥路、油路)发展很快。10年间,仅山西省就建成农村公路约10万km。农村公路并不是新生事物,但其所有权归属问题却鲜有研究。农村公路附着的土地为集体所有,公路建设资金除少量来自上级政府和交通部门的补贴外,其余为村民集资或投工投劳建成的。从其土地来源和资金来源可以认定,农村公路的所有权性质应当为集体所有。

④专用公路的产权。

根据《公路法》第十一条的规定,"本法对专用公路有规定的,适用于专用公路。专用公路是指由企业或者其他单位建设、养护、管理,专为或者主要为本企业或者本单位提供运输服务的道路。"实际中,专用公路有矿山企业的矿区专用道路、森林企业的林区专用道路、国防科研基地的专用道路和旅游景区的旅游专用道路等。这些公路是由本单位自行建设、管理、养护,主要为本单位使用。这些专用公路原则上不适用《公路法》的规定,专用公路一般属于专用公路投资建设单位所有。

(2)公路的空间权。

《物权法》第一百三十六条规定:"建设用地使用权可以在土地的地表、地上或者地下分别设立。"《公路工程技术标准》(JTG B01—2014)、《公路路线设计规范》(JTG D20—2006)规定了公路建筑限界,即在一定宽度和高度范围内,不得有任何障碍物侵入的空间范围,旨在保证公路上规定的车辆正常运行与安全。《公路法》明确规定,跨越公路修建桥梁、渡槽或者架设管线等设施的,以及在公路用地范围内架设管线、电缆等设施的,应当事先经有关交通主管部门同意。因此,公路的空间权为公路建筑限界。

(三)路政管理的主体是交通运输主管部门和公路管理机构

交通运输主管部门和公路管理机构是公路法律法规规定的公路保护主体。公路保护既是路政管理主体的职权,也是其职责。按照《公路法》的规定,路政管理的行政主体为县级以上交通运输主管部门。《公路法》第八条第四款规定:"县级以上人民政府交通主管部门可以决定由公路管理机构依照本法规定行使公路行政管理职能。"对上述规定,一般理解为交通运输主管部门为公路路政管理的行政主体,而公路管理机构为受交通运输主管部门委托行使公路路政管理职能的机构。《路政管理规定》第四条的规定更为明确,该条第二、第三款规定:"县级以上地方人民政府交通主管部门根据《公路法》及其他有关法律、法规、规章的规定,主管本行政区域内路政管理工作。县级以上地方人民政府交通主管部门设置的公路管理机构根据《公路法》的规定或者根据县级以上地方人民政府交通主管部门的委托,负责路政管理的具体工作。"但是,许多公路管理机构认为,这种委托执法的体制不利于公路管理。不少省、自治区、直辖市已经通过地方性法规授权的方式,授权公路管理机构具体履行路政管理的职能。为此,《公路安全保护条例》授权公路管理机构为路政管理的行政主体。

需要注意的是,依《公路安全保护条例》的规定,村道的管理工作由乡级人民政府负责。

公安机关对破坏路产案件的管辖是基于法律赋予该机关对公私财产的普遍保护的权力,而非专事路产保护。

(四)路政管理的目的是实现公路的完好、安全和通畅

《公路法》第四十三条规定,路政管理的首要目的是保障公路的完好、安全和畅通。《公路安全保护条例》第一条也规定:"为了加强公路保护,保障公路完好、安全和畅通,根据《公路法》,制定本条例。"

1. 公路完好

公路完好主要是指公路物理状态的完好,即公路及其附属设施应当符合有关技术规范的要求,处于良好的技术状态,包括路面平整,路肩、边坡平顺,有关设施完好。公路完好,一方面要求公路管理机构或公路的经营管理者按照国家有关规定实施公路养护,另一方面要求公路管理机构加强对公路的路政管理。如:对涉路施工实施许可时,充分考虑公路设施及其功能的发挥,对当事人从事涉路施工实施许可进行必要的监督检查,对可能影响公路完好的行为,要求其改进和完善施工方案;对已经影响公路完好的,要求其按照公路工程技术标准予以修复。对违法影响公路完好行为,予以调查处理,必要时可依法实施行政强制和行政处罚措施。

2. 公路安全

公路安全主要是指公路、公路附属设施本身的安全及整个路网运行的安全。公路属于国家财产,保障公路安全就是保障财产安全,亦即公路、公路用地及公路附属设施的安全。任何单位和个人不得破坏、损坏、非法占用公路、公路用地和公路附属设施,不得开展危及公路安全的活动。公路管理机构发现前述违法行为的,应当及时制止并进行查处。需要明确的是,公路安全与交通安全密切相关,但不能等同于交通安全。道路交通安全是一个由人、车、路和环境等要素构成的"公路安全生态链",系统中任何一个要素的行为或性质发生变化都会对整个公路交通安全产生影响。在我国现行法律体系中,围绕道路交通安全所产生的法律关系主要是根据《道路交通安全法》调整的。

3. 公路畅通

公路畅通主要是指公路的通行功能正常,包括物理状态下的畅通、对影响公路正常通行功能行为的查处。公路畅通的前提必然是公路完好和公路安全。如:公路未出现坍塌、坑槽、隆起等损毁现象,公路沿线无摆摊设点、堆放物品、倾倒垃圾、放养牲畜、打场晒粮等违法行为。公路畅通也指对公路用地范围内附属设施符合公路工程技术标准和公路的设计标准,如,跨越公路修建桥梁、渡槽或者架设、埋设管道、电缆等设施,不符合公路建筑限界有关规定的,可能导致超高车辆难以通行;再如,超限运输车辆因其外廓尺寸超过公路设计标准,难以通行某些特殊路段,造成车辆拥堵;干线公路平交道口开设过多,影响车辆通行速度等,上述情形均可能影响公路的畅通。

三、公路路政管理的区域

路政管理的区域包括平面区域和净空区域。根据我国《公路法》的有关规定,路政管理的区域为立体的空间区域。

1. 平面区域

平面区域为公路、公路用地和公路建筑控制区。按照《公路法》第三十四条的规定,公路用地是指县级以上地方人民政府依法确定的,公路两侧边沟(截水沟、坡脚护坡道)外缘起不少于1m的土地。同时《公路工程技术标准》(JTG B01—2014)规定,在有条件的地段,高速公路、一级公路不小于3m、二级公路不小于2m范围内的土地为公路用地范围。在风沙、雪害等特殊地质地带,设置防护设施时,应根据实际需要确定用地范围。桥梁、隧道、互通方式立体交叉、分离式立体交叉、平面交叉、交通安全设施,服务设施,管理设施,绿色以及料场、苗圃等用地,应根据实际需要确定用地范围。因此,公路用地的范围应为因公路需要所占用的地幅,《公路法》中所称的不少于1m的公路用地范围,实际上是公路路基用地。《公路法》规定,任何单位和个人不得在公路上及公路用地范围内设置障碍、挖沟引水、打场晒粮,不得从事修车洗车、摆摊设点等经营活动,不得有堆放物品、倾倒垃圾、种植作物、放养牲畜等行为。《公路法》第五十六条规定,除公路防护、养护需要以外,禁止在公路两侧的建筑控制区内修建建筑物和地面构筑物;需要在建筑控制区内埋设管线、电缆等设施的,应当事先经县级以上地方人民政府交通主管部门批准。前款规定的建筑控制区的范围,由县级以上地方人民政府按照保障公路运行安全和节约用地的原则,依照国务院的规定划定。建筑控制区范围经县级以上地方人民政府依照前款规定划定后,由县级以上地方人民政府交通主管部门设置标桩、界桩。任何单位和个人不得损坏、擅自挪动该标桩、界桩。可见,路政管理的平面区域为公路、公路用地和公路建筑控制区。

2. 公路的空间区域

公路的空间区域主要为公路建筑限界。根据《公路工程技术标准》(JTG B01—2014)、《公路路线设计规范》(JTG D20—2006)的规定,公路建筑限界是为了保证公路上规定的车辆正常运行安全,在一定宽度和高度范围内,不得有任何障碍物侵入的空间范围。在公路横断面设计中,公路标志、护栏、照明灯具、电杆、管线、绿化、行道树以及跨线桥的桥底、桥台、桥墩等的任何部分不得侵入公路建筑限界之内。公路建筑限界的宽度:当设置加(减)速车道、爬坡车道、慢车道、紧急停车带时,建筑限界包括该部分的宽度;八车道及其以上整体式路基的高速公路,设置左侧硬路肩时,建筑限界应包括相应部分的宽度;桥梁、隧道设置检修道、人行道时,建筑限界包括相应部分的宽度。公路建筑限界的高度:检修道、人行道与行车道分开设置时,其净高为2.5m,高速公路、一级公路、二级公路的净高为5m;三级公路、四级公路的净高为4.5m。

3. 地下区域

公路是附着于地面的构筑物,因此保障公路的安全、完好和畅通,对公路地下区域的保护也是非常重要的。如对穿越公路修建设施的许可,以及对违法实施该行为的查处。

第三节　路政执法法律关系

法律是社会关系的调节器,不同的法律调节不同的社会关系,社会关系经一定的法律调整后,便形成了相应的法律关系。路政管理法律关系就是其中的一种。

对公路法律关系进行研究,有助于我们正确认识和分析各种与路政管理有关的法律现象,从而进一步揭示路政管理法律法规与其他部门法不同的规定性以及相互关系,加深对路政管理法律法规的规律性认识。

一、路政管理法律关系的含义

路政管理法律法规的综合性和技术性特征十分明显。在路政管理法律法规中,既有实体法规范,也有程序法规范;既有权利义务(权力责任)规范,也有技术规范。但从法律部门的归属上讲,路政管理法律法规仍属于行政法的范畴。在公路保护方面,必然要发生各种关系,这些关系范围广,内容复杂,都统称路政管理法律关系。经公路法律法规和其他有关法律法规确认,并具有路政管理法律法规上的权利、义务内容的,就是路政管理法律关系。路政管理法律关系是公路法的体现,由国家强制力作保障。违反、破坏路政管理法律关系的行为,就要受到法律的追究。就目前的路政管理法律法规而言,主要为行政法律关系,同时与公路保护相关的法律关系还有民事法律关系和刑事法律关系。

二、路政管理行政法律关系

(一)路政管理行政法律关系的概念和特征

路政管理行政法律关系是指为公路法律法规所调整和规定的,具有公路路政管理行政法上的权利义务内容的社会关系。路政管理行政法律关系由主体、客体及内容三大要素构成。公路行政法律关系的特征有:

1. 路政管理行政法律关系中必有一方为行政主体

路政管理行政法律关系本质上是路政管理行政主体实现路政管理行政职能时发生的一定的社会关系的法律化,没有路政管理行政主体就不可能发生路政管理行政法律关系,因此,路政管理行政主体必为路政管理行政法律关系的一方。如,在超限车辆行驶公路的行政许可中,做出行政许可的公路管理机构即为行政主体,如果没有上述许可主体,也就不可能构成路政管理行政许可法律关系。

2. 路政管理行政法律关系具有非对等性

路政管理行政法律关系的非对等性是指路政管理行政法律关系主体双方的权利义务不对等。权利义务的对等是指主体双方的权利义务是等值或者基本等值的。在路政管理行政法律关系中,由于作为路政管理行政主体的交通运输主管部门和公路管理机构拥有法律法规赋予的行政管理权,可以依法对公民、法人及其他社会组织履行公路法义务的情况进行监督检查,而且其做出的行政强制、行政处罚等具体行政行为具有先定力、拘束力和执行力。因此,两者的权利义务是不对等的。

3. 路政管理行政法律关系的权利义务一般是法定的

在路政管理行政法律关系中,主体之间的权利义务一般是不能约定的,包括权利义务的多少、实现方式和具体种类等(但行政合同除外),必须依据法律规范取得权利并承担义务。行政法的基本原理和要求可以用一句话概括:"在行政法领域,对行政主体而言,法无明文规定即禁止。"所以,行政权必须依法确定,公民、法人及其他社会组织在公路行政法上的权利义务也须经法律规定。

4. 路政管理行政主体在实体上的权利义务是重合的

路政管理行政主体的职权和职责是密不可分的,从一个侧面看是职权,从另一个侧面看是职责。如,公路管理机构对未经许可的超限车辆行驶公路的行为的监督检查和处理,既是其职权,也是其职责。因此,作为行政主体的交通运输主管部门和公路管理机构必须按照法律规定行使职权,否则就可能构成失职或渎职。

(二)路政管理行政法律关系主体之公路行政主体

路政管理行政主体主要是由《公路法》和有关法律法规规定的,也有许多具体职权是由地方性法规和规章规定的。

1. 路政管理行政主体的概念

所谓路政管理行政主体,是指享有依据国家法律规定或者法律法规授权,能够以自己的名义实施公路保护的监督管理工作,并能够独立承担由此产生的法律后果的组织。对于这一概念,应当从以下几个方面把握:

(1)路政管理行政主体是组织,而不是个人,应当具有法人资格,能够独立承担民法责任。组织是由个体成员组成的有机整体,其概念的外延包括各级人民政府交通运输主管部门、各级公路管理机构。

(2)路政管理行政主体是依法拥有国家公路管理权力的组织。公路路政管理权是国家赋予的,运用国家强制力对公路事务进行管理,是国家行政权在交通行政领域的一种表现形式。作为路政管理行政主体的交通运输主管部门和公路管理机构具有双重身份,一重身份为行政主体,另一重身份为一般社会组织。一个社会组织必须享有公路路政管理权力,才能成为公路路政管理主体。此外,公路路政管理主体并不是在任何场合都是行政主体,只有在依法实施路政管理时,才是公路路政管理行政主体。公路路政管理行政主体作为机关法人(事业法人),从事购买办公用品等民事活动时,就不再是公路路政管理行政主体。

(3)公路路政管理行政主体能够以自己的名义实施公路路政管理活动。所谓"以自己的名义",是指以自己的名义对外行文,能以自己的名义做出行政决定,实施行政行为,并能以自己的名义参加诉讼活动。具体表现为就公路路政管理做出的行政决定。

(4)公路路政管理行政主体能够独立地承担法律责任。能否独立承担责任是判断一个组织是否具有主体资格的关键。一个组织能否成为公路管理行政主体,除享有公路路政管理行政职权,能够以自己的名义实施公路路政管理行政权外,还必须能够独立参加行政复议和行政诉讼活动,独立承担由实施公路路政管理行政行为而产生的法律责任。这一特征是公路路政管理行政主体同受委托的组织的本质区别。

2. 职权公路路政管理行政主体和授权公路路政管理行政主体

根据行政职权来源的不同,一般将公路路政管理行政主体划分为职权公路路政管理行政主体和授权公路路政管理行政主体。根据我国现行的体制,授权的行政主体须有法律法规的明确规定,《行政处罚法》第十七条规定:"法律、法规授权的具有管理公共事务职能的组织可以在法定授权范围内实施行政处罚。"按照《公路法》第八条的规定,县级以上人民政府交通主管部门为职权公路路政管理行政主体,《公路安全保护条例》第三条的规定,公路管理机构为行政法规授权的公路路政管理行政主体。

所谓职权公路路政管理行政主体是指依宪法和组织法及有关编制文件,在其成立时就具有公路路政管理行政职权并取得相应的公路路政管理行政主体资格的组织。如省市县三级交通运输主管部门,其成立时就具有包括公路路政管理在内的公路、水路交通行政管理权。

所谓授权公路路政管理行政主体是依据宪法和组织法以外的法律、法规的规定获得公路路政管理行政职权,并获得相应的公路路政管理行政主体资格的组织,如公路管理机构。在《公路安全保护条例》施行前,不同的省、自治区、直辖市,公路管理执法体制不尽相同,有的省份通过地方性法规授权公路管理机构履行公路管理职责,有的省份采取委托执法的方式。《公路安全保护条例》施行后,公路管理机构即为行政法规授权的公路路政管理执法主体。

划分职权公路路政管理主体与授权公路路政管理行政主体具有非常重要的意义,交通运输主管部门作为公路路政管理的行政主体,其职权是与生俱来的,只有国家的管理体制发生大的改革,才可能发生变化。而授权公路管理机构存在的依据是授权法,即授予该机构的法律法规。

需要注意的是,《行政许可法》《行政强制法》均规定,实施行政许可和行政强制的主体是行政机关,如《行政许可法》第二条规定:"本法所称行政许可,是指行政机关根据公民、法人或者其他组织的申请,经依法审查,准予其从事特定活动的行为。"《行政强制法》第二条规定:"行政强制措施,是指行政机关在行政管理过程中,为制止违法行为、防止证据损毁、避免危害发生、控制危险扩大等情形,依法对公民的人身自由实施暂时性限制,或者对公民、法人或者其他组织的财物实施暂时性控制的行为。"那么公路管理机构作为行政法规授权的行政主体,能否按照《行政许可法》《行政强制法》的规定程序实施《公路安全保护条例》等有关规定授权的行政许可和行政强制呢?按照《行政许可法》第二十三条:"法律、法规授权的具有管理公共事务职能的组织,在法定授权范围内,以自己的名义实施行政许可。被授权的组织适用本法有关行政机关的规定。"以及《行政强制法》第七十条:"法律、行政法规授权的具有管理公共事务职能的组织在法定授权范围内,以自己的名义实施行政强制,适用本法有关行政机关的规定。"显然是可以的。

3.公路路政管理行政执法人员

(1)公路路政管理行政执法人员的含义。

公路路政管理行政执法人员是指在交通运输主管部门和公路管理机构中,具有合法资格,直接从事公路路政管理行政执法工作的人员。公路路政管理行政执法是指交通运输主管部门和公路管理机构依法对公路管理相对人做出影响其权利义务的外部行政行为的活动,如超限运输车辆行驶公路许可行为、公路监督检查行为、公路行政强制行为、公路行政处罚行为等。所以,公路路政管理行政执法人员只是公路管理机构内部的一部分工作人员,不直接从事外部管理行政行为的人员不属于公路路政管理执法人员。公路行政执法人员的概念包含以下几层含义:

①公路路政管理执法人员是在交通运输主管部门和公路管理机构中任职的人员。

②公路路政管理执法人员是行使公路行政权、执行公路行政事务的人员。在交通运输主管部门和公路管理机构中工作的工勤人员,如驾驶员、清洁工、修理工等不是公路行政执法人员。

③公路路政管理执法人员是在交通运输主管部门和公路管理机构编制内的正式

人员。临时在上述机关中协助工作的人员不是公路行政执法人员。

④公路路政管理执法人员必须是符合法律法规规定的人员。如交通运输部《交通运输行政执法证件管理规定》规定了五个条件:18周岁以上,身体健康;具有国民教育序列大专以上学历;具有交通运输行政执法机构正式编制;品行良好,遵纪守法;持有交通运输执法证件。再如,《山西省行政执法条例》第十一条规定了七个条件,分别是:忠于祖国,拥护宪法;熟悉有关法律、法规、规章和业务;除合同制工人以外的在编、在岗人员;除法律另有规定外,必须具有大专以上文化程度,原在岗人员不具有大专以上文化程度的,3年内必须达到大专以上文化程度;经过专门的行政执法业务培训,且经考核合格;持有行政执法证件;法律、法规、规章规定应当具备的其他条件。

(2)路政管理执法人员的双重身份及划分。

①路政管理执法人员双重身份的产生及冲突。

公路行政执法人员具有多重身份,在从事公路行政管理以外的其他法律关系中,路政管理执法人员为普通的公民身份。在民事法律关系中,只能以普通的民事主体与其他民事主体平等地进行民事活动。在公路路政管理中,以行政执法人员的身份出现。与路政管理人员双重身份相适应,路政管理执法人员具有双重行为。公路行政执法人员以个人名义进行活动属于个人行为;当其以公路行政执法人员实施公路管理时,其活动属于公务行为。当路政管理执法人员为个人行为时,反映的是他的公民身份;当他执行公务时,则反映的是他的公路行政执法人员的身份。公路行政执法人员的双重身份与双重行为的存在,使其从事活动的过程中会产生各种冲突。如个别执法人员不适当地将执法人员的身份带到民事活动中,强买强卖,严重违反民事法律中平等自愿、等价有偿的原则,不仅损害了民事交易秩序,而且也损害了公路行政执法人员的社会形象。因此,对其双重身份进行划分具有非常重要的意义。

②划分个人行为和公务行为的标准。

a.公路行政执法人员以所属交通运输主管部门或公路管理机构做出的行为,属于公务行为;以个人名义做出的属于个人行为。

b.路政管理执法人员在其职责范围内做出的行为,属于公务行为;如果超出职责范围,但其是以行政职权的名义做出的,属于公务行为。

c.路政管理执法人员的行为是执行本单位的命令或接受行政机关的委托,不管单位的命令或委托是否超越权限,概属公务行为。

③公务标志。

为方便群众识别公路行政执法人员行为的性质,国家规定了应当佩戴相应的标志和标识。《公路法》第七十一条规定:"公路监督检查人员执行公务,应当佩戴标志,持证上岗。"一是执法证件。《行政处罚法》第三十七条规定:"行政机关在调查或者进行检查时,执法人员不得少于两人,并应当向当事人或者有关人员出示证件。"如《山西省行政执法条例》第十三条也规定,行政执法人员从事行政执法活动必须持有行政执法证件。二是执法服装。三是执法车辆。目前,国家为公路管理机构配备了统一标志和标识的执法车辆,其意也在于方便群众识别公路行政执法人员行为的性质。

设置公务标志的目的在于:一是有利于公路行政执法人员迅速向相对一方表明身份,便于实施公路管理。二是便于公路行政相对一方迅速识别公路行政执法人员的身份,以要求公路行政执法人员为其提供公共服务,同时也便于行政相对人对公路执法人员行为的监督。三是以此区分公路行政执法人员执行公务的行为和非执行公务的行为,以确定行为的效力和责任的归属。四是方便社会各界对公路行政执法人员执行公务的行为实施监督。

(三)路政管理行政法律关系主体之行政相对人

路政管理行政法律关系中的行政相对人属于路政管理行政法律关系的主体之一,主要是不特定的公民、法人和其他社会组织。

《公路法》第七条规定,公路受国家保护,任何单位和个人不得破坏、损坏或者非法占用公路、公路用地及公路附属设施。任何单位和个人都有爱护公路、公路用地及公路附属设施的义务,有权检举和控告破坏、损坏公路、公路用地、公路附属设施和影响公路安全的行为。因此,公路行政法律关系行政相对人为不特定的公民、法人和社会组织。

公路行政法律关系的相对人中的公民涉及其行为能力的问题。公民的行为能力是公民的意识能力在法律上的反映。确定公民有无行为能力,其标准有二:一是能否认识自己行为的性质、意义和后果;二是能否控制自己的行为并对自己的行为负责。因此,公民是否达到一定年龄、智力是否正常,就成为公民能否享有行为能力的标志。公民的行为能力问题是由法律规定的。该问题涉及如何适用行政处罚的问题,在我国的《行政处罚法》中规定,不满14周岁的人有违法行为的,不予行政处罚,责令监护人加以管教;已满14周岁不满18周岁的人有违法行为的,从轻或者减轻行政处罚。该法第二十六条规定,精神病人在不能辨认或者不能控制自己行为时有违法行为的,不予行政处罚,但应当责令其监护人严加看管和治疗。间歇性精神病人在精神正常时有违法行为的,应当给予行政处罚。例如,某一公路路段发生破坏公路设施的案件,在决定是否给予行政处罚时,除搜集证据、认定有关事实外,还要注意上述规定。

(四)路政管理行政法律关系的内容

路政管理行政法律关系的内容是主体享有和承担公路行政法权利和义务的总和。

按照路政管理的过程,大致上可以将路政管理行政主体的权力概括为:规定与公路有关的公民、法人和其他社会组织权利义务的命令权以及具体做出许可行为、惩治公路行政违法行为的制裁权和解决行政争议的裁判权。上述权利包括抽象行政行为和具体行政行为两个方面。主要表现为:一是抽象行政行为方面,即人民政府、交通运输主管部门以及其他政府主管部门制定涉及公路管理方面的规范性文件的行为;二是具体行政行为方面,对违反公路法规定的相对人,如破坏、损坏公路及公路设施的相对人做出行政强制、行政处罚等方面的具体行政行为。可以将公路行政主体的义务概括为:依法行使公路管理行政职权、接受国家机关的法律监督、保证当事人在行政决定过程中的知情权、参与权和得到法律救济的权利。严格依照法律法规的规定实施公路监督检查,在做出具体行政行为时,严格履行法定程序,告知相对人享有的权利。

按照公路行政管理的过程,公民、法人和其他社会组织的权利可以概括为:依法参加公路管理(如参与公路立法,提出意见和建议等)和监督公路管理主体,要求公路管理主体尊重和保障其自主权、自由权和平等权。公民、法人和其他社会组织的义务可以概括为依法履行公路法规定的义务和约定的义务。

(五)公路路政管理行政法律关系的客体

公路路政管理行政法律关系的客体,是指公路行政法权利义务所指向的对象,大体有物和行为两种。

物是指各种有经济价值的有形物。例如,公路、公路附属设施、建筑控制区内的违法建筑等。行为是指人有意识、有目的活动。例如,行为人驾驶未经许可的超限车辆行驶的行为等。

(六)公路行政法律关系的形成、变更与消灭

引起公路路政管理行政法律关系的产生、变更和终止,需要一定的条件。其中最主要的条件有二,一是法律规范,二是法律事实。公路行政法律规范是公路行政法律关系产生、变更和终止的法律依据,没有公路路政管理行政法律规范就不会有相应的法律关系。但公路路政管理行政法律规范的规定只是主体权利和义务的一般模式,还不是现实的公路路政管理行政法律关系本身。公路路政管理行政法律关系的产生、变更及终止还必须具备直接的前提条件,这就是法律事实。它是公路路政管理行政法律规范与公路行政法律关系联系的中介。

所谓公路路政管理行政法律事实,就是公路路政管理行政法律规范所规定的、能够引起公路路政管理行政法律关系产生、变更和终止的客观情况和现象。也就是说,公路路政管理行政法律关系首先是一种客观存在的外在现象,而不是人们的一种心理现象和心理活动。

(七)公路行政法律责任

公路行政法律责任分为行政主体、国家公职人员的法律责任和相对人的法律责任。

1. 行政主体、国家公职人员的法律责任

主要是针对国家工作人员不依法履行规定的职责所应当承担的法律责任。如,《公路法》第八十六条规定:"交通主管部门、公路管理机构的工作人员玩忽职守、徇私舞弊、滥用职权,构成犯罪的,依法追究刑事责任;尚不构成犯罪的,依法给予行政处分。"再如,《收费公路管理条例》第四十七条、第四十八条规定的对擅自批准收费公路建设、收费站、收费期限、车辆通行费收费标准或者收费公路权益转让的法律责任及地方人民政府或者有关部门及其工作人员非法干预收费公路经营管理,或者挤占、挪用收费公路经营管理者收取的车辆通行费的法律责任。

2. 相对人的行政法律责任

（1）行政处罚。

①罚款。如《公路法》第七十八条规定："违反本法第五十三条规定，造成公路损坏，未报告的，由交通主管部门处1000元以下的罚款。"

②没收违法所得。如《公路法》第七十四条规定："违反法律或者国务院有关规定，擅自在公路上设卡、收费的，由交通主管部门责令停止违法行为，没收违法所得，可以处违法所得3倍以下的罚款，没有违法所得的，可以处2万元以下的罚款。"

（2）行政强制。

如《公路法》第七十九条、第八十一条规定的强制拆除，《公路安全保护条例》第五十六条规定的强制拆除，《道路交通安全法》第一百零四条规定的恢复原状等。

3. 关于违反公路法及有关规定的治安处罚问题

《公路法》第八十三条规定："阻碍公路建设或者公路抢修，致使公路建设或者抢修不能正常进行，尚未造成严重损失的，依照治安管理处罚条例第十九条的规定处罚。损毁公路或者擅自移动公路标志，可能影响交通安全，尚不够刑事处罚的，依照治安管理处罚条例第二十条的规定处罚。"但是，《治安管理处罚条例》废止后，违反《公路法》有关规定的违法行为，就难以对其实施治安管理处罚。2009年8月27日，第十一届全国人民代表大会常务委员会第十次会议通过的《全国人民代表大会常务委员会关于修改部分法律的决定》对相关内容进行了调整，将《公路法》第八十三条修改为："阻碍公路建设或者公路抢修，致使公路建设或者抢修不能正常进行，尚未造成严重损失的，依照《治安管理处罚法》的规定处罚。"并规定，"损毁公路或者擅自移动公路标志，可能影响交通安全，尚不够刑事处罚的，适用《道路交通安全法》第九十九条的处罚规定。""拒绝、阻碍公路监督检查人员依法执行职务未使用暴力、威胁方法的，依照《治安管理处罚法》的规定处罚。"

三、公路保护涉及的民事法律关系

《公路法》第八十五条规定："违反本法有关规定，对公路造成损害的，应当依法承担民事责任。"《民法通则》第一百一十七条规定："损坏国家的、集体的财产或者他人财产的，应当恢复原状或者折价赔偿。"同时，《民法通则》第一百二十六条规定："建筑物或者其他设施以及建筑物上的搁置物、悬挂物发生倒塌、脱落、坠落造成他人损害的，它的所有人或者管理人应当承担民事责任，但能够证明自己没有过错的除外。"《最高人民法院关于审理人身损害赔偿案件适用法律若干问题的解释》第十六条规定，道路、桥梁、隧道等人工建造的构筑物因维护、管理瑕疵致人受损害的以及树木倾倒、折断或者果实坠落致人受损害的，由所有人或者管理人承担赔偿责任，但能够证明自己没有过错的除外，因设计、施工缺陷造成损害的，由所有人、管理人与设计、施工者承担连带责任。因此，在公路管理中，民事法律关系是重要的法律关系之一。

公路保护涉及的民事法律关系是指公路使用人在使用公路中与公路管理机构发

生的平等主体之间的法律关系。2009年12月26日,第十一届人大常委会第十二次会议审议通过的《侵权责任法》的有关条款也涉及公路民事侵权责任赔偿。除"一般规定""责任构成和责任方式""不承担责任和减轻责任"等章节的规定外,其他条款主要有:一是机动车交通事故责任,发生交通事故致公路或公路附属设施损坏的,机动车所有人、使用人或其他有关责任人承担损害侵权赔偿责任。二是建筑物、构筑物等设施脱落、坠落造成他人损害赔偿责任,如公路立交桥、天桥、公铁立交桥或附着其上的广告设施的脱落、坠落致人损害的侵权责任等。三是公共道路妨碍通行致人损害责任,如公路养护材料、公路使用人抛洒物等致人损害的侵权赔偿责任等。四是林木折断造成他人损害侵权责任,如公路行道树因管护不善,树木或树枝折断致公路使用人的人身、财产损害的侵权赔偿责任。

此外,《最高人民法院关于审理道路交通事故损害赔偿案件适用法律若干问题的解释》对交通事故涉及公路民事侵权责任赔偿进行了规定。一是对公路管护方面,因道路管理维护缺陷导致机动车发生交通事故造成损害,当事人请求道路管理者承担相应赔偿责任的,人民法院应予支持,但道路管理者能够证明已按照法律、法规、规章、国家标准、行业标准或者地方标准尽到安全防护、警示等管理维护义务的除外。二是对未经许可进入高速公路的人身损害赔偿方面,规定"依法不得进入高速公路的车辆、行人,进入高速公路发生交通事故造成自身损害,当事人请求高速公路管理者承担赔偿责任的,适用侵权责任法第七十六条的规定"。三是关于公路上堆放物方面,规定"因在道路上堆放、倾倒、遗撒物品等妨碍通行的行为,导致交通事故造成损害,当事人请求行为人承担赔偿责任的,人民法院应予支持。道路管理者不能证明已按照法律、法规、规章、国家标准、行业标准或者地方标准尽到清理、防护、警示等义务的,应当承担相应的赔偿责任"。四是关于公路设计缺陷方面。规定"未按照法律、法规、规章或者国家标准、行业标准、地方标准的强制性规定设计、施工,致使道路存在缺陷并造成交通事故,当事人请求建设单位与施工单位承担相应赔偿责任的,人民法院应予支持"。

(一)公路保护涉及的民事法律关系的特征

与公路行政法律关系相比,公路保护涉及的民事法律关系有以下特征:

1. *主体的私人性*

公路保护涉及的民事法律关系是平等者之间的关系,因此,它的主体只能是自然人和法人,也即社会普通成员。这个私人性之"私"是相对于公路行政法等公法而言的,即使是政府、交通运输主管部门、公路管理机构也不例外。如,某公路桥梁缺少安全保护设施,公路使用人在骑车行驶公路坠落桥下后,该当事人或者其近亲属要求公路管理机构赔偿其人身和财产损失,即为民事赔偿。

2. *内容为私权利和私义务性*

公路保护涉及的民事法律关系的内容,就是民事权利和民事义务,具体来说是人身和财产权利义务关系。民事主体享有权利,则承担相应的义务。权利可以放弃,但义务不得违反:不履行义务,则要承担民事责任。例如,《公路法》规定,任何人不得损坏公路及公路附属设施。如果因驾驶机动车不慎,发生交通事故,导致公路附属设施的损坏,那么,公路的经营管理者可以作为民事主体提出民事侵权赔偿。

3.意思的自治性

在公路保护涉及的民事法律关系中,民事主体的权利一般是请求权,即因公路经营者、管理者因维护、管理瑕疵致公路使用人人身损害的,或者公路使用人损坏公路及附属设施,依法应当承担赔偿责任,被侵权人具有请求权。当事人就赔偿数额可以自主协商决定。

(二)公路保护涉及的民事法律关系的具体种类

1.公路经营者、管理者因维护、管理瑕疵致公路使用人人身损害的民事侵权法律关系

这是基于《民法通则》和《最高人民法院关于审理人身损害赔偿案件适用法律若干问题的解释》的有关规定。《民法通则》第一百二十六条规定,建筑物或者其他设施以及建筑物上的搁置物、悬挂物发生倒塌、脱落、坠落造成他人损害的,它的所有人或者管理人应当承担民事责任。该《解释》第十六条规定,道路、桥梁、隧道等人工构筑物因维护、管理瑕疵致人损害的,适用《民法通则》第一百二十六条的规定,由所有人或者管理人承担赔偿责任,但能够证明自己没有过错的除外。

2.公路使用人损坏公路及附属设施形成的民事侵权关系

这是基于《公路法》的规定。该法第八十五条规定,违反本法有关规定,对公路造成损害的,应当依法承担民事责任。

3.公路相邻关系

如,与管理相关的用水排水相邻关系、与公路相邻的土地利用关系、与公路相关的环境保护关系等。

四、与公路保护相关的刑事责任

与公路保护相关的刑事责任分为行政相对人的刑事责任和公路管理行政主体的刑事责任。

(一)公路管理相对人的刑事责任

《行政处罚法》第二十二条规定,违法行为构成犯罪的,行政机关必须将案件移送司法机关,依法追究刑事责任。《行政强制法》第二十一条也明确规定,违法行为涉嫌犯罪应当移送司法机关的,行政机关应当将查封、扣押、冻结的财物一并移送,并书面告知当事人。可见,对公路交通行政执法过程中发现涉嫌犯罪的,移送司法机关是公路行政执法主体的法定义务。《行政执法机关移送涉嫌犯罪案件的规定》对移送做了更为具体的规定。移送的案件为行政执法机关在依法查处违法行为过程中,发现违法事实涉及的金额、违法事实的情节、违法事实造成的后果等,根据刑法关于破坏社会主义市场经济秩序罪、妨害社会管理秩序罪等罪的规定和最高人民法院、最高人民检察

院关于破坏社会主义市场经济秩序罪、妨害社会管理秩序罪等罪的司法解释以及最高人民检察院、公安部关于经济犯罪案件的追诉标准等规定,涉嫌构成犯罪,依法需要追究刑事责任的案件。接受移送的机关为公安机关。《行政执法机关移送涉嫌犯罪案件的规定》第五条规定,行政执法机关对应当向公安机关移送的涉嫌犯罪案件,应当立即指定2名或者2名以上行政执法人员组成专案组专门负责,核实情况后提出移送涉嫌犯罪案件的书面报告,报经本机关正职负责人或者主持工作的负责人审批。行政执法机关正职负责人或者主持工作的负责人应当自接到报告之日起3日内做出批准移送或者不批准移送的决定。决定批准的,应当在24小时内向同级公安机关移送;决定不批准的,应当将不予批准的理由记录在案。同时规定,行政执法机关对应当向公安机关移送的涉嫌犯罪案件,不得以行政处罚代替移送。行政执法机关违反本规定,逾期不将案件移送公安机关的,由本级或者上级人民政府,或者实行垂直管理的上级行政执法机关,责令限期移送,并对其正职负责人或者主持工作的负责人根据情节轻重,给予记过以上的行政处分;构成犯罪的,依法追究刑事责任。虽然《公路法》第八十五条规定,违反本法规定,构成犯罪的,依法追究刑事责任。但究竟哪些行为可能构成犯罪呢?具体的规定可以结合公路保护的实际,从《刑法》中找到答案。常见的罪名及相关规定列举如下:

1. 以危险方式危害公共安全罪

根据《刑法》第一百一十四条规定,放火、决水、爆炸或者以其他危险方法破坏工厂、矿场、油田、港口、河流、水源、仓库、住宅、森林、农场、谷场、牧场、重要管道、公共建筑物或者其他公私财产,危害公共安全,尚未造成严重后果的,处3年以上10年以下有期徒刑。根据该法第一百一十五条规定,以放火、决水、爆炸或者以其他危险方法致人重伤、死亡或者使公私财产遭受重大损失的,处10年以上有期徒刑、无期徒刑或者死刑。

就公路方面而言该罪的犯罪客体是公路作为国家财产的安全;犯罪的客观方面为实施了危及公路安全的行为,包括放火、爆炸、决水等行为,对公路安全,已经造成严重后果,或者足以造成严重后果;犯罪主体既有一般主体,也有特殊主体,根据《刑法》第十七条的规定,已满14周岁、不满16周岁的人,对放火、爆炸等罪,应负刑事责任。

2. 破坏交通设施罪

根据《刑法》第一百一十七条规定,破坏桥梁、隧道、公路、标志或者进行其他破坏活动,足以使汽车、船只发生倾覆、毁坏危险,尚未造成严重后果的,处3年以上10年以下有期徒刑。根据该法第一百一十九条规定,破坏交通设施造成严重后果的,处10年以上有期徒刑、无期徒刑或者死刑。过失犯罪的,处3年以上7年以下有期徒刑;情节较轻的,处3年以下有期徒刑或者拘役。本条规定的破坏包括故意毁损公路、公路附属设施以及公路交通标志标线等的行为,也包括偷盗公路附属设施设备、公路交通标志等行为。

3. 交通肇事罪

根据《刑法》第一百三十三条规定,违反交通运输管理法规,因而发生重大事故,致人重伤、死亡或者使公私财产遭受重大损失的,处 3 年以下有期徒刑或者拘役;交通运输肇事后逃逸或者有其他特别恶劣情节的,处 3 年以上 7 年以下有期徒刑;因逃逸致人死亡的,处 7 年以上有期徒刑。

本罪的客体是交通运输安全。本罪的客观方面,表现为违反交通运输管理法规,因而发生重大事故,致人重伤、死亡或者使公私财物遭受重大损失的行为。就公路管理而言,主要针对的是因上述原因,致公路遭受重大损失的行为。本罪的主体为一般主体,主要为从事交通运输的人员。本罪的主观方面是过失,可能是疏忽大意,也可能是过于自信,即行为人对自己违反交通运输管理法规的行为导致的严重后果应当预见,由于疏忽大意而未预见,或者虽然预见,但轻信能够避免。这里的过失是指行为人对所造成的严重后果的心理态度而言,至于对违反交通运输管理法规本身,则可能是明知故犯。如果行为人对所造成的严重后果持故意的心理态度,那么其性质就发生了变化,就应当按照破坏交通设施罪定罪量刑。

关于交通肇事罪的定罪量刑,《刑法》和《道路交通安全法》以及最高人民法院的司法解释均有明确规定。

交通肇事罪是一种过失犯罪,侵害的客体是公路、水上的交通运输安全。本罪的主体为一般主体,即凡年满 16 周岁、具有刑事责任能力的从事交通运输业务的人员以及非交通运输人员均可构成本罪。本罪的客观方面由以下三个相互不可分割的因素组成:第一,必须有违反交通运输管理法规的行为;第二,必须发生重大事故,致人重伤、死亡或者使公私财产遭受重大损失的严重后果;第三,严重后果必须由违章行为引起,二者之间存在因果关系。

4. 故意毁坏财物罪

在公路方面,涉及此罪的是故意非法毁灭或者损坏公路或公路附属设施,数额较大或者情节严重的行为。但是,如果用放火、爆炸等危险方式破坏,危害公共安全的,按放火罪、爆炸罪等论处。根据《刑法》第二百七十五条的规定,犯故意毁坏财物罪的,处 3 年以下有期徒刑、拘役或者罚金;数额巨大或者有其他特别严重情节的,处 3 年以上 7 年以下有期徒刑。

5. 盗窃罪

涉及公路方面,盗窃罪是指以非法占有为目的,秘密窃取公路设施,数额较大,或者多次盗窃公路设施的行为。根据《刑法》的规定,盗窃公私财物,数额较大或多次盗窃的,处 3 年以下有期徒刑、拘役或者管制,并处罚金。数额巨大或有其他严重情节的,处 3 年以上 10 年以下有期徒刑,并处罚金。如盗窃正在使用中的交通设备,则可能构成破坏交通设施罪。

6. 伪造、变造、买卖国家机关公文、证件、印章罪

伪造、变造、买卖国家机关公文、证件、印章罪,是指非法制造、变造、买卖国家机关公文、证件、印章的行为。本罪侵犯的客体是国家机关的正常管理活动和信誉。国家机关制作的公文、使用的印章和证件是其在社会的一定领域、一定方面实行管理活动的重要凭证和手段。在公路管理中，涉及伪造、变造、买卖国家机关公文、证件、印章罪的情形主要表现在公路行政许可、公路建设等方面，如伪造、变造涉路施工许可、超限运输行政许可、公路建设项目的施工许可及相关批文等。本罪侵犯的对象是公文、证件、印章，且仅限于国家机关的公文、证件和印章。本罪在客观方面表现为伪造、变造、买卖国家机关公文、证件、印章的行为。伪造、变造、买卖国家机关公文、证件、印章罪的主体是一般主体，即凡是达到法定刑事责任年龄、具有刑事责任能力的人均可构成伪造、变造、买卖国家机关公文、证件、印章罪。本罪往主观方面考虑只能出于直接故意，间接故意和过失不构成伪造、变造、买卖国家机关公文、证件、印章罪。

（二）公路管理行政主体涉及的刑事责任

公路管理行政主体涉及的犯罪主要是职务犯罪。职务犯罪主要是指掌握一定管理、支配公共财产、人事关系等多种实权的国家公务人员滥用职权、谋取私利、侵犯公共利益的犯罪。就交通运输行政主体而言，主要包括《刑法》规定的"贪污贿赂罪""渎职罪"和国家机关工作人员利用职权实施的侵犯公民人身权利、民主权利犯罪。其中，贪污贿赂犯罪包括：贪污罪、挪用公款罪、受贿罪、行贿罪、私分国有资产罪、私分罚没财物罪等；渎职罪包括滥用职权罪、玩忽职守罪、徇私舞弊不移交刑事案件罪等；国家机关工作人员利用职权实施的侵犯公民人身权利、民主权利犯罪包括暴力取证罪、报复陷害罪等。以下选择五种常见的罪名予以介绍。

1. 贪污罪

贪污罪，是指国家工作人员，利用职务上的便利，侵吞、窃取、骗取或者以其他手段非法占有公共财物的行为。本罪侵犯的客体是复杂客体。既侵犯了公共财物的所有权，又侵犯了国家机关、国有企业事业单位的正常活动以及职务的廉洁性，但主要是侵犯了职务的廉洁性；本罪的犯罪对象是公共财物，即国家工作人员而为的贪污罪的对象，是公共财物；本罪的客观方面表现为利用职务之便，侵吞、窃取、骗取或者以其他手段非法占有公共财物的行为；本罪的主体是国家工作人员或者受委托管理、经营国有财产的人员。

2. 挪用公款罪

挪用公款罪，是指国家工作人员，利用职务上的便利，挪用公款归个人使用，进行非法活动的，或者挪用公款数额较大、进行营利活动的，或者挪用数额较大、超过3个月未还的行为。本罪侵犯的客体，主要是公共财产的所有权，同时在一定程度上也侵犯了国家的财经管理制度。本罪侵犯的对象主要是公款。这既包括国家、集体所有的货币资金，也包括由国家管理、使用、运输、汇兑与储存过程中的私人所有的货币。本罪的主体是特殊主体，即国家工作人员。这里所说的国家工作人员与前述贪污罪中国家工作人员的内涵、外延基本相同，同样具有特定性和公务（职务）性。本罪的客观方面表现为行为人实施了利用职务上的便利，挪用公款归个人使用，进行非法活动，或者挪用数额较大的公款进行营利活动,或者挪用数额较大的公款超过3个月未还的行为。本罪在主观方面是直接故意,行为人明知是公款而故意挪作他用,其犯罪目的是非法取得公款的使用权。

3. 受贿罪

受贿罪是指国家工作人员利用职务上的便利,索取他人财物,或者非法收受他人财物,为他人谋取利益的行为。受贿罪侵犯了国家工作人员职务行为的廉洁性及公私财物所有权。受贿罪严重影响国家机关的正常职能履行,损害国家机关的形象、声誉,同时也侵犯了一定的财产关系。本罪侵犯的客体是国家机关工作人员的职务廉洁性。本罪在客观方面表现为行为人利用职务上的便利,索取他人财物,或者非法收受他人财物,为他人谋取利益。

4. 滥用职权罪

滥用职权罪是指国家机关工作人员故意逾越职权或者不履行职责,致使公共财产、国家和人民利益遭受重大损失的行为。罪侵犯的客体是国家机关的正常活动。由于国家机关工作人员故意逾越职权,致使国家机关的某项具体工作遭到破坏,给国家、集体和人民利益造成严重损害,从而危害了国家机关的正常活动。本罪客观方面表现为滥用职权,致使公共财产、国家和人民利益遭受重大损失的行为。本罪主体是国家机关工作人员。本罪在主观方面表现为故意,行为人明知自己滥用职权的行为会发生致使公共财产、国家和人民利益遭受重大损失的结果,并且希望或者放任这种结果发生。犯滥用职权罪的,处3年以下有期徒刑或者拘役;情节特别严重的,处3年以上7年以下有期徒刑。

5. 徇私舞弊不移交刑事案件罪

徇私舞弊不移交刑事案件罪,是指行政执法人员徇私舞弊,对依法应当移交司法机关追究刑事责任的不移交,情节严重的行为。本罪侵犯的客体是行政执法机关的正常执法活动。行政执法机关担负着执行法律、法规,管理国家,维护国家安全、社会秩序、经济秩序的职责,享有法律授予的行政处罚权、行政裁决权。如公安、工商、税务、海关、劳动、交通、环境保护、卫生、检疫、质量监督、计量等部门。本罪在客观方面,表现为对依法应当移交司法机关追究刑事责任的不移交,情节严重的行为。本罪的犯罪主体为特殊主体,即行政执法人员,具体是指在国家公安、工商、税务、海关、检疫等行政机关中依法行使行政职权的公务人员,本罪在主观方面,必须是出于故意,即行为人明知应当移交司法机关追究刑事责任而故意不移交,明知自己行为可能产生的后果,而对这种后果的发生持希望或者放任的态度。犯本罪的,处3年以下有期徒刑或者拘役;造成严重后果的处3年以上7年以下有期徒刑。

第二章 路政执法的主要行政行为

公路是国家重要的基础设施,在维系国民经济正常运行、方便群众生产生活、军事安全等方面具有不可替代的作用,因此,加强对公路的管理和保护具有非常重要的意义。路政执法的主要行政行为包括路政许可行为、路政监督检查行政行为、路政行政强制行为、路政行政处罚行为等。本章主要讲述路政执法涉及的上述行政行为。

第一节 路政执法法理基础及法律依据

一、路政执法法理基础

(一)关于路政执法行政行为

路政执法行政行为是指路政管理行政主体在依法行使路政管理行政职权的过程中,实施的能够产生路政管理法律效果的行为。

这一概念包括以下三层含义:

(1)从主体上讲,路政执法行政行为是指路政管理行政主体的行为,即交通运输主管部门和公路管理机构实施的行政行为。如,省交通运输厅制定路政管理的规范性文件的行为,省公路局的行业管理行为等。只有作为路政管理主体的行政行为才能称为路政管理行政行为,这是路政执法行政行为的主体要素。交通运输主管部门的公务员和公路管理机构的工作人员以交通运输主管部门和公路管理机构的名义实施的路政执法行为均视为路政执法主体的行为。

(2)从性质上讲,路政执法行政行为是路政管理主体依法行使路政管理权的行为。这是路政管理行政行为的权力要素。路政执法行政行为必须是行使路政执法行政权的行为,即依据路政管理行政权所作的行为。这是因为,只有依据路政管理行政权才能实施具有单方性和强制性的路政执法行政行为,只有这样,才具有行政行为的典型特征,同时也需要路政行政法律法规加以规范。

(3)从效果上看,路政管理行政行为是路政管理行政主体实施的产生路政行政法律效果的行为。即路政管理行政主体依法所实施的职权行为,对作为路政管理行政相对一方的公民、法人和其他社会组织的权利义务产生影响,这是路政管理行政行为成立的结果要素。这种影响既包括对路政管理行政相对一方有利的影响,也包括对路政管理相对一方不利的影响。

(二)路政管理行政行为的成立

路政管理具体行政行为的成立,是指路政管理具体行政行为的成立在法律(包括行政法规、地方性法规和规章)上存在。只有首先确定路政管理具体行政行为的成立,才能对其进行法律评价,确认其是否合法适当。路政管理具体行政行为成立的一般条件是:

(1)在主体上,做出路政管理具体行政行为的是享有相应行政职权的行政机关和机构,实施该项具体行政行为的工作人员意志健全,具有行为能力。如果做出的行政决定不是执行国家职务,该项决定不能发生行政法上的效力,也无法按照行政法上的救济方式追究法律责任。

(2)在权限上,只有权限合法的具体行政行为才是合法的具体行政行为。路政管理具体行政行为必须是在行政主体法定的权限内所作的行为,即作为交通运输主管部门或公路管理机构的行政主体必须在自己的事务管辖权、地域管辖权和级别管辖权的范围内做出具体行政行为;被授权组织必须在授权范围内、被委托组织必须在委托范围内做出的具体行政行为。同时,具体行政行为没有滥用职权。

(3)在内容上,向对方当事人做出具有效果意思的表示。效果意思是路政管理行政主体做出行政决定所希望达到的法律效果,即设立、变更和消灭路政管理义务人的具体权利和义务。路政管理行政主体要求对方当事人应当做什么或者不准做什么的意思,应当以正确和可识别的方式清楚地表示出来,使对方当事人知道行政机关为其安排了什么样的权利义务。所做具体行政行为应该事实清楚,意思表示真实、完整和确定,适用法律正确;具体行政行为的目的符合立法本意,而不能利用法律的字面含义歪曲立法意图。

(4)在程序上,只有符合法定程序的具体行政行为才是合法的具体行政行为。这就要求,具体行政行为既要符合法律法规规定的行政程序的基本原则(如先调查后裁决的次序原则),又要符合行政程序的基本制度(如亮明身份制度、陈述申辩制度、听证制度等);同时要按照法律规定的时间和形式方式进行送达,对方当事人履行义务的内容限于领受送达的内容,领受送达的时间是对方当事人开始履行义务的最早时间点。未经送达领受程序的具体行政行为,没有法律约束力。所以,路政管理行政主体做出的行政决定必须以法律规定(《民事诉讼法》及相关规定对送达方式已经做了规定)的方式送达当事人,否则不发生法律效力。

(三)路政管理行政行为的效力

法律效力是行政行为法律制度中的核心因素。评价行政行为合法与否的实际意义,就在于对其法律效力的影响。

路政管理行政行为的效力可以分为若干种,一般包括拘束力、确定力及执行力。

拘束力,是指路政管理行政行为一经生效,路政管理行政主体和对方当事人都必须遵守,其他国家机关和社会成员必须予以尊重的效力。对于已经生效的路政管理行政行为,对方当事人应当接受并履行义务,做出行政行为的路政管理行政主体不得随意更改,而且其他国家机关也不得以相同的事实和理由再次受理和处理该项同一案件,其他社会成员也不得对同一案件进行随意的干预。

确定力,是指路政管理行政行为具有不再争议、不得更改的效力,该行政行为是不可撤销的。一般而言,行政行为做出后都会有一个可争议和可更改期。权益受到损害的当事人可以利用行政复议、行政诉讼或者其他法定途径获得救济,路政管理行政主体也可以通过行政监督程序撤回已经生效却有法律缺陷的具体行政行为。但是出于稳定行政管理关系的需要,这一期限不可能无限延长。当法定的不可争议不可更改期限到来时,该路政管理具体行政行为也就取得了确定力。当然这是形式意义的确定力。

执行力,是指使用国家强制力迫使当事人履行义务或者以其他方式实现行政行为权利义务安排的效力。这是路政管理行政行为具有国家意志性的体现。理论上,路政管理行政行为发生拘束力后,有关当事人应当积极主动地履行相关义务。如果当事人不能自动履行这些义务,路政管理行政行为所规定的权利和义务无法实现,路政管理行政行为的执行力就可以发生作用。有关机关可以根据法律的规定依职权或者依申请采取措施,强制实现具体行为的权利义务安排。

(四)具体行政行为的无效、撤销和废止

路政管理行政行为的无效、撤销和废止,是终止具体行政行为效力的重要原因。以下首先讨论路政管理行政行为效力的开始、停止和终止,然后讨论路政管理行政行为的无效、撤销和废止。

1.路政管理行政行为的开始、停止和终止

路政管理行政行为效力的开始。符合路政管理行政行为的成立条件,不存在行政行为的无效因素,行政行为在理论上就可以开始发生法律效力。即使有关当事人对该行政行为不服或者有合法性疑问,在有权国家机关做出最终裁判或者停止执行的程序裁决以前,一般要遵守该行政行为。行政行为开始生效的时间,一般来说行政行为一经成立(送达相对人)就可以立即生效。但是行政机关也可以安排某一事件发生后或者经过一段时间后才发生效力,这经常出现在附生效条件的行政行为中。

行政行为效力停止。申请行政复议和提起行政诉讼会导致行政行为执行力的停止。我国《行政诉讼法》第五十六条规定了因为行政诉讼停止执行具体行政行为的三种情形,《行政复议法》第二十一条规定了因为申请行政复议停止具体行政行为执行的四种情形。

导致路政管理行政行为效力终止的原因,可以分为没有违法因素和有违法因素两类情形。

根据行政行为违法的严重程度,可以将行政行为分为无效的和可撤销的两大类。明显或严重违法的路政管理行政行为是无效的具体行政行为,从一开始就没有法律效力。值得注意的是,路政管理行政主体做出行政行为后,如发现该行为有瑕疵,需要重新做出并送达相对人的,在新的行政决定送达之前,应当收回原行政决定,否则就构成对同一事项做出前后两种不同的决定,使相对人无所适从。

2.无效的路政管理行政行为

(1)构成路政管理行政行为无效的条件。

如果一个行政行为有严重和明显的法律缺陷,这种违法达到一个有正常理智的普通人的常识性理解都可以明显看出的程度,那么它就是无效的行政行为。这种无效行为的构成原则表明,如果路政管理行政行为有明显和严重的法律缺陷,那么应当首先考虑的是依法行政原则,对路政管理行政行为的确定力和行政法上的其他原则的考虑则处于次要地位。

无效的路政管理行政行为可以表现为许多具体情形,不能做一次性穷尽列举。但是如果一个具体行政行为发生如下情形,就可以构成无效的理由:

①要求实施违法行为的。例如,命令公民砸毁超限运输车辆。

②明显缺乏法律依据的。例如,公路管理机构对仅存在无驾驶证驾驶机动车事由的驾驶员给予处罚。

③明显缺乏事实根据的,或者要求从事客观上不可能实施的行为。例如,根据没有查证的材料给予车辆所有人处罚。

(2)路政管理行政行为无效的后果。

在实体法上,无效的路政管理行政行为自发布之时就没有任何法律约束力,因此当事人不受它的拘束,其他国家机关和其他社会成员也可以不尊重它。当事人不履行它所规定的义务,不承担法律责任。

在程序上,该行政行为致使其合法权益受到损害的公民、法人或者组织,可以在任何时候主张该项行政行为无效,有权的国家机关可在任何时候宣布该路政管理行政行为无效,因为无效行政行为不具有确定力。但是在实际生活中,受到无效行政行为影响的人,一般会请求国家有关机关进行认定并宣布其无效,以避免由于自己法律认识错误造成违法的风险。

在后果处理上,路政管理行政行为被确定无效后,原则上应当恢复到路政管理行政行为发布以前状态。路政管理行政主体应当返还从当事人处取得的利益(例如罚没财物),应当收回无效行政行为给予当事人的权益。如果此种收回给善意的当事人合法权益造成损害,路政管理行政主体应当予以赔偿。

3.可撤销的路政管理行政行为

《行政诉讼法》第七十条规定的判决撤销或者部分撤销的具体行政行为有6种,分别是:主要证据不足的;适用法律、法规错误的;违反法定程序的;超越职权的;滥用职权的;明显不当的。

(1)可撤销的路政管理行政行为的条件。

构成可撤销的路政管理具体行政行为的条件,主要是路政管理具体行政行为违法和明显不适当。违法是指路政管理行政行为合法要件的缺乏。合法要件主要是指下面将要提到的事实证据、法律适用和法定程序等路政管理具体行政行为的一般合法条件,以及单行法律法规规定的特定合法条件。明显不适当是指路政管理行政行为的内容明显的不合理。

(2)可撤销的路政管理行政行为的后果。

在程序法上,可撤销的路政管理行政行为必须经过法定程序由国家有权机关做出撤销决定,才能否定其法律效力,有关当事人、其他国家机关和其他社会成员无权擅自否定行政行为的法律效力。法定程序是指行政复议、行政诉讼和行政监督程序。行政复议和行政诉讼是权利救济程序,必须经过当事人的申请和提起程序。行政复议机关通过决定撤销违法的和明显不当的行政行为,或者法院可以撤销违法的行政行为,以此消除具体行政行为的法律效力。如果超过了行政复议的申请期限或者行政诉讼的提起期限,当事人就不能再在权利救济程序中对行政行为效力提出异议。行政监督是指交通运输行政系统中的法制监督,包括主管机关内部的监督,上级行政机关对下级行政机关的监督,如上级机关对下级交通运输主管部门或公路管理机构的执法案卷评查。在这些监督制度的运行中,如果发现路政管理行政行为违法,路政管理行政主体也可以主动地撤销违法的行政行为,这称为行政行为的撤回。

在实体法上,路政管理行政行为被撤销的效力可以溯及至该具体行政行为成立之日。根据法律规定的公共利益需要或当事人是否存在过错等情况,也可以自撤销之日起失效。但当事人在撤销决定做出之前一直要受该路政管理具体行政行为的约束。

在处理后果上,路政管理行政行为因为被撤销而丧失法律效力后,如果相关义务已经履行或者已经执行的,能够恢复原状的应当恢复原状。被撤销的路政管理具体行政行为给当事人造成损失的,应当由路政管理行政主体承担行政赔偿责任。

二、路政执法主要法律法规

(一)法律

路政管理方面的法律主要为《公路法》。1995年4月22日,交通部将《公路法(送审稿)》报国务院。此后,国务院法制局会同交通部对送审稿多次进行研究、修改,形成了《公路法(草案)》,经过国务院常务会议通过后,提交第八届全国人大常委会审议。《公路法(草案)》,共9章,100条。1997年7月3日,第八届全国人大常委会第二十六次会议通过了《公路法》,共9章,88条。该法于1997年7月3日由国家主席以第86号主席令公布,自1998年1月1日起试行。

为理顺税费关系,合理筹集交通基础设施维护和建设资金,国务院启动了交通税费改革。1999年10月21日,国务院向全国人大常委会提交了《关于修改中华人民共和国公路法的议案》。1999年10月31日,第八届全国人大常委会第十二次会议表决通过了《关于修改〈中华人民共和国公路法〉的决定》,重新公布的《公路法》,共9章,87条。2004年8月28日第十届全国人民代表大会常务委员会第十一次会议讨论通过了《关于修改〈中华人民共和国公路法〉的决定》,对《公路法》第五十条进行了修改,这是《公路法》的第二次修正。国家主席令2004年8月28日发布,自公布之日起施行。重新公布的《公路法》共9章87条。修改后的《公路法》第五十条第一款将原条文中的"影响交通安全的,还应当经同级公安机关批准"一句话删去。第二次修正案主要解决超限运输许可多头审批的问题,通过修正,简化对超限车辆行驶公路许可的审批程序。

需要拓宽理解的是因《公路法》规定,对公路造成损害的,应当承担民事责任以及公路作为不动产的管理,《物权法》《民法通则》《侵权责任法》等也与公路保护密切相关。如,公路的登记、公路的民事保护、公路的相邻关系、涉及公路的侵权责任等,上述三部法律的规定以及与此相关的司法解释也同样适用于公路保护。

此外,《道路交通安全法》部分条款规定了道路管理者的权利义务,因公路属于道路的一部分,因此也适用于公路的管理和保护。

(二)行政法规

1.《公路管理条例》

1987年10月13日,国务院公布了《公路管理条例》,2008年12月27日,国务院对该《条例》进行了修订,主要修订了公路建设养护的筹资方式,删除了有关养路费征收管理方面的规定。该《条例》是我国第一个比较全面的路政管理方面的行政法规,《条例》包括总则、公路建设、公路养护、路政管理、法律责任、附则,共6章38条。该《条例》基本确立了我国路政管理的法律制度和管理体制。应该说,《公路法》是在总结《条例》实施的基础上出台的。该《条例》于2011年7月1日《公路安全保护条例》实施后废止。

2.《公路安全保护条例》

2011年3月7日,国务院第593号令公布了《公路安全保护条例》,自2011年7月1日起施行。该《条例》分为总则、公路线路、公路通行、公路养护、法律责任和附则,共6章77条。该《条例》是我国第一部专门对公路保护进行规范的行政法规。

(三)部门规章

改革开放以来,为加强和规范路政管理,交通部制定了相应的部门规章。

1.《超限运输车辆行驶路政管理规定》

2000年1月14日经第12次部长办公会议通过,2000年交通部第2号部令发布,自2000年4月1日起施行。

2.《路政管理规定》

2002年11月26日经第12次部务会议通过,2003年交通部第2号部令发布,自2003年4月1日起施行。

3.《公路超限检测站管理办法》

2011年6月10日经第6次部务会议通过,2011年交通运输部第7号发布,自2011年8月1日起施行。

(四)地方性法规和政府规章

20世纪90年代以来,全国各省、自治区、直辖市及国务院批准的较大市根据各地的实际,制定了一批路政管理方面的地方性法规和政府规章。主要有《山西省路政管理条例》《浙江省公路路政管理条例》《北京市公路条例》《广东省公路条例》《辽宁省高速路政管理条例》《青岛市公路路政管理条例》《江苏省公路条例》《河北省公路条例》《苏州市公路条例》等。到 2008 年年底,全国各省、自治区、直辖市省级人大常委会制定发布的公路方面的地方性法规有 48 部,主要分为四类:一是综合性的公路条例或路政管理条例,内容包括公路的规划、建设、养护、公路保护以及收费公路等;二是对高等级公路(二级及二级以上的公路)专门立法,属于路政管理方面的特别法,例如《山西省高速路政管理条例》《贵州省高等级路政管理条例》等;三是对收费公路专门立法,如《云南省收费路政管理条例》《宁夏回族自治区收费路政管理条例》等;四是就路政管理的其他方面进行专项立法,如《天津市高速公路路政管理规定》《山东省农村公路条例》《重庆市高等级公路管线工程建设管理条例》等。2008 年以来,各省、市又启动了新一轮地方性法规的修订或制定工作,北京市、广东省、四川省先后制定发布了新的公路地方性法规。《公路安全保护条例》实施后,吉林、山西等省对公路方面的地方性法规进行了修订或重新制定。2012 年、2013 年,山西省人民代表大会常务委员会分别制定和发布了《山西省公路条例》《山西省高速路政管理条例》。

(五)技术法规

技术标准属于技术法规的一种,是指规定强制执行的产品特性或其相关工艺和生产方法(包括适用的管理规定)的文件,以及规定适用于产品、工艺或生产方法的专门术语、符号、包装、标志或标签要求的文件。这些文件可以是国家法律、法规、规章,也可以是其他的规范性文件,以及经政府授权由非政府组织制定的技术规范、指南、准则等。WTO/TBT 对"技术法规"的定义为:"规定强制执行的产品特性或与其相关工艺和生产方法、包括适用的管理规定在内的文件。该文件还可包括或专门关于适用于产品、工艺或生产方法的专门术语、符号、标志或标签要求。"WTO/TBT 协定要求各成员按照产品性质而不是按照其设计或描述特征来制定技术法规。

公路技术法规包括:一是法律体系中与公路技术和标准有关的法律、法规和规章;二是与公路建设管理有关的强制性标准、规程和规范;三是公文体系中具有强制执行性质的决定、命令、通知和规定。

按照发布主体的不同,公路技术标准分为国家标准和行业标准。按照标准是否具有强制性,公路技术标准又可以分为强制性标准和推荐性标准。根据我国《标准化法》的规定,强制性标准必须执行,如《公路工程技术标准》(JTG B01—2014)、《山西省农村公路技术标准》。而推荐性标准,主体可以选择执行,如《公路桥梁加固施工技术规范》(JTG/T J23—2008)。强制性标准是通过国家强制力推进执行的行为规范,如《建设工程质量管理条例》规定,国务院建设行政主管部门和国务院铁路、交通、水利等有关部门应当加强对有关建设工程质量的法律、法规和强制性标准执行情况的监督管理,同时对不按照工程建设强制性标准进行勘察、设计等方面的违法行为规定了法律责任。公路法作为公路的专业法,其专业特点体现在其固有的专业技术标准方面,公路法的执行离不开相应的技术标准和规范,公路方面的技术标准和技术规范是公路法区别于其他法律的质的规定性,可以说没有公路方面专门的技术标准和技术规范,就没有公路法。例如,《公路法》有九条规定了公路的建设、涉路施工许可等必须按照《公路工程技术标准》(JTG B01—2014)进行,再如《公路法》第四十四条第二款规定:"因修建铁路、机场、电站、通信设施、水利工程和进行其他建设工程需要占用、挖掘公路或者使公路改线的,建设单位应当事先征得有关交通主管部门的同意;影响交通安全的,还须征得有关公安机关的同意。占用、挖掘公路或者使公路改线的,建设单位应当按照不低于该段公路原有的技术标准予以修复、改建或者给予相应的经济补偿。"

三、路政执法自由裁量

路政执法自由裁量行为是指路政管理法律规范仅对行为目的、行为范围作原则规定,而将行为的具体条件、标准、幅度、方式留给路政管理行政主体自行选择的路政管理行政行为。在法定范围和幅度内,路政管理主体根据具体情况,采取相应的措施的权力即裁量权。如《公路法》第七十五条规定,违反本法第二十五条规定,未经有关交通主管部门批准擅自施工的,交通运输主管部门可以责令停止施工,并可以处50000元以下的罚款。路政管理主体可以根据相对人的违法情节,在50000元幅度以内进行选择。路政管理主体在行使裁量权时判断有误,偏轻偏重,属于不当行为,不构成违法。在路政管理的法律规定中,这样的规定是比较多的。

由于自由裁量权的灵活性又决定了它更易于被滥用。自由裁量权的滥用构成的违法往往是隐蔽的,不易为人们所识破。在现实生活中相应的法律法规对行政自由裁量权的约束较少,给自由裁量权的被滥用留下了隐患。在实际交通行政执法中,由于地域不同、个人素质和价值取向不同,导致对法律法规的理解不同,从而也会产生自由裁量权的被滥用。故此,正确地行使自由裁量权须遵循以下原则和标准:

1. 是否符合立法目的

任何法律法规在授予行政机关自由裁量权时,都有其内在目的。交通行政主体在行使自由裁量权时,必须正确理解授权机关的立法意图和精神实质。反之,即构成滥用自由裁量权。如为罚款而罚款,为完成罚款任务而执法,即属此种情形。

2. 是否考虑相关因素

在行使自由裁量权时,必须考虑到一切应当考虑的因素,进而做出综合判断。未正确考虑相关因素的表现为两个方面:其一是考虑了不相关因素,如政治因素没收违法所得;其二是忽略了相关因素。

3. 是否基于正当的考虑

如果具体行政执法行为并不是经过慎重的理性思考与衡量的过程,而是凭着主观直觉或臆断做出自由裁量决定。如当事人违法事实轻微,却被处以最高额的处罚,显属对自由裁量权的滥用。

4.是否滥用程序

包括不正当的迟延和不正当的步骤、方式等。如在法律明确规定具体执法行为程序的情况下,无故拖延或置之不理。如《公路安全保护条例》第六十五条规定:"违反本条例的规定,经批准进行超限运输的车辆,未按照指定时间、路线和速度行驶的,由公路管理机构或者公安机关交通管理部门责令改正;拒不改正的,公路管理机构或者公安机关交通管理部门可以扣留车辆。"按照上述规定,扣留车辆之前,必须经过责令改正程序。

5.是否符合社会客观规律

客观规律是指每件事项的自然活动过程。如前述责令改正,应当确定合理期限,不能要求1天或2天内完成。

6.是否符合情理

包括对当事人是否平等对待,运用自由裁量权行为之间是否保持一定的连续性。

第二节 路政管理行政许可行为

一、路政管理行政许可的概念

行政许可是作为政府对公民、法人或者其他组织行为的事先控制手段。行政许可是指在法律一般禁止的情况下,行政主体根据行政相对人的申请,通过颁发许可证或执照等形式,依法赋予特定相对人从事某种活动或实施某种行为的权利或资格的行政行为。公路路政行政许可是指在路政管理法律法规一般禁止的情况下,交通运输主管部门或公路管理机构根据相对人的申请,对涉路施工以及除公路防护、养护外,占用、利用或者挖掘公路、公路用地、公路两侧建筑控制区,以及更新、砍伐公路用地上的树木等行为,依《公路法》等有关法律法规的规定,赋予特定相对人从事某种活动或实施某种行为的权利的行政行为。行政许可与行政审批是有区别的。《行政许可法》第三条第二款规定,有关行政机关对其他机关或者对其直接管理的事业单位的人事、财务、外事等事项的审批,不适用本法。行政许可是行政机关依据法定职权或者法律授权,对社会进行管理过程中,依行政相对人的申请做出的具体行政行为,它不包括行政机关对所属的企业、事业,或者说作为出资人对所属企业、事业日常管理所作的审批决定。行政许可是一种外部行为,而审批带有一定的内部管理色彩。当然,也有人认为行政许可为行政审批的一种。

对于公路路政行政许可的概念,可以从以下几个方面来把握:

1.公路路政行政许可的主体为特定主体

行政许可的行为主体为行政主体,而不是处于相对人地位的公民、法人和其他社会组织。只有基于公路行政管理权,依法行使对行政相对人申请的审核与批准权的交通运输主管部门或法律、法规授权的公路管理机构,才是行政许可的主体。

2. 公路路政行政许可是一种依申请所为的具体行政行为

行政许可只能依当事人的申请而发生,行政主体不能主动做出。无申请,即无行政许可,这是行政许可的基本原则。

3. 公路路政行政许可原则上是一种受益性行政行为

公路路政行政许可准予申请人从事特定的活动,申请人从而获得了从事某种特定活动的权利或者资格。公路是国家重要的基础设施,公共服务和普遍服务是其基本特征。保护公路的完好、安全和畅通是确保公路实现公共服务和普遍服务功能的前提和基础。但是,为实现以上目的,绝对禁止对公路造成损坏的个性服务也是不现实的。有些情况下,为了更好地发挥公路服务经济活动的目的,有条件地允许某些可能导致公路损坏行为的存在是必需的,是实现公共服务和个别服务相统一的制度。

4. 公路路政行政许可决定的多样性

对行政许可的理解,我们主要是从准许这一正面来理解的,但我们还应注意行政许可可能表现为肯定性的行为,也可能表现为否定性的行为。如对超限运输车辆行驶公路的申请,按照《公路安全保护条例》第三十五条规定,仅对运输不可解体的货物的行为,公路行政许可主体才可能准许,而对运输可解体的货物,则一般不予许可。

5. 公路路政行政许可一般为要式行政行为

公路路政行政许可应当遵循一定的法定程序,并应以正式的文书、格式、日期、印章等形式予以批准、许可或证明,必要时还应附加相应的辅助性文件。

二、公路路政行政许可的基本原则

1. 公路路政行政许可法定原则

该原则包括以下几个方面的要求:一是公路路政行政许可范围法定。纳入公路路政行政许可的事项要由法律、法规明确规定。例如《公路法》和《公路安全保护条例》对公路路政行政许可的事项做出了明确规定。二是公路路政行政许可的设定权法定。《行政许可法》明确规定,法律、法规可以设定行政许可,省级人民政府发布的规章只能设定临时性行政许可,部门规章不得设定行政许可。这样规定就是防止行政机关擅自设定行政许可。三是公路路政行政许可的实施主体法定。《公路法》规定,涉及路政管理的行政许可由县级以上人民政府交通运输主管部门实施许可。《公路安全保护条例》授权公路管理机构实施上述行政许可。四是公路路政行政许可行为的内容法定。被许可人的资格、素质和能力等条件必须符合法定条件,申请和审查的程序必须由法律规定,申请的内容必须符合法律法规的规定和社会公共利益,对公路路政行政许可主体违反法律规定颁发许可的行为必须依法追究其法律责任。五是公路路政行政许可主体对被许可人的活动进行监督。公路路政行政许可相对人必须遵守公路法的有关规定,服从路政管理主体的管理。获得许可证的相对人在许可范围、期限的活动必须符合法律规定。实施许可的路政管理主体对行政许可相对人进行监督管理,也必须严格依照法律规定,并依法追究被许可人的法律责任。

2. 公路路政行政许可公开的原则

公路路政行政许可公开的原则是指公路许可的事项、许可条件和标准、许可程序和费用、许可限额、结果等应当公布。公路许可申请人享有查阅许可档案,获悉许可标准、条件、程序、费用、限额、结果及其理由等方面事项的权利。这一原则是通过路政管理主体活动的公开化来实现公民的知情权和监督权。

3. 公路路政行政许可的公平、公正原则

公平属于价值判断的标准,它要求机会平等。路政管理行政许可是将法律的一般禁止事项对部分行政相对人不加以限制,其结果可以说是不公平的。但是法律所力求的平等就是通过条件的公平、机会公平,力求结果的尽可能公平。所以,这种结果的不公平在竞争性的市场经济中是无法避免的。因此,这里讲的公平主要是指行政许可制度对行政相对人提供的机会公平。公路路政许可公平要求路政管理主体在审查相对人提出的许可申请、监督行政许可的实施、裁决行政许可的争议等具体行政行为中,平等地对待同等条件下的行政相对人,不得滥用行政裁量权,做出不公平的处理决定。

许可公正不仅包括实体上的公正,即平等地对待当事人,禁止对申请人和利害关系人有歧视和偏见;对于符合法律法规和规章规定条件的申请人,在同等条件下,应当按照先后顺序择优许可的原则发放许可证。

4. 公路路政行政许可的效率原则

公路路政行政许可的效率原则是指路政管理主体应当按照法定程序在规定时限内及时办理公路许可事项,不得无故拖延。该原则要求:一是严格遵守法定的受理权限和许可的条件与标准,及时受理许可申请,不得无故或巧立名目拖延受理,受理与否都应及时通知申请人,不予受理的,必须说明理由;二是及时审查并做出决定;三是及时颁发许可证。但需要注意的是,有些公路路政许可事项涉及公路里程比较长,有的许可事项需要进行现场勘察,所以效率原则是在法律法规规定的时限范围内,尽可能缩短时间。

三、路政管理行政许可的实施机关

涉及公路路政行政许可的事项比较多,《公路法》"路政管理"一章中规定的路政行政许可的行政主体为县级以上人民政府交通运输主管部门。交通部《路政管理规定》将许可机关规定为交通运输主管部门或者公路管理机构。《公路安全保护条例》又通过行政法规授权公路管理机构为许可机关。在山西省,涉及国省道干线的路政行政许可的行政主体为交通运输厅和其所属的公路管理机构;县乡公路的许可主体为设区的市、县交通运输局和其所属的公路管理机构;村道的许可主体为乡级人民政府。

四、路政管理行政许可的种类

依照《公路法》和《公路安全保护条例》的规定,涉及路政管理行政许可项目分别是:

（1）因抢险、防汛需要在大中型公路桥梁和渡口周围200米范围内修筑堤坝，压缩或者拓宽河床许可。

（2）铁轮车、履带车和其他可能损害公路路面的机具行驶公路许可。

（3）超限运输车辆行驶公路许可。

（4）在公路用地范围内设置公路标志以外的其他标志许可。

（5）涉路施工许可，该项许可包括七个子项目，分别是：

①因修建铁路、机场、供电、水利、通信等建设工程需要占用、挖掘公路、公路用地或者使公路改线。

②跨越、穿越公路修建桥梁、渡槽或者架设、埋设管道、电缆等设施。

③在公路用地范围内架设、埋设管道、电缆等设施。

④利用公路桥梁、公路隧道、涵洞铺设电缆等设施。

⑤利用跨越公路的设施悬挂非公路标志。

⑥在公路上增设或者改造平面交叉道口。

⑦在公路建筑控制区内埋设管道、电缆等设施。

（6）更新砍伐公路用地上的树木许可。

五、路政管理行政许可的实施程序

公路路政行政许可的实施程序是指交通运输主管部门或公路管理机构从受理公路行政许可到做出准予、拒绝、中止、收回、撤销行政许可等决定的步骤、顺序、方式和时限的总称。公路路政行政许可的实施程序是规范公路行政许可行为，防止滥用权力，保证正常行使权力的重要环节。《行政许可法》对行政许可程序的规定体现了以下三个要求：一是行政许可适用的条件和具体程序公开透明、公平合理、明确具体、简明规范，方便当事人；二是便于监督；三是行政许可权与行使该权力的单位、个人的利益彻底脱钩。

我国《行政许可法》第四章分为六节：申请与受理；审查与决定；期限；听证；变更与延续；特别规定。可见，行政许可程序一般有四个步骤：申请、受理、审查和决定，变更与延续是适用于有些许可事项获得许可之后的两个后续程序。

（一）许可申请程序

公路路政行政许可申请程序因申请人行使自己的申请权而开始，是根据《行政许可法》《公路安全保护条例》《超限运输车辆行驶路政管理规定》《路政管理规定》及有关强制性技术标准和技术规范的有关规定而提出申请。申请行为必须符合以下要件：一是申请行为必须向有许可权的交通运输主管部门或公路管理机构提出。《行政许可法》第二十九条规定："公民、法人或者其他组织从事特定活动，依法需要取得行政许可的，应当向行政机关提出申请。"二是申请人必须依照法定方式提出。《行政许可法》第二十九条规定："申请人可以委托代理人提出行政许可申请。但是，依法应当到行政机关办公场所提出行政许可申请的除外。行政许可申请可以通过信函、电报、电传、传真、电子数据交换和电子邮件等方式提出。"三是申请人必须提交所需的有关材料。《行政许可法》第三十一条规定:"申请人申请行政许可,应当如实向行政机关提交有关材料和反映真实情况,并对其申请材料的真实性负责。"如《路政管理规定》规定,因修建铁路、机场、电站、通信设施、水利工程和进行其他建设工程需要占用、挖掘公路或者使公路改线的,建设单位应当按照《公路法》第四十四条第二款的规定,事先向交通运输主管部门或者其设置的公路管理机构提交申请书和设计图。申请书的主要内容包括:主要理由;地点(公路名称、桩号及与公路边坡外缘或者公路界桩的距离);安全保障措施;施工期限;修复、改建公路的措施或者补偿数额。

同时,行政机关有为申请人的申请行为提供方便的义务。《行政许可法》第二十九条规定:"申请书需要采用格式文本的,行政机关应当向申请人提供行政许可申请书格式文本。"例如,山西省交通运输厅在路政许可方面制作了统一的《路政管理许可申请表》,向申请人提供。内容包括:填表须知、申请事由、申请地点线路示意图、申请实施起止时间、安全保障措施和修复、改建公路的措施和补偿数额。

(二)许可受理程序

收到申请人提出的行政许可申请后,公路路政行政主体应当对其形式要件进行审查,以决定是否受理。主要审查的对象是申请人是否提交了符合规定数量、形式的申请材料,一般不对其实质内容进行审查。但是,基于便民原则,一些简单事项,路政管理行政主体可以当场决定的,也可以进行实体审查,并当场做出决定。如,农机具铁轮车、履带车需要在公路上行驶的许可申请,就可以现场审查,并做出许可决定。

公路路政行政主体收到行政许可申请后,区别不同情况决定是否予以受理:

(1)对申请事项依法不需要取得许可的,应当及时告知申请人不受理。

(2)对申请事项依法不属于本机关职权范围的,应当及时做出不予受理的决定,并告知申请人向有权的机关申请。

(3)对申请材料存在可以当场更正的错误的,应当允许其当场更正。

(4)对申请材料不齐全或者不符合法定形式的,应当当场或者在5日内一次性书面告知申请人需要补充的全部内容,逾期不告知的,自收到申请材料之日起即为受理。

(5)对申请事项属于本机关职权范围,申请材料齐全、符合法定形式,或者申请人按照本机关的要求提交全部补正申请材料的,应当受理行政许可申请。行政机关受理或不予受理许可申请,均应当出具加盖本机关专用印章和注明日期的书面凭证。

(三)许可审查程序

公路路政行政主体受理行政许可申请后,即进入行政许可的审查阶段。公路路政行政主体受理行政许可后,应当依照法定条件和标准对申请人是否具备取得行政许可的要件进行审查,审查申请人提供的材料所反映的事实是否与设定行政许可的法律、法规相一致。

行政许可的审查一般是书面审查,即审查申请人提交的书面材料。但是,公路路政行政许可千差万别,需要根据其内在的性质规定相应的特别审查程序。主要有以下几种情况：一是现场核查。对一些涉物的行政许可,路政管理行政主体在审查过程中还应该实地核查申请材料反映的事实与实际情况是否一致。如路政行政许可中的平交道口的设立、非公路标志的设立等申请,一般情况下,路政执法人员需要现场对有关情况进行核实和验证。二是检验、检测、专家评审。对一些专业性强的行政许可,行政机关还应当指定工作人员或邀请专家依据技术标准、技术规范,对申请人是否具备法定条件进行审查。对因修建铁路、机场、电站、通信设施、水利工程和进行其他建设工程需要占用、挖掘公路或者使公路改线的许可以及因抢险、防汛需要在大中型公路桥梁和渡口周围200m范围内修筑堤坝、压缩或者拓宽河床许可的申请事项,因涉及公路设施的安全,交通运输主管部门或公路管理机构应当邀请符合法定条件的专家进行审查。

1.关于审查的依据

涉路施工许可事项审查的主要依据为法律法规和有关技术标准、技术规范。一是法律法规,主要是与公路有关的,包括《公路法》《道路交通安全法》《公路安全保护条例》以及《铁路安全管理条例》。例如《公路法》第四十五条规定,跨越、穿越公路修建桥梁、渡槽或者架设、埋设管线等设施的,以及在公路用地范围内架设、埋设管线、电缆等设施的,所修建、架设或者埋设的设施应当符合《公路工程技术标准》(JTG B01—2014)的要求。如《道路交通安全法》第二十八条规定,设置的广告牌、管线等,应当与交通设施保持必要的距离,不得遮挡路灯、交通信号灯、交通标志,不得妨碍安全视距,不得影响通行。再如《铁路安全管理条例》第十七条规定:"新建、改建高速铁路需要与普通铁路、道路、渡槽、管线等设施交叉的,应当优先选择高速铁路上跨方案。"二是强制性技术标准和技术规范。《公路工程技术标准》(JTG B01—2014)、《公路路线设计规范》(JTG D20—2006)等公路方面的技术标准、技术规范以及相关的技术标准和规范规定的标准和要求是重要依据。例如《道路交通安全法》规定的不得影响安全视距,该安全视距的具体规定体现在有关技术标准和技术规范中。

2.关于征得同意

根据《公路法》《道路交通安全法》及《公路安全保护条例》的规定,涉路施工项目涉及交通安全的,还应当征得公安机关交通管理部门的同意。此处的"涉及交通安全的",是公路管理机构实施许可的工作人员根据自身对涉路施工形成的设施可能对交通安全的影响,依据有关技术标准、技术规范和自身的经验所做出的判断。主要是考虑形成设施的物理状态对公路完好、安全、畅通影响导致对交通安全可能造成的不良影响。

根据《行政许可法》有关"统一受理、统一决定"的办理原则,公路管理机构受理申请人的涉路施工申请后,认为该涉路施工事项影响交通安全的,应将相关资料及时抄告公安机关交通管理部门,征求公安机关交通管理部门对该申请许可项目的意见。公安机关交通管理部门接到公路管理机构传送的申请资料后,应及时与申请人取得联系,提出具体审批意见。同意的,由公安机关交通管理部门加盖公章回传给公路管理机构;不同意的,公安机关交通管理部门应及时向申请人说明具体理由,并回传给公路管理机构。公安机关交通管理部门对申请事项不同意的,公路管理机构应当做出不予许可的决定。

3. 关于征求意见

根据《公路法》第六十七条和《公路安全保护条例》第二十八条的规定,涉及收费公路的,公路管理机构应当征求公路经营管理者的意见。《行政许可法》第三十六条也明确规定:"行政机关对行政许可申请进行审查时,发现行政许可事项直接关系他人重大利益的,应当告知该利害关系人。申请人、利害关系人有权进行陈述和申辩。行政机关应当听取申请人、利害关系人的意见。"公路经营管理者作为收费公路的养护义务人,负有保障公路完好、安全和畅通的义务,由于涉路施工可能对公路及附属设施造成损害或不良影响,如果从事涉路施工许可者补偿不足,该不足部分将由公路经营管理者承担,因此收费公路的经营管理者属于《行政许可法》规定的利害关系人。

(四)许可决定程序

1. 一般规定

在经过审查程序后,便进入了决定程序。《行政许可法》规定了三种决定程序:一是当场决定程序。《行政许可法》第三十四条规定:"申请人提交的申请材料齐全、符合法定形式,行政机关能够当场做出决定的,应当当场做出书面的行政许可决定。"二是上级机关决定程序。《行政许可法》第三十五条规定:"依法应当先由下级行政机关审查后报上级行政机关决定的行政许可,下级机关应当在法定期限内将初步审查意见和全部申请材料直接报送上级行政机关。"

2. 《行政许可法》规定的特别程序

实践中,不同的行政许可由于所涉及的内容不同,其条件、标准、对公共利益影响大小也就不同。为保障行政许可的公正和效率,有必要对某些特殊类型的行政许可规定不同的实施程序。根据《行政许可法》的规定,该法对实施行政许可的程序有特别规定的,适用特别规定,没有特别规定的,适用一般规定。实施路政管理行政许可特别程序的有:非公路标志(公路广告)设置许可,非公路标志的设置属于直接关系公共利益的特定行业的市场准入,按规定也应当通过招标方式做出行政许可决定。

3. 关于行政许可的审查期限

有关审查的期限是至关重要的,只有在规定期限内决定是否发放许可证才能确保行政效率和相对人利益。《行政许可法》规定,除可以当场做出行政许可决定的外,路政管理行政主体应当自受理之日起20日内做出决定。20日内不能做出决定的,经本路政管理行政主体负责人批准,可以延长10日。但是,法律、法规另有规定的除外。但是现行的公路法律、法规中基本没有规定行政许可审查期限。行政许可采用统一办理或者联合办理、集中办理的,办理时间不超过45日;45日内不能办结的,经本级政府负责人批准,可以延长15日,并应将延长期限的理由告知申请人。路政管理行政主体做出准予行政许可的决定,应当自做出决定之日起10日内向申请人颁发、送达行政许可证件。依法应当先经下级路政管理行政主体审查后报上级路政管理行政主体决定的行政许可,下级路政管理行政主体应当自其受理行政许可申请之日起20日内审查完毕。由于涉路施工、超限运输车辆行驶公路等许可一般需要招标、听证、现场勘验等,需要的时间比较长,根据行政许可法第四十五条的规定,上述所需时间不计算在前述时间期限内,但路政管理行政主体应当将所需时间书面告知申请人。同时,《行政许可法》第八十二条规定,本法规定的行政机关实施行政许可的期限以工作日计算,不含法定节假日。

(五)听证程序

公路路政行政许可听证是指行政机关做出影响申请人和其他利害关系人权益的决定之前,依法应当告知其有获得听证的权利。

1. 公路路政行政许可听证的适用范围

按照《行政许可法》的规定,路政管理行政许可听证有两种情况:一是法律、法规、规章规定实施行政许可应当听证的事项,或者路政管理行政主体认为需要听证的其他涉及公共利益的重大行政许可事项,路政管理行政主体应当向社会公告,并举行听证。二是行政许可直接涉及申请人与他人之间重大利益关系的,路政管理行政主体在做出行政许可决定前,应当告知申请人、利害关系人享有要求听证的权利;申请人、利害关系人在被告知听证权利之日起5日内提出听证申请的,路政管理行政主体应当在20日内组织听证。

2. 公路路政行政许可听证的程序

(1)路政管理行政主体应当于举行听证的7日前将举行听证的时间、地点通知申请人、利害关系人,必要时予以公告。

(2)听证应当公开举行。

(3)路政管理行政主体应当指定审查该行政许可申请的工作人员以外的人员为听证主持人,申请人、利害关系人认为主持人与该行政许可事项有直接利害关系的,有权申请回避。

(4)举行听证时,审查该行政许可申请的工作人员应当提供审查意见的证据、理由,申请人、利害关系人可以提出证据,并进行申辩和质证。

(5)听证应当制作笔录,听证笔录应当交听证参加人确认无误后签字或者盖章。路政管理行政主体应当根据听证笔录,做出行政许可决定。

六、涉路施工验收

涉路施工完毕,公路管理机构应当对公路、公路附属设施是否达到规定的技术标准及施工是否符合保障公路、公路附属设施质量和安全的要求进行验收,并对是否落实许可的设计和施工方案进行评估,对于未经过验收的,一律不得投入使用。竣工验收是非常重要的事后监督手段,不通过验收的方式,难以确保申请人严格按照施工程序和技术方案严格执行到位,在具体的验收工作中,公路管理机构应对涉路施工项目是否符合法律法规规定、是否符合技术规范要求、是否执行许可决定、是否满足公路安全运行要求等做出全面的评价,对验收中发现的问题应要求建设单位及时予以更正。同时考虑到在涉路施工影响交通安全的情况下,公安机关交通管理部门也是行政许可的主体,根据"谁许可、谁验收、谁监管、各负其责"的原则,影响交通安全的,还应当经公安机关交通管理部门验收。此外,公路管理机构对施工单位应当及时清除公路上的障碍物和消除安全隐患情况进行验收。清除公路上的障碍物和消除安全隐患是非常必要的,因为公路的使用价值就在于其畅通。《澳大利亚南威尔士公路法》规定,道路主管部门可以命令公路挖掘者恢复公路的原状。除给出命令以外,若认为必要,道路主管部门也可以采取行动使公路恢复原状。道路主管部门按照规定采取行动恢复原状所产生的费用可以作为债务,通过法院的适当权限让有关义务人承担。我国有关法律法规未对义务人不履行清除公路上的障碍物和消除安全隐患义务,或者在紧急状态下需要公路管理机构实施上述行为进行应急处理做出规定,我们认为借鉴上述做法应当是可以的。

第三节 路政监督检查行政行为

一、路政监督检查行政行为的概念和特征

(一)路政监督检查行政行为概念

路政监督检查行政行为是行政检查的一种,是交通运输主管部门和公路管理机构及其工作人员依法对路政管理相对人是否遵守法律、法规和规章等情况,做单方面了解的具体行政行为。

(二)路政监督检查行政行为特征

(1)路政监督检查的行政主体是交通运输主管部门或公路管理机构。《公路法》第六十九条规定:"交通运输主管部门、公路管理机构依法对有关公路的法律、法规执行情况进行监督检查。"因此,法律已经授权交通运输主管部门和公路管理机构对有关公路的法律、法规执行情况进行监督检查的权力。

(2)路政监督检查的对象是路政管理相对一方,包括公民、法人和其他社会组织遵守路政管理法律法规的情况。根据行政职权的属地原则,交通运输主管部门、公路管理机构及其他行政主体有权对本行政区域内涉及路政管理的情况进行检查监督。

(3)路政监督检查的内容是路政管理行政相对一方遵守公路法律法规的情况。根据公路法律法规涉及的内容,路政监督检查的内容包括检查、制止各种侵占、损坏公路、公路用地、公路附属设施情况和其他违反本法规定的行为。

(4)路政监督检查一般不直接影响行政相对一方的实体权利和义务,而只能是监督检查路政管理相对一方是否按照有关规定行使权利、履行义务。需要注意的是,路政管理行政主体也可以依行政合同条款对合同相对人的履约情况进行监督检查。

(5)路政监督检查必须依法或者依行政合同的约定进行。《行政处罚法》等法律法规对行政监督检查做了明确规定,具体到路政监督检查中,路政监督检查的主体必须合法、适格,公路管理机构实施路政监督检查必须依据法规授权进行,路政监督检查必须遵守法定程序。

(三)路政监督检查的作用

路政监督检查是公路行政执法行为的有机组成部分。该行政行为的运用,对法律法规的实施、督促相对人自觉遵守法律法规及其他行政行为都具有不可忽视的作用。这些作用表现在:

(1)路政监督检查有利于路政管理职能的实现。

交通运输主管部门和公路管理机构履行法律赋予的公共管理职责,必须借助多种手段,而路政监督检查正是诸多手段中的一种。交通运输主管部门和公路管理机构如果离开了监督检查,路政管理就可能陷入被动,或者导致管理活动的错误或违法,甚至导致上级机关制定有关规范性文件或者重大决策的错误。

(2)路政监督检查有利于保障公路法律法规的实施。

"徒法不足以自行。"公民、法人或者其他组织是否遵守公路法律法规,都需要通过路政监督检查来确认。不进行严格的监督检查,实际就会使法律、法规和规章处于无人问津的状态,法律、法规和规章的行为规范就不可能得到实施,法律秩序也无从谈起。尤其是路政管理,就公路建设市场而言,点多面广,监督检查关系到市场的依法有序运行。运行的公路呈带状、网状分布,公路的完好、安全、畅通不仅事关国家财产的安全,也关系到交通运输的安全。因此,加强路政监督检查尤为重要。

(3)路政监督检查是做出和执行公路行政处理决定的前提和基础。

例如《公路安全保护条例》规定,违反本条例的规定,在公路上行驶的车辆,车货总体的外廓尺寸、轴荷或者总质量超过公路、公路桥梁、公路隧道、汽车渡船限定标准的,由公路管理机构责令改正,可以处30000元以下的罚款。但对公路上行驶的车辆是否存在超限运输的情况,交通运输主管部门或公路管理机构不通过监督检查是难以发现的。即使发现,也难以做到事实清楚、证据确凿,难以依法做出相应的处理。

二、路政监督检查的主体和规范

(一)路政监督检查的主体

路政监督检查主体是以自己的名义实施路政监督检查并承担由此而产生的法律后果的行政机关和法律法规授权的组织。

根据《公路法》及有关法规和规章,路政监督检查的行政主体主要为各级人民政府交通运输主管部门和公路管理机构。

(二)路政监督检查的方式

由于公路管理涉及的内容比较多,所以路政监督检查的方式也是多种多样。

1. 书面检查

书面检查主要是对相对人报送的资料、文件、材料进行核对查证,判断其合法性、合理性和真实性。

2. 专项调查

专项调查是对较为复杂的案件进行的调查。如国务院《安全生产事故报告和调查处理条例》专门对安全生产事故调查方式和程序做出规定。

3. 现场检查

对公路路政行政许可、路产损害检查等,法律法规均规定,监督检查主体有权进行现场检查。如对涉路施工形成设施的所有人、管理人对该设施的维护和管理等情况进行的监督检查。《山西省公路条例》第三十条规定,在公路、公路用地范围内设置的非公路设施,其所有权人或者管理人应当巡查维护。公路管理机构发现上述设施有缺损、移位、变形等情形影响公路安全畅通的,应当设置警示标志,并责令其所有权人或者管理人限期改正。

根据公路管理的特点,特别是在对治理车辆非法超限运输方面,《公路法》及相关的法律、法规、规章规定,路政监督检查人员依法在公路、建筑控制区、车辆停放场所、车辆所属单位等进行监督检查时,任何单位和个人不得阻挠。《超限运输车辆行驶公路管理规定》第二十条规定,公路管理机构可根据需要在公路上设置车辆轴载质量及车货总质量的检测装置,对超限运输车辆进行检测。《公路超限检测站管理办法》专门就超限检测的规划建设、运行及执法管理等做出规定。

关于设立治超检测点的问题,许多国家规定通过设立治超检测点,对大型运输车辆进行超限检测。1994年10月,超限超载车辆过多导致圣水大桥坍塌后,韩国政府进一步加大了治理力度,在全国设立了400余个超限超载检测站(点)。目前,韩国超限超载车辆仅占被检测货运车辆数的1.5%。日本广泛使用固定或移动称重设备对超限车辆进行检测,在高速公路收费站设有电子秤测量轴载,大型货车还要安装货物自动测重仪。在英国,核定车辆是否超重要在专门的执法检查站点(称重站)进行。全英国共分成八个地区,在每个地区设置不同数量的道路运营车辆称重站。在检查设备和技术上,包括固定磅秤、自动称重和动态称重等。

4. 联合执法检查

为了加强对非法超限超载运输车辆的治理,我国加大了执法的力度。路面控制方面,采取了路政执法人员和公安交警联合上路流动检查和交通警察进驻治超检测点,协作配合治理非法超限超载运输车辆。

(三)路政监督检查的一般程序

根据《行政处罚法》的有关规定,路政监督检查的一般程序为:

(1)路政执法人员上路检查不得少于2人,且必须持有交通运输部行政执法证件。

(2)路政执法人员上路检查时,应当按规定着装和佩戴证章。

(3)应当出示交通运输部统一制式的行政执法证件。

(4)路政执法人员调查案件确需勘查现场时,应当通知当事人或其代理人到场;当事人或其代理人不到场的,应当邀请当事人的邻居、所在单位或基层组织的有关人员到场见证。勘查结果应当制作笔录,并由勘查人、当事人或其代理人、见证人签字;当事人或其代理人、见证人拒绝签字的,不影响勘查结果的效力。

(5)路政执法人员在做出具体行政行为时,应当告知当事人有关的事实、依据以及相关的权利和义务。

需要注意的事项:路政执法人员在检查中,不论是实施行政强制措施还是行政处罚行为,均要尽可能在取证的同时,按规定制作现场笔录。这样,一旦发生行政争议才会有查明真相的证明力。因此,除按前述完成笔录外,应由现场路政执法人员、询问人员及记录人员在笔录上签字,还应当让到现场的见证人、相对人签字。

(6)通过检查确有证据证明相对人存在违法,需要做出行政强制和行政处罚的,进入行政强制和行政处罚程序。

(四)路政执法人员在路政监督检查中需要注意的问题

1. 关于当事人弃车逃避检查的问题

路政执法人员在路政监督检查中,有时会发生当事人为逃避检查,下车后将车门反锁,然后迅速离开检查现场的情况。对此,执法人员应当立即在该车附近设置安全警示标志,并等候当事人的到来。对于当事人不到场的,可与交警部门联系,依据相关法律法规,依法用清障车将该车拖至治超检测站。同时收集相应的证据,做好《现场笔录》及现场的影像资料等证据材料,不应做扣留车辆处理。

2. 关于拦车检查的安全问题

路政执法人员在公路上对涉嫌违法的车辆进行拦车检查是《公路法》赋予的权力。该法第七十一条规定,路政监督检查人员依法在公路、建筑控制区、车辆停放场所、车辆所属单位等进行监督检查时,任何单位和个人不得阻挠。但是,路政执法人员拦车检查应当遵守《路政文明执法管理工作规范》关于拦车的规定,特别是要注意交通安全,根据公路条件和交通状况,选择安全和不妨碍通行的地点进行拦车,避免引发交通堵塞;在距检查地点至少200m处开始摆放发光或者反光的警示标志,间隔设置减速提示标牌、反光锥筒等安全防护设备。

三、公路监督检查的车辆

《公路法》第七十三条规定,用于公路监督检查的专用车辆,应当设置统一的标志和示警灯。2002年,原交通部发布了《公路监督检查专用车辆管理办法》,并明确,公路监督检查专用车辆是县级以上地方人民政府交通主管部门及其所属的管理机构依法进行公路监督检查时使用的专用车辆,其标志包括车辆颜色和文字标识,示警灯包括顶灯和发声器。主管部门为省、自治区、直辖市人民政府交通主管部门。《道路交通安全法》第十五条规定,公路监督检查的专用车辆,应当依照公路法的规定,设置统一的标志和示警灯。公路监督检查车辆主要用途为:查处损坏公路的车辆、依法采取公路行政强制措施、执行其他紧急任务。公路监督检查专用车辆、示警灯不得转借他人,也不得从事与公路监督检查无关的其他活动。

第四节　路政行政强制行为

一、路政行政强制行为的概念及种类

《行政强制法》是我国继《行政处罚法》《行政许可法》出台之后,又一部重要的行政法。该法共7章71条,分别规定了总则、行政强制的种类和设定、行政强制措施的实施程序、行政机关强制执行程序、申请人民法院强制执行、法律责任等内容。该法系统、全面地梳理、总结了我国现行的行政强制制度,并在此基础上结合理论创新,重新构建了适应行政法治背景下的行政强制工作的全新法律体系。

(一)路政行政强制行为的概念

就路政管理而言,行政强制行为的概念应该是:行政强制是"行政强制措施"与"行政强制执行"的合称,是指交通运输主管部门或公路管理机构为维护和实施公路管理秩序,制止违反法律规定的行为存在,依照法规和规章的规定,针对违反路政管理法律法规的行为采取对有关许可行为及相关车辆进行约束和限制,或在当事人拒不履行业已生效的具体行政行为的情况下,交通运输主管部门、公路管理机构或人民法院,依法对相关相对人采取有关强制手段,迫使其履行义务,或者达到与履行义务相同状态的强制性行为。

(二)路政管理行政强制行为的种类

与路政管理的行政强制行为有两种:一是行政强制措施,根据《公路安全保护条例》的规定,为扣留车辆和工具;强制拖离;证据登记保存。二是行政强制执行,根据《公路法》《公路安全保护条例》等有关规定,为强制拆除违章建筑、恢复原状、代履行等。

(三)路政行政强制的基本原则

路政行政强制涉及公民、法人的财产权,实施行政强制必须遵循一定的原则。行政强制法规定了以下原则:

1.法定原则

(1)按照法定的权限、范围、条件设定行政强制,有权设定行政强制的只有法律、行政法规和地方性法规,规章和其他规范性文件不得设定行政强制。

(2)按照法定的权限、范围、条件实施行政强制。

2.适当原则

适当原则是行政法领域中的一项普遍原则。在行政法领域中,也称比例原则,是指行政机关在可以采用多种方式实现某一行政目的的情况下,应当采取对当事人权益

损害最小的方式,这样做才是适当和合理的。根据比例原则,在强制手段和非强制手段都能达到行政管理目的时,应当采取非强制手段,不得采取强制手段;在实施强制手段时,在达到行政目的的前提下,应当采取对当事人损害最小的措施。

(1)行政强制的设定应当适当,在维护公共秩序和保护公民权利之间掌握平衡,既不能规定过多的行政强制,把行政强制作为包治良药,也不能因噎废食,忽视行政强制的作用,对行政管理的实际需求视而不见。

(2)行政强制的实施应当适当,情节轻微的,能不实施的就不实施。查封、扣押、冻结的财物应当适当。《行政强制法》第二十三条规定:"查封、扣押限于涉案的场所、设施或者财物,不得查封、扣押与违法行为无关的场所、设施或者财物;不得查封、扣押公民个人及其所供养家属的生活必需品。"第二十九条规定:"冻结存款、汇款的数额应当与违法行为涉及的金额相当;已被其他国家机关依法冻结的,不得重复冻结。"

(3)行政机关在依法强制执行时,所选择的强制手段应当适当。应当优先使用简便手段,包括代履行和执行罚,在代履行和执行罚无法实现行政目的时,才适用直接强制执行。在实施直接强制执行时,也应当遵循适当原则,选用适当的手段。

3. 教育与强制相结合原则

规定"实施行政强制,应当坚持教育与强制相结合"。专家指出,行政强制只是促使当事人履行法定义务的一种手段,不是目的。当事人经教育自觉改正违法行为,履行法定义务的,就不应再采取行政强制。

4. 不得为单位和个人谋利原则

规定"行政机关及其工作人员不得利用行政强制权为单位或者个人谋取利益"。一是不得使用被查封、扣押的财物,《行政强制法》第二十六条第一款规定:"对查封、扣押的场所、设施或者财物,行政机关应当妥善保管,不得使用或者损毁;造成损失的,应当承担赔偿责任。"二是对查封、扣押的财物不得收取保管费。《行政强制法》第二十六条第三款规定:"因查封、扣押发生的保管费用由行政机关承担。"三是收支两条线管理。《行政强制法》第四十九条规定:"划拨的存款、汇款以及拍卖和依法处理所得的款项应当上缴国库或者划入财政专户。任何行政机关或者个人不得以任何形式截留、私分或者变相私分。"四是合理确定代履行费用。《行政强制法》第五十一条第二款规定:"代履行的费用按照成本合理确定,由当事人承担。但是,法律另有规定的除外。"

(四)行政强制的特点

1. 强制性

强制性是行政强制的最本质的特征。行政强制是国家政权的强制力在行政管理领域的具体化,是国家行政管理所必须的。没有必要的行政强制权作保障,国家行政就难以应付日益复杂、艰巨的管理任务,国家行政机关的权威以及行政效能将无从谈起。如,对采取故意堵塞固定超限检测站点通行车道、强行通过固定超限检测站点等方式扰乱超限检测秩序的违法行为,如果不采取必要的行政强制措施,就难以维护超限管理的正常秩序。

2. 违意志性

违意志性是行政强制的另一个本质特征。行政强制总是在行政相对人违法或者拒不执行法定义务时，不得已而采取的。行政相对人在行政强制之前可以通过自觉守法或者主动履行法定义务避免行政强制的发生，在行政强制之后，也可以寻求相应的救济手段。但在行政强制过程中，即使违背当事人的意志，当事人也必须服从行政机关的行政强制，否则就是妨碍公务甚至构成妨碍公务罪。

3. 行政强制

行政强制是特定国家机关享有的，行政强制的强制性及违意志性决定了行政强制的任何违法或不正当的行使都会对当事人造成物质、精神损害。因此，为了防止行政强制的滥用，必须对行政强制权的范围加以限制，即只有法律、法规规定的行政机关有权实施强制，其他行政组织或个人不得实施。

4. 法定性

行政机关及其工作人员实施行政强制的权限、程序都必须按照法律、法规的规定进行，违法实施行政强制致使当事人或其他行政相对人遭受损害的，行政机关应当根据《国家赔偿法》的规定予以赔偿。行政强制的违法行使属于典型的行政违法，由此构成当事人一方人身自由或财产的损害的，属于依法应当予以国家赔偿的范围；被侵害人有权据此请求国家赔偿。

(五) 行政强制措施的实施主体

《行政强制法》第十七条规定，行政强制措施由法律、法规规定的行政机关在法定职权范围内实施。行政强制措施权不得委托。

(1) 须有法律、法规的明确规定。

(2) 须为行政机关，按照《行政强制法》的规定，法律、行政法规授权的具有管理公共事务职能的组织在法定授权范围内，以自己的名义实施行政强制，为《行政强制法》规定的行政机关。目前，就公路管理而言，公路管理机构属于法律、行政法规授权的组织。

(3) 行政强制措施权不得委托。《行政处罚法》《行政许可法》及《行政强制法》对委托的规定是不同的。《行政处罚法》规定可以委托管理公共事务的社会组织实施行政处罚；《行政许可法》规定不得委托管理公共事务的社会组织实施行政许可，但可以委托行政机关实施行政许可；《行政强制法》规定行政强制措施不得委托。

(4) 依据《行政处罚法》的规定行使相对集中行政处罚权的行政机关，可以实施法律、法规规定的与行政处罚权有关的行政强制措施。行政强制措施权不得委托。

二、路政管理行政强制措施

(一) 路政管理行政强制措施的概念和特征

法律、法规和规章是一种通过设定权利、义务约束社会主体的行为规范，其立法目的的实现有赖于法律的执行。对于有些拒不履行法律规定义务的社会主体,通过行政强制措施,迫使其遵守法律,从而保证法律规范的顺利实施,维护法制的尊严。而行政强制措施正是实现这一目标的有效手段之一。行政主体在制止、预防违法行为,敦促相对人履行义务的过程中,只依靠宣传教育、说服劝导不足以保证相对人严格遵守法律,往往还需要对拒不履行义务的相对人采取必要的强制手段。公路管理法律、法规、规章也不例外。

路政管理行政强制措施是指交通运输主管部门或公路管理机构,在行政管理过程中,为维护和实施公路管理秩序,为制止违法行为、防止证据损毁、避免危害发生、控制危险扩大等情形,依法对公民的人身自由实施暂时性限制,或者对公民、法人或者其他组织的财物实施暂时性控制的行为。

路政管理行政强制措施具有以下主要特征:

(1)路政管理行政强制措施的目的在于预防、制止或者控制危害公路管理秩序违法行为的发生,因此,路政管理行政强制措施带有明显的控制性、制止性。

(2)路政管理行政强制措施的对象比较广泛,既有违反公路保护法律规定的相对人,也有违反收费公路法律的相对人等。

(3)路政管理行政强制措施与公路管理行政处理紧密联系,常常是交通运输主管部门或公路管理机构做出行政处理决定的前奏和准备。因此,路政管理行政强制措施不仅具有制止性,而且还具有临时性。

(4)交通运输主管部门、公路管理机构采取行政强制措施,必须有法律、法规的明确授权,并严格依照规定实施。

(5)路政管理行政强制措施具有可诉性。公路管理行政强制包括暂扣机动车属于行政行为,按照《行政诉讼法》和《行政复议法》的有关规定,均可以申请行政复议或者提起行政诉讼。

(二)公路管理行政强制措施的设定

在《行政强制法》出台之前,理论界和有些实务机关对由哪一个机关制定的规范性文件可以设定行政强制措施认识不一。有的学者和法院同志认为,只有法律和行政法规可以设定行政强制措施;有的学者认为,在国家《行政强制法》发布实施前,法律、行政法规、地方性法规和规章设定的行政强制措施,只要与上位法不相抵触,均不违法。《行政强制法》发布后,行政强制的设定有了明确的法律规定,行政强制措施由法律设定。尚未制定法律且属于国务院行政管理职权事项的,行政法规可以设定除本法第九条第一项、第四项和应当由法律规定的行政强制措施以外的其他行政强制措施。尚未制定法律、行政法规,且属于地方性事务的,地方性法规可以设定本法第九条第二项、第三项的行政强制措施。法律、法规以外的其他规范性文件不得设定行政强制措施。从目前路政管理的时间来看,公路保护等均具有点多、线长,行政相对人流动性强,实施违法行为后可及时逃离现场等特点。因此,赋予路政管理行政主体实施行政强制措施非常必要。

(三)路政管理行政强制措施与行政处罚行为的区别

目前,社会上对扣留车辆的性质有两种不同的认识,一种认为是行政强制措施,另一种认为是行政处罚行为。笔者认为,扣留车辆究竟是行政强制措施,还是行政处罚,要具体问题具体分析,例如,《公路安全保护条例》第六十七条规定,对采取故意堵塞固定超限检测站点通行车道、强行通过固定超限检测站点等方式扰乱超限检测秩序的,由公路管理机构强制拖离或者扣留车辆。该条属于暂扣车辆的行政措施。而我国《道路交通安全法》也规定了暂扣车辆的行政措施,如该法第九十一条规定:"饮酒后驾驶机动车的,处暂扣 1 个月以上 3 个月以下机动车驾驶证,并处 200 元以上 500 元以下罚款;醉酒后驾驶机动车的,由公安机关交通管理部门约束至酒醒,处 15 日以下拘留和暂扣 3 个月以上 6 个月以下机动车驾驶证,并处 500 元以上 2000 元以下罚款。"《公路安全保护条例》第六十七条规定的扣留为行政强制措施,而《道路交通安全法》第九十一条规定的"暂扣机动车驾驶证"为行政处罚行为。二者的区别也正是行政处罚与行政强制措施的区别。

行政处罚与行政强制措施这两种行为的区别在于:

(1)行政处罚是处分权利,行政强制是限制权利。行政处罚是对行政相对人权利的最终处分,而行政强制措施是对相对人权利的一种临时性限制。在公路管理中,如暂扣车辆只是暂时限制了对公路造成较大损害、当场不能处理完毕的车辆行驶公路的权利。

(2)行政处罚是一种最终的行政行为,它的做出,表明该行政违法案件已经处理完毕。如《收费公路管理条例》第四十九条规定的对违反规定,擅自在公路上设立收费站(卡)收取车辆通行费或者应当终止收费而不终止的,由国务院交通运输主管部门或者省、自治区、直辖市人民政府交通运输主管部门依据职权,没收违法所得,它表达了交通行政主体对该财物的最终处理。行政强制措施是一种中间行为,而是为保证最终行政行为的做出和实现所采取的一种临时性措施,它没有到达对事件最终处理完毕的状态,而是为保证随后行政处理决定的最终做出、敦促相对人尽快履行法定义务所采取的临时性措施。

(四)路政管理行政强制措施的种类

1. 扣留车辆

(1)《公路安全保护条例》第六十五条规定,经批准进行超限运输的车辆,未按照指定时间、路线和速度行驶的,由公路管理机构或者公安机关交通管理部门责令改正,拒不改正的。

(2)《公路安全保护条例》第六十五条规定,未随车携带超限运输车辆通行证的,由公路管理机构扣留车辆。

(3)《公路安全保护条例》第六十七条规定,采取短途驳载等方式逃避超限检测的。

2. 扣留车辆、工具

《公路安全保护条例》第七十二条规定,造成公路、公路附属设施损坏,拒不接受公路管理机构现场调查处理的。

3.强制拖离

《公路安全保护条例》第六十七条规定,对扰乱超限检测秩序或逃避超限检测的,由公路管理机构强制拖离或者扣留车辆。

4.证据登记保存

《行政处罚法》第三十七条规定,行政机关在收集证据时,在证据可能灭失或者以后难以取得的情况下,经行政机关负责人批准,可以先行登记保存,并应当在7日内及时做出处理决定,在此期间,当事人或者有关人员不得销毁或者转移证据。

(五)路政管理行政强制措施的实施

1.实施路政管理行政强制措施的一般程序

实施行政强制措施时,必须符合相关法律、法规规定的条件;必须有证据证明存在涉嫌违法的行为;必须按照法定种类、法定范围、法定程序、法定期限实施行政强制措施,不得滥用行政强制措施。根据公路管理的有关规定和目前行政强制措施的理论及实践,公路管理行政强制措施实施的一般程序为:

(1)依据法律、法规规定采取扣留车辆、工具等强制措施,应当经交通运输主管部门或公路管理机构负责人批准。情况紧急、需要当场实施行政强制措施的,行政执法人员应当在24小时内向本机关负责人报告,并补办批准手续。本机关负责人认为不应当采取行政强制措施的,应当立即解除。

(2)在实施或解除行政强制措施时,必须有2名以上执法人员参加,并向当事人或者有关人员出示执法证件。由行政执法人员实施具体行政行为是我国行政法的一贯规定,行政许可、行政处罚、行政强制均是如此。《行政强制法》第十七条规定,行政强制措施应当由行政机关具备资格的行政执法人员实施,其他人员不得实施。

(3)通知当事人到场,当场告知当事人实施的理由、依据和复议、诉讼权利。

(4)听取当事人的陈述和申辩。

(5)制作现场笔录。

(6)制作并现场送达行政强制措施文书,告知当事人采取行政强制措施适用的法律依据和处理机关所在地。

(7)查封当事人的财物(车辆),应当当场清点,开具清单,交当事人一份,并当场交付查封、扣押财物通知书或决定书。路政管理人员制作车载物品清单,由当事人签字,当事人拒绝签字的,由在场证人签字。

2.路政行政强制措施适用的文书

(1)扣留车辆(工具)审批文书。

填写内容包括:

①当事人基本情况,包括单位名称(或个人姓名)、电话、住址、邮政编码等。

②案由、案件来源。案由写明案件的主要问题。案件来源应注明检查中发现、举报、群众来信来访、领导交办、移送等。

③案件的简要情况。拟采取行政强制措施的理由、所依据的法律法规的名称及相应的条、款、项、目,拟做出行政强制措施的种类。

④行政强制措施的承办人建议采取行政强制措施的意见、签名及日期。

⑤承办机构负责人的意见、签名及日期。

⑥行政负责人审批意见。应当有交通行政执法机构负责人同意或不同意采取行政强制措施的意见、签名及日期。

(2)现场笔录。

按照《行政强制法》的规定,现场笔录是实施行政强制措施必须制作的法律文书。在公路管理执法中,现场笔录也是重要的证据之一。现场笔录的内容是执法人员在暂扣车辆或工具现场所耳闻目睹的有关情况、查扣的实施过程、当事人的异议或者反抗等情况。现场笔录应当全面反映查扣现场的有关事实,保证记录内容的真实性和完整性。制作现场笔录,一是可以记录查扣的过程,以便存入案卷备查;二是可以保存第一手证据,以便事后出现纠纷时,证明有关事实。从公路法律法规的有关法律、法规看,对可以做出行政强制的行为规定了相应的条件和情形,如《公路安全保护条例》第七十二条规定,造成公路、公路附属设施损坏,拒不接受公路管理机构现场调查处理的,公路管理机构可以扣留车辆、工具。根据上述规定,现场笔录中需要记载和询问的内容有该车辆行驶和接受检查的路段、机动车情况、当事人能否当场赔偿损失等。现场笔录应当明确记载现场制作的时间。现场笔录交当事人核对内容,并由当事人签字;当事人拒绝签字的,要在现场笔录中注明情况,并由在场的其他人员签字。

(3)权利告知方面的文书。

权利告知方面的文书告知当事人采取行政强制措施的理由、依据以及当事人依法享有的权利、救济途径。主要填写的内容有:

①当事人的单位名称(或者个人姓名)。

②实施行政强制措施的理由、所依据的法律法规的名称及相应的条、款、项、目,拟做出行政强制措施的种类、期限。

③当事人享有的陈述、申辩的权利和期限。

④交通行政执法机关的联系人(行政强制措施的承办人)姓名、电话、地址。

⑤当事人签名或盖章及期限。

⑥交通行政执法机关的印章及日期。

《权利告知书》一式两份,一份由交通行政执法机关交行政强制措施的当事人,另一份由交通行政执法机关存档保留。

(4)扣留车辆(工具)决定方面的文书。

主要填写的内容有:

①文书编号。

②当事人基本情况。当事人是公民的,要记载其姓名、性别、年龄、工作单位、电话、住址、邮政编码等;当事人是法人或其他组织的,要记载其名称、法定代表人、电话、

住址、邮政编码等。

③案件的基本情况。

④行政强制措施决定的结论,实施行政强制措施的理由、所依据的法律法规的名称及相应的条、款、项、目,行政强制措施的种类、期限。

⑤救济途径。告知当事人申请行政复议、提起行政诉讼的权利,应当分别注明复议机关及复议期限、诉讼期限。

⑥交通行政执法机关的印章及日期,日期以交通行政执法机关负责人批准或者决定行政强制措施的日期为准。

(5)扣押物品清单方面的文书。

《道路旅客运输及客运站场管理规定》(交通部2005年第10号令)的附件12对《道路运输车辆暂扣证》的暂扣车辆及车载物品登记制作了样式,该样式要求填写的内容包括车号、车型、轮胎、门锁、车灯、玻璃、后视镜以及车上的其他设备及物品。该样式比较全面,在路政管理强制措施文书中可以借鉴。在填写《公扣留机动车及车载物品保存清单》时,车辆情况,车载物品的名称、单位和数量都要详细填写。同时,执法机关或机构、暂扣时间、执法人员、保管人员各项内容也要填写,最后要有车主或驾驶员的签字。

(6)解除扣留决定方面的文书。

主要填写的内容包括:

①文书编号。

②当事人姓名或名称。

③实施行政强制措施的种类和时间。

④解除行政强制措施的理由、所依据的法律法规的名称及相应的条、款、项、目。

⑤领取扣押物品的时间。

⑥交通行政执法机关的印章及日期,日期以交通行政执法机关负责人批准的日期为准。

(7)解除扣押物品清单方面的文书。

主要填写的内容包括:

①解除扣留决定书文书编号。

②当事人姓名或名称。

③物品名称。

④物品规格(型号)。

⑤物品数量。

⑥交通行政执法机关的印章及日期。

此外,在实施扣留车辆的行政强制措施过程中,还可能用到的文书还有:延长扣押期限告知、扣押财物移送等方面的文书。

3.扣押物品的保管及费用

(1)公路管理机构保管。行政机关负有对扣押物品的妥善保管的义务,不得擅自使用或者损毁,因行政机关的原因造成扣押物品损毁的,行政机关应当依法赔偿。需要注意的是,此处规定的赔偿是指行政赔偿,适用《国家赔偿法》,一是须为因行政机关的原因导致扣押物品损毁的,二是仅对扣押物品损毁赔偿。

(2)公路管理机构不得使用扣押的物品。

(3)委托第三人保管。一是因被扣押的物品系行政机关委托第三人保管,所以,行政机关应当对第三人保管不善导致的被扣押物品的损毁承担责任;二是委托第三人保管应当签订委托协议,明确双方的权利义务;三是扣押的财物损坏的,公路管理机构先行赔偿,行政机关赔付后,可以根据《行政强制法》和委托协议,向第三人追偿。

(4)保管费用由公路管理机构承担。也即2012年1月1日之后,公路管理机构不得收取车辆保管费,委托保管的第三人也不得收取保管费。

4.扣押期限及扣押物品的处置

(1)关于扣押期限。

①《行政强制法》规定的期限为30日。需要注意的是,该30日是指30个自然日,不是30个工作日;情况复杂的,经行政机关负责人批准,可以延长,但是延长期限不得超过30日,即最长不超过60日。

②《行政强制法》规定,法律、行政法规另有规定的除外。《公路安全保护条例》第七十二条规定:"公路管理机构扣留车辆、工具的,应当当场出具凭证,并告知当事人在规定期限内到公路管理机构接受处理。逾期不接受处理,并且经公告3个月仍不来接受处理的,对扣留的车辆、工具,由公路管理机构依法处理。"《公路安全保护条例》的规定即为行政法规的规定,该规定的最长期限可以超过3个月。

(2)扣押物品的处置。

①违法行为涉嫌犯罪应当移送司法机关的,行政机关应当将查封、扣押、冻结的财物一并移送,并书面告知当事人。

②符合《行政强制法》第二十八条规定的,解除扣押物品。

③对违法事实清楚,依法应当没收的非法财物予以没收;法律、行政法规规定应当销毁的,依法销毁。

④当事人在法定期限内不申请行政复议或者提起行政诉讼,经催告仍不履行的,在实施行政管理过程中已经采取查封、扣押措施的行政机关,可以将查封、扣押的财物依法拍卖抵缴罚款。

三、路政行政强制执行

(一)路政行政强制执行的概念和特征

1.路政行政强制执行的概念

路政管理行政强制执行是指使用强制措施(实施主体包括交通运输主管部门、公路管理机构和人民法院)实现公路管理法规定义务的国家执行制度。当义务人没有及时充分地履行公路法律法规规定的义务,国家机关有权采取强制措施,迫使其履行义务。我国现行行政强制执行的实施,实行以行政机关(法律法规授权的组织)申请人民法院实施为主,由行政机关(法律、行政法规授权的组织)依法律、法规授权独立实施为辅的制度。

《公路法》《公路安全保护条例》及相关规定的行政强制执行有强制拆除、强制养护等,同时根据《行政诉讼法》及国家的有关规定,交通运输主管部门和公路管理机构可以申请人民法院强制执行。

2. 路政管理行政强制执行的特征

(1)路政管理行政强制执行以相对人不履行公路管理行政处理决定中所确定的义务为前提。在一般情况下,这种不履行还必须有不履行的故意。故意是指,明知该行为违法而积极为之,如,省级交通运输主管部门向收费公路经营者送达了公路养护责令改正通知书,要求收费公路经营者按照国家规定的技术规范和操作规程,在规定期限内履行收费公路的养护义务,收费管理经营者不履行该义务,即为故意。

(2)路政管理行政强制执行的主体是交通运输主管部门、公路管理机构或人民法院。根据《行政强制法》《行政诉讼法》《行政处罚法》和其他法律规定,法律、行政法规明确授权行政机关有行政强制执行权的,行政机关依法自行强制执行;法律、行政法规没有明确授权的,申请人民法院强制执行。

(3)路政管理行政强制执行的对象是物或行为,如未经许可公路用地范围内设立的非公路标志。

(4)路政管理行政强制执行的目的在于迫使义务人履行法定的义务。强制执行应当以应当履行的义务为限,不能超过义务人所承担的行政义务范围。

(二)交通运输主管部门和公路管路机构实施行政强制执行

《公路法》第七十九条规定了未经许可在公路用地范围内设置公路标志以外的其他标志的情形;第八十一条规定了对未经许可,在公路建筑控制区内修建建筑物、地面构筑物或者擅自埋设管线、电缆等设施的情形,均由交通运输主管部门责令限期拆除,逾期不拆除的,由交通运输主管部门拆除,有关费用由建筑者、构筑者承担。再如《公路安全保护条例》第五十六条规定,对在公路建筑控制区内修建、扩建建筑物、地面构筑物或者未经许可埋设管道、电缆等设施的和在公路建筑控制区外修建的建筑物、地面构筑物以及其他设施遮挡公路标志或者妨碍安全视距两种情形,由公路管理机构责令限期拆除,可以处 50000 元以下的罚款。逾期不拆除的,由公路管理机构拆除,有关费用由违法行为人承担。因此,交通运输主管部门和公路管理机构是公路行政强制的行政主体。公路行政强制执行主要是针对不履行法定义务的行为,即公路管理相对人负有法律法规规定的义务,该义务包括作为的义务和不作为的义务。如根据《公路法》第五十六条的规定,"除公路防护、养护需要的以外,禁止在公路两侧的建筑控制区内修建建筑物和地面构筑物",如果违反了上述规定,在公路两侧的建筑控制区内修建建筑物和地面构筑物,即属于违反了法定义务,在不主动拆除的情况下,将引起强制执行。

1. 公路行政强制执行的种类

(1)间接强制执行。

间接强制执行是指交通运输主管部门和公路管理机构不直接通过自己的强制措施促使公路行政相对一方履行义务,而是通过其他间接措施达到强制执行的目的,间接强制执行又可分为代履行和执行罚。

①代履行。

代履行是指义务人不履行义务,而该义务可以由他人代为履行,交通运输主管部门或公路管理机构自己履行或请他人代为履行,履行所需费用由义务人负担的强制执行方式。如当事人未经许可,擅自在公路用地范围内设置公路标志以外的其他标志的,该当事人负有拆除该标志的义务,经交通运输主管部门告诫拒不履行查处义务的,交通运输主管部门可以委托有关单位代为拆除。再如,《收费公路管理条例》第五十四条规定,收费公路经营管理者未按照国务院交通运输主管部门规定的技术规范和操作规程进行收费公路养护的,由省、自治区、直辖市人民政府交通运输主管部门责令改正;拒不改正的,责令停止收费。责令停止收费后30日内仍未履行公路养护义务的,由省、自治区、直辖市人民政府交通运输主管部门指定其他单位进行养护,养护费用由原收费公路经营管理者承担。

代履行的适用,必须遵守一定的条件:一是义务人不履行的义务必须是可以作为的义务,如果是不作为的义务或者必须是义务人本人亲自履行的义务,就不能代履行;二是代履行限于他人能够代为履行的义务,如前述提到的拆除擅自在公路用地范围内设置公路标志以外的其他标志;三是必须由交通运输主管部门或者公路管理机构自为或者请第三人代为履行;四是代履行所形成的费用由义务人承担,该费用应当是代执行中指出的合理费用,对于不合理的费用,义务人有权通过诉讼方式进行救济。

值得注意的是,在政企、事企分离后,对强制拆除、强制养护等行政强制执行,交通运输主管部门和公路管理机构缺乏自行代履行的能力,因此,选择具有符合规定资质的第三人代履行是今后代履行的基本方式。

②执行罚。

执行罚是指相对人不能及时履行义务,交通运输主管部门或公路管理机构为达到使其履行义务的目的,通过新的金钱给付义务的方式,迫使义务人履行义务的行政强制方法。如,当事人逾期不履行到期不缴纳罚款的,行政机关可以每日按罚款数额的3%加处罚款。这种罚款在性质上不属于处罚,而是一种执行罚,是一种间接强制执行。

(2)直接强制执行。

直接强制执行是指交通运输主管部门或者公路管理机构依法通过自己的强制措施或者申请人民法院,对不履行行政决定的公民、法人或者其他组织,依法强制履行义务的行为。

2. 路政行政强制执行的具体种类

（1）强制拆除。

《公路安全保护条例》第五十六条规定，公路建筑控制区内修建、扩建建筑物、地面构筑物或者未经许可埋设管道、电缆等设施。

（2）恢复原状。

《道路交通安全法》第一百零四条规定，未经批准，擅自挖掘道路、占用道路施工或者从事其他影响道路交通安全活动的，由道路主管部门责令停止违法行为，并恢复原状。当然，对此条款也有不同解释，认为恢复原状不是道路主管部门职权，而是道路主管部门除了责令违法相对人停止违法行为外，还要责令违法相对人恢复原状。

（3）依法拍卖扣留的车辆、工具。

《公路安全保护条例》第七十二条规定，公路管理机构扣留车辆、工具的，应当当场出具凭证，并告知当事人在规定期限内到公路管理机构接受处理。逾期不接受处理，并且经公告3个月仍不来接受处理的，对扣留的车辆、工具，由公路管理机构依法处理。依据《行政强制法》第四十六条的规定，没有行政强制执行权的行政机关应当申请人民法院强制执行。但是，当事人在法定期限内不申请行政复议或者提起行政诉讼，经催告仍不履行的，在实施行政管理过程中已经采取查封、扣押措施的行政机关，可以将查封、扣押的财物依法拍卖抵缴罚款。

（4）清除掉落、遗洒、飘散在公路上的障碍物。

《公路安全保护条例》第四十三条规定，公路上行驶车辆的装载物掉落、遗洒或者飘散的，车辆驾驶员、押运人员应当及时采取措施处理；无法处理的，应当在掉落、遗洒或者飘散物来车方向适当距离外设置警示标志，并迅速报告公路管理机构或者公安机关交通管理部门。其他人员发现公路上有影响交通安全的障碍物的，也应当及时报告公路管理机构或者公安机关交通管理部门。公安机关交通管理部门应当责令改正车辆装载物掉落、遗洒、飘散等违法行为；公路管理机构、公路经营企业应当及时清除掉落、遗洒、飘散在公路上的障碍物。

（5）强制拆除收费设施。

《收费公路管理条例》第四十九条规定，擅自在公路上设立收费站（卡）收取车辆通行费或者应当终止收费而不终止的，以及《收费公路管理条例》第五十三条规定的收费公路终止收费后，收费公路经营管理者不及时拆除收费设施的行为，由省、自治区、直辖市人民政府交通主管部门责令限期拆除。

（6）强制养护。

《收费公路管理条例》第五十四条规定，违反本条例的规定，收费公路经营管理者未按照国务院交通主管部门规定的技术规范和操作规程进行收费公路养护的，由省、自治区、直辖市人民政府交通主管部门责令改正；拒不改正的，责令停止收费。责令停止收费后30日内仍未履行公路养护义务的，由省、自治区、直辖市人民政府交通主部门指定其他单位进行养护,养护费用由原收费公路经营管理者承担。拒不承担的,由省、自治区、直辖市人民政府交通主管部门申请人民法院强制执行。

3.公路行政强制执行的程序

(1)制作并送达执行催告书。属于拆除非法标志或者设施的,告知当事人做出拆除非法标志或者设施决定的事实、理由及依据,拆除非法标志或者设施的期限、履行方式,不拆除非法标志或者设施的法律后果;《收费公路管理条例》第五十四条规定,强制养护的,告知当事人做出强制养护的事实、理由及依据,履行养护义务的期限,不履行养护义务的法律后果,并告知义务人依法享有的权利。告诫必须以书面形式做出,且必须由义务人受领。

(2)听取义务人陈述和申辩,路政执法人员应当将当事人陈述和申辩记录在案。

(3)复核义务人提出的事实、理由和依据。

(4)经督促告诫,义务人逾期不拆除非法标志或者设施的,制作并送达强制措执行定书。

(5)经催告,当事人逾期仍不履行行政决定,且无正当理由的,交通运输主管部门或公路管理机构可以做出并送达强制执行决定书。强制执行决定书应当并载明下列事项:当事人的姓名或者名称、地址;强制执行的理由和依据;强制执行的方式和时间;申请行政复议或者提起行政诉讼的途径和期限;行政机关的名称、印章和日期。

(6)实施路政强制措施。一是执行准备。确定强制执行的计划和方案,确定是否需要子协助执行并书面通知有义务协助执行的单位和个人,预防可能出现某种事态或不良后果的配套措施。二是执行实施。该步骤包括诸如出示交通执法证件、表明身份、出示执法依据,说明有关情况。义务人不在场时,应邀请义务人的亲属或者该单位的工作人员及有关人员到场作见证人,也可以聘请公证机构现场证明,见证人有证明情况和在有关记录文件上签字证明的义务。

(7)制作路政强制执行笔录。路政行政执法人员应当将强制执行情况进行记录。

4.强制执行使用的文书

(1)行政强制执行催告方面的文书。

文书的主要内容包括:

①履行义务的期限。应当根据当事人应当承担义务的具体情况,合理设定期限,一是预留当事人正常履行义务的时间,二是预留当事人陈述申辩的时间。

②履行义务的方式。额定确定了当事人的义务,催告书有必要明确当事人以何种方式履行义务。

③涉及金钱给付的,应当有明确的金额和给付方式。

④当事人依法享有的陈述申辩权。

(2)行政强制执行决定方面的文书。

强制执行决定应当以书面形式做出,并载明下列事项:

①当事人的姓名或者名称、地址。

②强制执行的理由和依据。
③强制执行的方式和时间。
④申请行政复议或者提起行政诉讼的途径和期限。
⑤行政机关的名称、印章和日期。

强制执行使用的其他文书还有：陈述申辩、行政强制中止执行、恢复执行、终结执行、强制执行协议、代履行决定等方面的文书。

（三）交通运输主管部门和公路管路机构实施行政强制执行的其他规定

（1）实施行政强制执行，交通运输主管部门和公路管路机构可以在不损害公共利益和他人合法权益的情况下，与当事人达成执行协议。执行协议可以约定分阶段履行；当事人采取补救措施的，可以减免加处的罚款或者滞纳金。执行协议应当履行。当事人不履行执行协议的，行政机关应当恢复强制执行。

（2）交通运输主管部门和公路管路机构不得在夜间或者法定节假日实施行政强制执行。但是，情况紧急的除外。

（3）不得对居民生活采取停止供水、供电、供热、供燃气等方式迫使当事人履行相关行政决定。

（4）对违法的建筑物、构筑物、设施等需要强制拆除的，应当予以公告，限期当事人自行拆除。当事人在法定期限内不申请行政复议或者提起行政诉讼，又不拆除的，行政机关可以依法强制拆除。

四、申请人民法院强制执行

（一）申请人民法院强制执行的性质及含义

申请人民法院强制执行，是指义务人不履行公路行政法律上义务或者不履行交通运输主管部门或公路管理机构做出的具体行政行为，而且既不履行也不提起行政复议，又不向人民法院提起行政诉讼，交通运输主管部门或公路管理机构向人民法院提出执行申请，由人民法院采取强制执行措施，使上述义务得以实现的制度。从性质上讲，交通运输主管部门和公路管理机构申请人民法院强制执行属于非诉行政案的执行。

从严格意义上说，非诉行政案的执行与行政诉讼裁判的执行有本质的区别。行政诉讼裁判的执行是诉讼执行，自然归属于行政诉讼法的规范领域，而非诉行政案件的执行本质是一种行政强制执行，应由《行政强制法》加以规定，《行政强制法》专章对申请人民法院强制执行做了规定。我国《行政诉讼法》制定时，为解决我国行政强制执行中存在的实际问题，专门对行政机关做出了规定：公民、法人或者其他组织对具体行政行为在法定期限内不提起诉讼又不履行的，行政机关可以申请人民法院强制执行，或者依法强制执行。据此，凡是行政机关有强制执行权的，公民、法人或者其他组织不履行具体行政行为所确定的义务，行政机关可以自行强制义务人履行义务。除此之外，如果公民、法人或者其他组织在法定期限内既不提起行政诉讼，又不履行义务的，行政机关自己不能执行的具体行政行为，行政机关都可以申请人民法院强制执行。上

述规定,目的是保证行政权的实现。非诉行政案件的执行就是指后一类执行。结合公路管理的实际,非诉行政案件的执行有下列特点:

(1)非诉行政案件的执行机关是人民法院,而非交通运输主管部门或公路管理机构。虽然非诉行政案件的执行对象是路政管理及与路政管理相关的行政处罚等具体行政行为,执行申请人也为交通运输主管部门或公路管理机构,但非诉行政案件的强制执行权的享有者不是交通运输主管部门或公路管理机构,而是人民法院。

(2)非诉行政案件执行的根据是交通运输主管部门或公路管理机构做出的具体行政行为,该具体行政行为没有进入行政诉讼,没有经过人民法院的裁判。因而它不同于人民法院对经过行政诉讼判决维持的具体行政行为的执行,后者虽然实际执行的仍是具体行政行为的内容,但该具体行政行为已经经过人民法院的裁判,转化为司法决定,而不再是一种行政决定。这是非诉行政案件执行与行政诉讼执行的本质区别。

(3)非诉行政案件的执行申请人是交通运输主管部门或公路管理机构,被执行人只能为义务人。通常情况下,非诉行政案件执行的执行申请人应为交通运输主管部门或公路管理机构。作为行使行政职权的行政机关不能成为被执行人,而具体行政行为所针对的对象公路管理义务人一般只能成为被执行人,不能成为执行申请人。在特定情况下,非诉行政案件的执行申请人也可能是生效具体行政行为确定的权利人或者其继承人。

(4)非诉行政案件的执行前提是公路管理义务人在法定期限内,既不提起行政诉讼,也不履行具体行政行为所确定的义务。基于人民法院强制执和行交通运输主管部门或公路管理机构的具体行政行为的条件,如果公路管理义务人已向人民法院提出了行政诉讼,即使其没有履行该具体行政行为所确定的义务,交通运输主管部门或公路管理机构也不能向人民法院申请强制执行该具体行政行为。但如果人民法院不及时执行被诉具体行政行为,可能给国家利益、公共利益或者他人利益造成不可弥补的损失,经申请人民法院可先予执行。

(5)非诉行政案件的执行目的是保障没有行政强制执行权的交通运输主管部门或公路管理机构所做出的具体行政行为内容得以实现,是具体行政行为执行力的重要表现。

(二)非诉行政案件执行的适用范围

非诉行政案件执行的适用范围解决的是,在何种情况下行政机关可以申请人民法院强制执行具体行政行为,在何种情况下行政机关不能申请人民法院强制执行具体行政行为,它事实上涉及人民法院与行政机关对具体行政行为强制执行的分工和行政强制执行权的划分。根据《行政强制法》《行政诉讼法》第九十七条的原则规定和《最高人民法院关于执行〈中华人民共和国行政诉讼法〉若干问题的解释》第八十七条的具体规定,非诉行政案件的执行的适用范围是:凡行政机关对具体行政行为没有强制执行权,以及行政机关和人民法院对具体行政行为皆享有强制执行权时,行政机关都可以申请人民法院强制执行该具体行政行为。具体适用范围如下:

公民、法人或者其他组织在法定期限内不申请行政复议或者提起行政诉讼,又不履行行政决定的,没有行政强制执行权的行政机关可以自期限届满之日起3个月内,申请人民法院强制执行,人民法院应当依法强制执行。

(三)申请人民法院强制执行和程序

申请人民法院强制执行一般包括申请与受理、审查、告知履行和强制执行等环节。

1. 申请与受理

与行政诉讼执行不同,交通运输主管部门和公路管理机构向人民法院提出强制执行具体行政行为,是非诉行政案件执行开始的唯一方式,人民法院无权自行开始非诉行政案件的执行。交通运输主管部门和公路管理机构申请人民法院强制执行其具体行政行为。按照《行政强制法》的规定,行政机关申请人民法院强制执行前,应当催告当事人履行义务。催告书送达10日后当事人仍未履行义务的,行政机关可以向所在地有管辖权的人民法院申请强制执行。

根据《行政强制法》《最高人民法院关于执行〈中华人民共和国行政诉讼法〉若干问题的解释》第八十六条规定,交通运输主管部门和公路管理机构根据《行政诉讼法》第九十七条的规定申请执行其具体行政行为,应当具备以下条件:

(1)具体行政行为依法可以由人民法院执行。

(2)具体行政行为已经生效并具有可执行内容,交通运输主管部门和公路管理机构申请执行的主要是与公路管理有关的行政强制和行政处罚具体行政行为,均须为财产方面的内容。

(3)申请人是做出该具体行政行为的交通运输主管部门和公路管理机构做出的与公路管理有关的具体行政行为。

(4)被申请人是该具体行政行为所确定的公路管理义务人。

(5)被申请人在具体行政行为确定的期限内未履行法律规定的义务,或者交通运输主管部门和公路管理机构做出的具体行政行为中要求履行的义务。

(6)申请人在法定期限内提出申请。根据《行政强制法》第五十三条的规定,当事人在法定期限内不申请行政复议或者提起行政诉讼,又不履行行政决定的,没有行政强制执行权的行政机关可以自期限届满之日起3个月内,依法申请由人民法院强制执行。《最高人民法院关于执行〈中华人民共和国行政诉讼法〉若干问题的解释》第八十八条规定,行政机关申请人民法院强制执行其具体行政行为,应当自被执行人的法定起诉期限届满之日起180日内提出,除有正当理由外,逾期申请将不予受理。二者时间不一致,应按照最新的法律的规定执行,即申请执行时效为3个月。各级交通运输主管部门和公路管理机构需要特别注意的是,一定要把握时效,因为根据规定,逾期申请的,除有正当理由外,人民法院不予受理。

申请人民法院强制执行,应当提供下列材料:强制执行申请书;行政决定书及做出决定的事实、理由和依据;当事人的意见及行政机关催告情况;申请强制执行标的情况;法律、行政法规规定的其他材料。强制执行申请书应当由行政机关负责人签名,加盖行政机关的印章,并注明日期。

(7)被申请执行的行政案件属于受理申请执行的人民法院管辖,执行对象是不动产的,向不动产所在地有管辖权的人民法院申请强制执行。

交通运输主管部门或公路管理机构申请人民法院强制执行其具体行政行为时,应当提交申请执行书、据以执行的行政法律文书、证明该具体行政行为合法的材料以及被执行财产状况或其他必须提交的材料。

交通运输主管部门或公路管理机构提出申请后,人民法院应当在5日内受理。不符合非诉行政案件执行条件的申请,人民法院应裁定不予受理。行政机关对人民法院不予受理的裁定有异议的,可以在15日内向上一级人民法院申请复议,上一级人民法院应当自收到复议申请之日起15日内做出是否受理的裁定。

为避免被执行人随意对财产进行处分,保证行政职能的实现以及公民、组织的合法权益,交通运输主管部门和公路管理机构可以申请人民法院采取财产保全措施。

2. 审查

人民法院决定立案执行后,要继续对申请进行审查,但这次审查不同于立案审查,这次审查主要是对作为执行根据的具体行政行为是否合法进行实体审查。人民法院对被执行的具体行政行为是否合法进行实体审查的理由主要是:第一,公路管理义务人在法定期间对被执行的具体行政行为不起诉,并不意味着该具体行政行为合法有效。由于被执行的具体行政行为有违法的可能性,如果人民法院不对具体行政行为的合法性进行实质性审查,一旦具体行政行为违法,人民法院强制执行就会侵害公路管理相对人的合法权益,这显然不利于公路管理相对人的权益。第二,从法院角度来看,人民法院作为法律实施的最终保障机关,它担负着保证法律正确实施和监督行政机关依法行使行政职权的职能,如果允许人民法院强制执行存在明显违法的具体行政行为,显然与人民法院的职能相背离。第三,从行政强制执行主体设置角度看,一方面在于将具体行政行为的决定权与执行权部分分离,避免交通运输主管部门或公路管理机构关既是决定机关又是该决定的执行机关,可能造成违法执行;另一方面则在于由交通运输主管部门或公路管理机构申请人民法院执行,多一道纠正错误的手续和环节,通过人民法院对交通运输主管部门或公路管理机构的监督起到保护公路管理相对人合法权益的目的。如果人民法院不对具体行政行为进行实质性审查,不管具体行政行为是否合法便一概执行,有违将人民法院作为行政强制执行主体的初衷。

对被执行的具体行政行为的合法性审查,由法院行政审判庭负责进行,审查实行合议制。合议庭对具体行政行为审查合法性的主要内容有:做出该具体行政行为的主体是否适格,是否有做出该具体行政行为的法定职权;具体行政行为是否有事实根据,证据是否充分正确;具体行政行为适用法律、法规是否正确;行政机关是否滥用了职权;具体行政行为的做出是否符合法定程序等。

人民法院对具体行政行为的审查主是书面审查,必要时人民法院可以进行一定的调查,对重大的案件人民法院也可以采取其他审查方式。人民法院应在受理行政机关的强制执行申请后在 7 日内审查完毕并做出是否准予强制执行的裁定。经合议庭审查认定具体行政行为合法正确,人民法院应做出准予强制执行的裁定,并送达申请人民法院强制执行的行政机关。

在审查中,人民法院若发现被申请执行的具体行政行为有下列情形之一的,应当在做出裁定前可以听取被执行人和行政机关的意见:明显缺乏事实根据的;明显缺乏法律依据的;其他明显违法并损害被执行人合法权益的。人民法院应当自受理之日起 30 日内做出是否执行的裁定。裁定不予执行的,应当说明理由,并在 5 日内将不予执行的裁定送达行政机关。行政机关对人民法院不予执行的裁定有异议的,可以自收到裁定之日起 15 日内向上一级人民法院申请复议,上一级人民法院应当自收到复议申请之日起 30 日内做出是否执行的裁定。

3. 告知履行

对于行政审判庭裁定准予执行的非诉行政案件,需要采取强制执行措施的,行政审判庭应当将案件交由本院负责强制执行非诉行政行为的机构具体执行。

负责强制执行非诉行政行为的机构,在强制执行前,应当再次书面通知被执行人,告诫被执行人履行义务,并附履行期限,促使被执行人自觉履行义务。如果被执行人逾期不履行义务的,则由执行机构强制执行。

4. 强制执行

在此阶段,人民法院应履行强制执行手续,填写强制执行文书,通知有关单位、人员到场,制订强制执行方案等。

5. 实施强制措施

人民法院在非诉行政案件执行中所采取的执行措施,可以适用《民事诉讼法》及《最高人民法院关于适用〈中华人民共和国民事诉讼法〉若干问题的意见》的有关规定执行。

6. 执行结束

执行任务完成后,人民法院应将案卷材料整理归档,并结清各种手续、清单及费用,书面通知申请强制执行的交通运输主管部门或公路管理机构,宣告执行程序结束。需要注意的是,《行政强制法》第六十条规定,行政机关申请人民法院强制执行,不缴纳申请费。强制执行的费用由被执行人承担。

第五节 路政行政处罚行为

一、路政行政处罚的概念与特征

(一)路政行政处罚的概念

路政行政处罚的概念可表述为:交通运输主管部门或公路管理机构,对违反公路管理法律规范的公民、法人或其他组织所实施的行政惩戒。对实施惩戒的主体来说是一种制裁性行政行为,对承受惩戒的主体来说是一种惩罚性的行政法律责任。

(二)路政行政处罚的特征

1. 行政处罚权的主体是交通运输主管部门或公路管理机构

行政处罚权,是行政机关的一项重要的职权,对于路政行政处罚权,只能由交通运输主管部门或公路管理机构(涉及公路建设领域除外)来实施。但交通运输主管部门或公路管理机构二者行政处罚权的规定也是有区别的,交通运输主管部门属于职权行政处罚,《公路安全保护条例》授权公路管理机构具体负责公路保护的监督管理工作。根据《公路法》第八十二条的规定,有些行政处罚只能以交通运输主管部门实施,如《公路法》第七十四条规定的对由交通主管部门擅自在公路上设卡、收费行为处以没收违法所得或者处违法所得3倍以下的罚款。

2. 路政行政处罚以相对人违反公路行政法为前提

公路管理行政违法行为即违反公路管理法律规范的行为。法律规范一般分为刑事法律规范、民事法律规范和行政法律规范。违反不同的法律规范,所承担的法律责任是不同的。违反刑事法律规范,就要给予刑事处罚;违反民事法律规范,则要承担民事责任;而违反行政法律规范,就可能受到行政处罚。路政行政处罚是一种事后措施,即在某一事实发生后由交通运输主管部门或公路管理机构对该事实做出处理。如果不存在行政违法这一事实,就不会有行政处罚。其他性质的违法行为,则由其他国家机关处理,交通运输主管部门或公路管理机构无权对此做出行政处罚。

3. 路政行政处罚的对象是违反公路管理法律规范的公民、法人或其他组织

凡违反公路管理行政法律规范的个人或组织都可能是路政行政处罚的对象,即被处罚人是不局限于特定范围的个人或组织,而是泛指一切违反公路法律规范的任何公民、法人或其他组织。

4. 路政行政处罚是一种制裁行为

路政行政处罚作为制裁行为,是对公路管理相对人财产、名誉或者其他权益的剥夺,或者对其课以罚金的义务,体现了强烈的制裁性或者惩戒性。如《公路工程质量监督规定》对勘察、设计单位未按照工程建设强制性标准进行勘察、设计的,处10万元以上30万元以下的罚款。

5. 路政行政处罚既是一种具体行政行为,也是违法者承担的制裁性法律责任形式

作为行政处罚的法律责任是具有制裁性、惩罚性的,从而与不具有惩罚性的法律责任相区别。

二、路政行政处罚的种类

按照《行政处罚法》的规定,行政处罚的种类有人身自由罚、申诫罚、财产罚及资格罚。就公路行政规定的行政处罚是除人身自由罚以外的其他处罚,本书仅就其他三种处罚进行讲述。

1. 申诫罚

申诫罚,是对违法者的名誉、荣誉、信誉或精神上的利益造成一定损害的行政处罚。凡是对荣誉、名誉以及精神上的利益施加不利影响,都属行政处罚,可归为申诫罚类。这类处罚的具体形式主要为警告。虽然公路法并未设定警告的行政处罚,但是对于一些公路违法行为中情节比较轻微的,可以适用《行政处罚法》的规定,处以警告。

2. 财产罚

财产罚,是指使被处罚人的财产权和利益受到损害的行政处罚。这种处罚使违法者缴纳一定数额的金钱或者剥夺其一定财物。财产罚的这种特性决定了财产罚所适用的范围比较广泛,也是一种有效的行政处罚。财产罚的具体形式主要有罚款、没收、追缴非法所得等,其中公路法中规定最多的形式是行政罚款。

3. 资格罚

资格罚,是以剥夺或限制被处罚人的资格为内容的处罚。这种行政处罚剥夺或限制行为人从事某一方面的特定职业或生产、经营活动的权利。其主要表现形式为吊销许可证、职务证书等。如,《建设工程质量管理条例》规定,对违反本条例规定,勘察、设计、施工、工程监理单位超越本单位资质等级承揽工程的,责令停止违法行为,可以责令停业整顿,降低资质等级;情节严重的,吊销资质证书。

三、路政行政处罚的原则

根据《行政处罚法》的规定,行政处罚应遵循如下原则:

(一)处罚法定原则

依法行政是行政法最主要的原则,处罚法定可以说是依法行政对行政处罚的基本要求。处罚法定包含三层意思:

1. 实施处罚的主体法定

《行政处罚法》规定:"行政处罚由有行政处罚权的行政机关在法定职权范围内实施。"不具有有关法定职权的行政机关不能实施特定的行政处罚。法律、法规授权的具有管理公共事务职能的组织,可以在法定授权范围内实施行政处罚,如公路管理机构;受委托组织,在委托的范围内以委托机关的名义实施行政处罚,并由委托机关对行政处罚行为的后果承担法律责任,如公路质量监督机构。

2. 处罚依据法定

"法无明文规定不为罚",处罚依据应限于法律、法规及规章这三种形式。根据《行政处罚法》的规定,法律可以设定各种类型的处罚,行政法规、地方性法规及规章可在一定范围内设定行政处罚。如果法规、规章超过"设定"范围设定处罚,不得以此为依据实施行政处罚。目前仍然存在一些政府或工作部门的规范性文件违规设定行政处罚的问题,违反了处罚法定的原则。因此公路执法人员在适用有关规定时,应当对有关规定进行甄别,避免因适用规定错误,导致行政处罚作为无效或错误。

3. 处罚的种类、内容和程序法定

处罚设定不但要求实体合法,也要求程序合法。

(二)处罚与教育相结合的原则

处罚与教育相结合原则是指行政处罚不仅是制裁行政违法行为的手段,而且也起着教育的作用,是教育人们遵守法律的一种形式。路政行政处罚的实施中,不得为罚而罚或简单处罚了事,还必须与教育相结合。行政处罚的教育作用主要是通过对违法行为的纠正表现出来。为此,《行政处罚法》第五条和第二十三条明确规定,"实施行政处罚,纠正违法行为,应当坚持处罚与教育相结合,教育公民、法人或者其他组织自觉守法""行政机关实施行政处罚时,应当责令当事人改正或者限期改正违法行为。"

(三)公开、公正原则

1. "公开"原则

"公开"有两层含义:一是公路管理的行政处罚规定要公布,使公民事先了解,凡是要公民遵守的,就要事先公布,未经公布的,不得作为行政处罚的依据;二是对违法者依法给予行政处罚要公开,这样便于人民群众进行监督,也有利于对广大公民进行教育。

2. "公正"原则

"公正"原则,即过罚相当原则,具体是指给予行政处罚,必须以事实为根据,以法律为准绳。要查明违法事实,以事实为根据,没有违法事实的,不得给予处罚。给什么处罚,要以法律为准绳,与违法行为的事实、性质、情节及社会危害程度相当,不得滥罚。

(四)保障当事人权利原则

在路政行政处罚的实施中必须对行政相对人的权利予以充分保障。行政相对人享有陈述权、申辩权、申请复议权、提起行政诉讼的权利、要求行政赔偿的权利以及要求举行听证的权利,这些权利的规定是十分必要的。而且按照《行政处罚法》及其他法律、法规和规章的规定,交通运输主管部门或公路管理机构在做出行政处罚时,必须依法告知当事人所享有的上述权利,否则即为违反法定程序,并可能因此而导致路政行政处罚行为被变更、撤销等后果。

四、路政行政处罚的适用

路政行政处罚适用是对公路管理行政法律规范规定的行政处罚的具体运用,也就是交通运输主管部门和公路管理机构在认定行政相对人行为违法的基础上,依法决定对行政相对人是否给予行政处罚和如何给予行政处罚的活动,它是将公路管理行政法律规范的行政处罚的原则、形式、具体方法等运用到各种具体违法案件中的活动。

(一)路政行政处罚的适用条件

路政行政处罚适用必须具备一定的条件,否则即为违法或无效的行政处罚。路政行政处罚适用的条件一般包括事实条件、主体条件、对象条件及时效条件。

1. 路政行政处罚适用的事实条件

路政行政处罚适用的事实条件是公民、法人或其他组织有公路行政违法行为这一客观事实。行为人只有实施了违法行为,才会受到行政处罚;行为人的行为如不构成行政违法,当然就不应受到行政处罚。至于行政违法行为的构成要件,我们认为只需要具备主体要件、客观要件即可。行为人实施的行为即使没有造成法律后果,也要受到行政处罚,如未经许可超限运输的行为,该超限运输行为即使并不严重,也应当受到行政处罚。

通过对《公路法》有关规定的分析,主观过错应视为行政相对人行政违法的构成条件。例如《公路法》法律责任一章中规定的未经批准擅自涉路施工的;擅自占用、挖掘公路的;从事危及公路安全的作业的;铁轮车、履带车和其他可能损害路面的机具擅自在公路上行驶的;车辆超限使用汽车渡船或者在公路上擅自超限行驶的;损坏、移动、涂改公路附属设施或者损坏、挪动建筑控制区的标桩、界桩可能危及公路安全的;造成公路路面损坏、污染或者影响公路畅通的;将公路作为试车场地的;在公路用地范围内设置公路标志以外的其他标志的;未经批准在公路上增设平面交叉道口的;在公路建筑控制区内修建建筑物、地面构筑物或者擅自埋设管线、电缆等设施的以及造成公路损坏未履行报告义务的等12种。上述情形从行为人主观分析,其心态全部为故意。此外,我们注意到,《公路法》第七十八条规定,违反本法第五十三条规定,造成公路损坏,未报告的,由交通运输主管部门处1000元以下的罚款。从该规定及《公路法》的有关规定可以看出,过失造成公路损坏,不可能导致行政处罚,但是,造成公路损坏,未履行法律规定的报告义务,其主观方面即为故意,《公路法》规定了可以给予1000元以下的处罚。可见,就《公路法》的规定而言,只有行为人违法时所持的主观心态为故意,交通运输主管部门才可以给予行政处罚。

2. 路政行政处罚适用的主体条件

即路政行政处罚必须由法定的行政处罚权的适格主体实施。根据《行政处罚法》第三章的规定,实施行政处罚的主体包括:行政机关有权在法定职权范围内实施行政处罚,法律、法规授权的组织有权在授权范围内以自己名义实施行政处罚。受委托组织有权在委托范围内以委托行政机关名义实施行政处罚。在路政管理中,职权行政处罚的主体为交通运输主管部门,法律、法规授权的行政处罚主体为公路管理机构。在有些情况下,公路管理机构受交通运输主管部门的委托,以交通运输主管部门的名义实施行政处罚。

3. 路政行政处罚适用的时效条件

即指对行为人实施行政处罚还需其违法行为未超过追究时效,超过法定的追究违法者责任的有效期限,则不得对违法者适用行政处罚。我国《行政处罚法》第二十九条规定:违法行为在2年内未被发现的,不再给予行政处罚。这是行政处罚适用的一般时效条件。此外,应当注意明确违法行为发现的期限。其期限的计算,从违法行为发生之日起计算起到发现之日止;对于违法行为有连续或继续状态的,则从该违法行为终了之日起计算。

(二)路政行政处罚的适用方法

路政行政处罚的适用方法是行政处罚运用于各种路政行政违法案件和违法者的各种方式或方法,也可以说是行政处罚的裁量方法。交通运输主管部门、公路管理机构在行政处罚适用中,应区别各种不同的情况,采用不同的处罚方法。

1. 路政行政处罚的裁量

根据我国公路法律、法规、规章的规定,在具体的公路行政处罚中,裁量权主要体现在以下四个方面:

(1)对事实要件认定的裁量。

裁量必须以案件为根据。其中,"违法事实"是裁量的首要根据,"违法的性质"是裁量的基本根据,交通运输主管部门或公路管理机构对当事人的违法事实和认定裁量,确认其行为是否违反公路管理秩序,并经过调查决定是否做出公路行政处罚。

(2)判定情节轻重的裁量。

所谓情节,是指事物发生、发展的因果关系和演变过程。路政违法行为的情节可以分为主观和客观两个方面。主观方面包括目的、动机、心理状态和态度表现等,客观方面包括时空、对象、方式手段和危害后果等。在实施公路行政处罚时,必须认真考虑上述主观和客观两个方面的违法情节。

(3)选择处罚的对象、种类和幅度的裁量。

裁量必须以公路法律、法规和规章的规定为准绳。我国现行公路法律、法规、规章规定,交通行政处罚主要有警告、罚款、没收违法所得、吊销证书等。

(4)选择行为时限的裁量。

公路法律中有些法条所规定的限期行政相对人履行某种义务,既未具体规定履行的期限,也未规定其履行的幅度。如《公路法》第七十九条规定:"违反本法第五十四条规定,在公路用地范围内设置公路标志以外的其他标志的,由交通主管部门责令限期拆除,可以处20000元以下的罚款;逾期不拆除的,由交通主管部门拆除,有关费用由设置者负担。"在这种情况下,交通运输主管部门就必须根据客观情势运用裁量权对履行的期限做出明确、具体的规定,规定的期限必须切实可行而又能体现严格执法,过短或过长都是不适当的。

2. 不予处罚与免予处罚

(1)不予处罚

不予处罚是指因有法律、法规所规定的事由存在,交通运输主管部门或公路管理机构对某些形式上虽然违法但实质上不应承担违法责任的人不适用行政处罚。一般来说,具有下列情况时,对行为人不予处罚:

①不具有责任能力的人违法,不予处罚。不具有责任能力的人包括未满14岁的未成年人和没有辨认或控制自己行为的精神病人。

②行为属于正当防卫的。

③行为属于紧急避险的。
④因不可抗力而致违法的。
⑤违法行为已超过追诉时效的。
⑥违法行为轻微并及时纠正,没有造成危害结果的。

(2)免予处罚

免予处罚是指行政主体依照法律、法规的规定,考虑有法定的特殊情况存在,对本应处罚的违法行为人免除其处罚。

免予处罚与不予处罚是不同的。不予处罚是本不应该处罚因而不进行处罚的;而免予处罚则是本应该处罚的,只是考虑到有特殊情况存在,不需要课处行政处罚而免除处罚。

3."一事不再罚款"原则

"一事不再罚款"原则已在行政处罚条文中有具体体现,这为行政处罚提供了具体的操作原则。按此规定,一事不再罚可界定为:对行为人的同一违法行为,不得给予两次以上罚款的处罚。也就是:

①行为人的一个行为,同时违反了两个以上法律、法规的规定,可以给予两次以上不同种类的处罚,但如果处罚是罚款,则罚款只能一次,另一次处罚可以是吊销营业执照或许可证,也可以是责令停产停业,还可以是没收违法所得等,但不能再处以罚款。

②行为人的一个行为,违反了一个法律、法规规定,该法律、法规同时规定实施处罚机关可以并处两种处罚,如可以没收违法所得并处罚款、罚款并处吊销营业执照等,这种并处亦不违背一事不再罚款原则。

③违法行为构成犯罪,依法还应予以行政处罚的,仍可适用行政处罚。

"一事"的认定值得注意的问题有:

(1)实质上的"一事"。

如前所述,"一事"即一个路政行政违法行为。

①一直处于持续状态的公路行政违法行为,即继续犯。其特征为:一是路政行政违法行为在一定时间内不间断持续存在。如未经许可,超限车辆擅自行驶公路的违法行为。如果该超限行为经查处,已消除违法状态,该行为人途中又装载货物,形成新的违法超限行为,虽然该行为人的上述行为属于同一次运输,但随后的行为与被查处的行为不能属于《行政处罚法》规定的"一事",交通运输主管部门或公路管理机构应当分别查处,分别处罚。二是该公路行政违法行为侵犯的是同一个具体的社会关系,如前所述,上述非法超限运输行为侵犯了公路法律法规对公路保护的法律关系。三是必须基于一个故意。

②结果从重犯。行为人实施了基本违法行为,但造成了从重结果。如行为人实施非法超限运输行为,在通过一桥梁时,造成桥梁的垮塌。在此案例中,相对人实施非法超限运输行为已经违法,其随后造成的桥梁垮塌结果的发生,将从重对其处罚。

(2)违法行为的法规竞合问题。

违法行为的法规竞合即一个违法行为同时触犯多个行政法律规范。如，未经许可，某一高度从地面起超过4m的中型载货汽车在公路上行驶的行为，不仅是公路管理法律法规禁止的行为，也是道路交通安全法律法规禁止的行为。因此，该违法行为同时触犯公路管理法律规范和道路交通安全管理法律规范。对该行为应当按照"一事不再罚"的原则，认定为一个违法行为，只能给予一次罚款的处罚。参照刑事法律中法规竞合适用法律的原则，我们认为，遇到此种情况，其适用法律法规的原则是：上位法优于下位法；特别法优于一般法；重法优于轻法。

4."应当"处罚与"可以"处罚

"应当"处罚，是指必然发生对违法者适用行政处罚的结果。"应当"处罚是对行政主体行使行政处罚权的明确规定，是羁束裁量的具体表现。凡行为人有行政违法行为的，除法定事由外，交通运输主管部门或公路管理机构都应当给予违法者行政处罚；否则，即有失公平。在"应当"处罚情形中，具体包括三个方面：一是应当对违法者适用的行政处罚；二是应当从轻、减轻或免予处罚；三是应当从重处罚。在对违法者适用行政处罚的过程中，在"应当"范围内交通运输主管部门或公路管理机构仍有一定的裁量权。

"可以"处罚是指对违法者不必然产生行政处罚适用的结果。也就是说，可以予以行政处罚，也可以不予行政处罚，或者可以予以从轻、从重处罚，也可不予从轻、从重处罚。由此可见，交通运输主管部门或公路管理机构在"可以"处罚中比"应当"处罚中的裁量的余地更大，但不得滥加运用。而必须在法定范围内，根据违法行为的性质、各种情节等综合做出裁量，否则即属滥用裁量权。从现行法律、法规的规定来看，"可以"处罚具体表现在下列三个方面：一是在处罚与不处罚间予以选择；二是在处罚幅度内予以选择，即在是否从轻或从重上予以选择；三是在几种处罚方式上进行选择。

5.从轻处罚、减轻处罚与从重处罚

（1）从轻处罚。

从轻处罚是指交通运输主管部门或公路管理机构在法定的处罚方式和处罚幅度内，对行政违法行为人选择适用较轻的方式和幅度较低限的处罚。应当注意的是，从轻处罚并不是绝对要适用最轻的处罚方式和最低的处罚幅度，而是由交通运输主管部门或公路管理机构在具体案件中，根据法定或酌定的从轻情节适当、合理地予以裁量。

（2）减轻处罚。

减轻处罚是指交通运输主管部门或公路管理机构对违法者在法定的处罚幅度最低限以下适用行政处罚。简而言之，就是给予违法者低于法定最低限的处罚。减轻处罚是相对于加重处罚而言的。加重处罚是高于法定最高幅度的处罚。在我国行政处罚中，是不承认加重处罚的，因为它不利于保护公民、法人或其他组织的合法权益，所以在任何超出法定幅度最高限度的处罚都是违法的。

根据《行政处罚法》第二十五条、第二十七条的规定，交通运输主管部门或公路管理机构对违法者应当从轻、减轻处罚的情形包括：

①主动消除或减轻违法行为危害后果的。
②受他人胁迫实施违法行为的。
③配合行政机关查处违法行为有立功表现的。
④已满14周岁不满18周岁的人有违法行为的。
⑤法律、法规规定应当从轻、减轻处罚的其他情形。

(3) 从重处罚。

从重处罚是从轻处罚的对称。它是指交通运输主管部门或公路管理机构在法定的处罚方式和幅度内,对违法行为人在数种处罚方式中适用较严厉的处罚方式,或者在某一处罚方式允许的幅度内适用上限或接近于上限的处罚。我国《行政处罚法》并无从重处罚的规定,但是一些单行法律、法规中有此规定,因此理论研究仍有必要。一般来说,违法行为人有下列情形之一的,应当从重处罚:

①违法情节恶劣,造成严重后果的。
②不听劝阻,继续实施违法行为的。
③两人以上结伙实施违法行为而起主要作用的。
④多次实施违法行为,屡教不改的。
⑤妨碍执法人员查处其违法行为的。
⑥隐匿、销毁违法证据的。
⑦胁迫、诱骗他人或教唆未成年人实施违法行为的。
⑧对举报人、证人打击报复的。
⑨在发生自然灾害或其他非常情况下实施违法的。
⑩法律、法规规定的其他应当从重处罚的情形。

应当注意,从重处罚必须是在法律、法规规定的范围内进行,超出法定范围即成为加重处罚,为《行政处罚法》所不允许。

6. 单处与并处

单处是指交通运输主管部门或公路管理机构对违法行为人仅适用一种处罚方式。它是行政处罚适用的最简单形式。单处可以是对法定的任何一种行政处罚方式的单独适用。

并处是指交通运输主管部门或公路管理机构对行政相对人的某一违法行为依法同时适用两种或两种以上的行政处罚形式。它是相对于单处而言的,往往针对情节较严重的情形,是在处以单项处罚不足以达到制裁目的的情况下进行的,因此,它相对于单处而言,是对违法者的从重处罚。

并处,必须在具备法定的条件下才能采用。不仅要有法律、法规明确规定"可以并处",而且还须具备法定情节,否则不能采用并处。目前,法律、法规对并处只是做了笼统的规定,而没有规定并处应符合哪些条件,这是目前有关行政处罚立法尚待完善的内容。

7. 行政处罚与民事责任的竞合适用

行为人的一个行政违法行为还可能同时构成民事违法行为而形成两种性质的行为竞合,即违反《公路法》的规定构成行政违法行为,同时构成民事侵权行为,从而形成法条竞合。与这两种违法行为竞合相适应的行为人除应受行政处罚外,还应承担相应的民事法律责任,从而产生行政处罚与民事法律责任的竞合。《行政处罚法》第7条规定,公民、法人或者其他组织因违法受到行政处罚的,其违法行为对他人造成损害的应当依法承担民事责任。在行政处罚与民事责任的竞合适用上,由于两种法律责任的性质完全相异,一个是交通运输主管部门和公路管理机构给予违法者以行政处罚,另一个是违法者向受害者承担民事侵权责任,在责任的承担上既不发生冲突,也不会发生重责吸收轻责的情况,因此,违法者应同时承担两种法律责任,不能因给予行政处罚而免除其民事责任,也不能因已承担民事责任而免除或从轻、减轻行政处罚。在公路管理中,这样的情形比较多,如未经许可,擅自挖掘公路引水,既构成行政违法,应当依法承担行政违法责任;同时又对公路造成损害,应当承担民事赔偿责任。

五、路政行政处罚的程序

路政行政处罚的程序,是从交通运输主管部门和公路管理机构开始调查、认定行政相对人的违法事实,到做出行政处罚决定等各具体步骤的综合构成。行政处罚的程序主要由查明违法事实、做出决定以及行政处罚决定的实现等几部分构成,具体分为如下几大程序:

(一)简易程序

行政处罚的简易程序,又称当场处罚程序,它是一种简单易行的行政处罚程序,与一般行政处罚的程序相对而言。是指在具备某些条件的情况下,由执法人员当场做出行政处罚决定(有些处罚决定甚至当场执行)的步骤、方式、时限、形式等程序过程。

《行政处罚法》第三十三条规定:违法事实确凿并有法定依据,对公民处以50元以下,对法人或者其他组织处以1000元以下罚款或者警告的行政处罚的,可以当场做出行政处罚决定。

1. 简易程序适用的条件

(1)公路管理当场处罚的主体是有行政处罚权的交通运输主管部门或公路管理机构。虽然当场处罚的具体适用者是在场的交通行政执法人员,由交通行政执法人员当场做出处罚决定,但交通行政执法人员做出处罚决定并非以自己的名义做出,他仍然是代表交通运输主管部门或公路管理机构在实施处罚。

(2)当场处罚程序一般适用于事实清楚、证据确凿、案情简单的行政处罚案件。如果案情复杂、违法事实不清,还需要进一步调查取证或质证的,则不能当场给予行政处罚。

(3)当场处罚程序只能适用于较轻的行政处罚。当场处罚不仅要求违法事实清楚、证据确凿充分,依法应受到行政处罚,而且还要求处罚的形式和程度比较轻微。如果处罚的影响程度大则不能适用当场处罚。根据《行政处罚法》的规定,当场处罚只能适用于警告或50元以下罚款的处罚(对于法人或其他组织罚款的处罚则限于1000元以下的罚款)。需要注意的是,当场处罚程序不同于当场执行程序。有的公路管理机构以查处地点地处偏远、相对人缴纳罚款不便为由,对按规定应当按照一般程序做出处罚的案件,按照简易程序做出处罚决定。这样做是典型的违反法定程序的违法行政行为。

(4)当场处罚程序在时间上的特点就是在发现行政相对人实施违法行为后当即给予行政处罚,这是当场处罚程序与一般行政处罚决定程序最显著的区别。当场处罚无须按一般行政处罚程序正常进行,采用简易、方便的程序即可。这一程序比一般行政处罚决定程序更有利于提高行政处罚的效率,节约行政成本,但它不得影响被处罚人合法权利的行使及利益。

2. 按照交通运输部《交通行政处罚行为规范》的规定,交通行政执法人员在适用简易程序时的具体程序

(1)表明身份并查明对方身份。表明身份是表明处罚主体是否合法的必要手续,交通执法人员应向当事人出示执法证件;查明对方身份是交通行政执法人员了解和掌握相对人的身份是公民或者法人、社会组织以及住所,以便确定是否能够适用简易程序。

(2)制作检查、询问笔录、收集必要的证据。执法人员对当事人制作检查、询问笔录,并可对违法行为及现场情况当场制作笔录。收集必要的证据是交通行政执法人员在实施行政处罚之前必须完成的工作,因为没有证据是不得做出处罚决定的。

(3)说明处罚理由。执法人员应主动向当事人说明其违法行为的事实,说明其违反的法律规范和给予行政处罚的理由和依据。

(4)告知当事人享有的权利与义务。

(5)给予当事人陈述和申辩的机会。当事人可以口头申辩,执法人员要予以正确、全面的答复或解释,而不得因当事人的申辩加重处罚。交通执法人员应当听取当事人的陈述和申辩,并进行复核,当事人提出的事实、理由和证据成立的,应当采纳。

(6)制作当场处罚决定书。当场处罚决定书应是由有管辖权的交通运输主管部门统一制作的有格式、有编号的交通行政处罚决定书,由执法人员填写。当场处罚决定书应载明:被处罚人姓名或单位名称,违法行为事实,行政处罚种类或处罚数额,处罚依据、时间、地点,告知复议权利和诉讼权利及期限,处罚的机关或组织名称,执法人员的签名或者盖章。当场处罚决定书制作后,应当当场交付被处罚人。

(7)当事人在《行政(当场)处罚决定书》上签字。当事人在前述文书上签字,表明该文书已经送达当事人。

(8)备案。做出当场处罚决定之日起5日内,将《行政(当场)处罚决定书》副本提交所属交通行政执法机关备案。交通行政执法人员当场做出的行政处罚决定,必须向所属行政机关备案,以便接受监督和备查。

(二)一般程序

所谓一般程序,即做出行政处罚决定应经过的正常的普通程序。它包括立案、调查取证、行政处罚决定和处罚决定书的送达等内容。

1. 立案

立案是交通运输主管部门或公路管理机构对于公民、法人或者其他组织的控告检举材料和自己发现的违法行为,认为需要给予违法行政处罚并决定进行调查处理的活动。立案是一般程序的开始,是一个独立的阶段。行政处罚的案件,除依法采用简易处罚程序做出处罚决定的案件以外,都必须有立案程序,先立案再进行调查处理。立案往往是调查取证阶段的前期步骤。立案可以防止交通运输主管部门或公路管理机构无根据的实施行政处罚,保护相对人的合法权益;同时通过立案程序,可以促使交通运输主管部门或公路管理机构迅速组织力量调查取证,查处违法行为,避免案件的推诿和久拖不决。在公路执法实践中,有部分交通运输主管部门或公路管理机构的行政处罚案件缺乏立案程序,这样就缺乏案件的来源,这是不符合行政处罚的一般程序的。

调查取证是行政处罚程序的必要步骤,交通运输主管部门或公路管理机构必须先调查取证,再决定处罚。

(1)调查取证应符合下列几项基本规定:

①应全面、客观、公正地调查、收集各种有关证据。

②根据案件的性质和程度组成调查组进行调查取证。负责调查的人员要由2名以上交通行政执法人员组成,在进行调查、搜集证据时应向被调查人员出示交通行政执法证件。

③调查人员与当事人有利害关系的应当回避。

④行政机关在调查案件时有关单位和个人都有作证以及协助的义务,有关公民、法人或者其他组织不得拒绝提供有关证据,被调查人员应如实回答询问,并应协助调查或检查,不得阻挠。

(2)根据《交通行政处罚程序规定》第十六条的规定,调查取证应当遵循以下规定:

①不得少于2人。

②询问证人和当事人,应当个别进行并告知其作伪证的法律责任;制作《询问笔录》须经被询问人阅核后,由询问人和被询问人签名或者盖章,被询问人拒绝签名或者盖章,由询问人在询问笔录上注明情况。

③对与案件有关的物品或者现场进行勘验检查的,应当通知当事人到场,制作《勘验检查笔录》,当事人拒不到场的,可以请在场的其他人员见证。

④对需要采取抽样调查的,应当制作《抽样取证凭证》,需要妥善保管的应当妥善保管,需要退回的应当退回。

⑤对涉及专门性问题的,应当指派或者聘请有专业知识和技术能力的部门和人员进行鉴定,并制作《鉴定意见书》。

⑥在证据可能灭失或者以后难以取得的情况下,经交通运输主管部门负责人批准,可以先行登记保存,制作《证据登记保存清单》,并应当在7日内做出处理决定。

关于证据的种类、证明对象以及证据的合法要件、证明对象等内容,行政法律法规并未做具体规定,目前参照的是《行政诉讼法》及相关司法解释。本书第十章第三节将做专门讲解。

2. 调查取证

除依法可以当场给予行政处罚的外,交通运输主管部门或公路管理机构在做出行政处罚决定前,必须经历调查取证阶段,以便查明行政相对人有无违法的事实。在违法事实未经查明之前,交通运输主管部门或公路管理机构不能对任何人施以行政处罚,即使做出了行政处罚,也是无效的行政处罚。调查取证是做出处罚决定的前奏和根据,也是查明认定违法事实的程序。这是一般程序必不可缺的部分。

调查取证由调查和取证两部分构成,是指对违法案件有管辖权的交通运输主管部门或公路管理机构为了查明违法案件的事实真相而对立案处理的案依法进行的调查、获取证据和采用相关措施的活动。调查取证的质量直接关系到行政处罚是否能正确适用。

3. 行政处罚决定

根据《行政处罚法》第三十八条的规定,对于经过立案、调查终结的案件,交通运输主管部门或公路管理机构必须依法做出相应的行政处罚决定。交通运输主管部门或公路管理机构在做出行政处罚决定时,对于一般的案件具体由交通运输主管部门或公路管理机构负责人做出,但对情节复杂或者重大违法行为给予较重的行政处罚的,交通运输主管部门或公路管理机构的负责人应当集体讨论决定。

(1)有效的行政处罚决定。

交通运输主管部门或公路管理机构应根据调查取证的结果在调查取证程序终结后,区别不同的情况,相应地做出是否处罚、如何处罚及其他处理决定。

①决定予以行政处罚。当事人确有违法行为且应受行政处罚的,根据情节轻重和案件的具体情况做出适当的行政处罚决定。这类行政处罚决定包括各种处罚形式和适用方法,如罚款决定,吊销许可证决定,从轻、减轻处罚决定等。

②决定不予行政处罚。违法事实不能成立的或者依法不应当给予行政处罚的,不得给予行政处罚;属于违法行为轻微,依法可以不予行政处罚的,可决定不予行政处罚。

③依法应当移送司法机关。认为当事人的违法行为已构成犯罪的,移送有管辖权的司法机关。这种决定本身并不是行政处罚决定,而是移送决定。法律依据是《行政处罚法》第7条"违法行为构成犯罪的,应当依法追究刑事责任的,不得以行政处罚代替刑事处罚"的规定。如,公路管理机构在处理盗窃公路交通设施的案件时,就要考虑该盗窃行为是否足以使汽车发生倾覆,如足以导致汽车倾覆或者已经导致倾覆的,或者是否涉嫌构成盗窃罪,如构成就应当移送有管辖权的司法机关。当然,该移送并

不影响对该违法者责任和行政民事责任的追究。

(2)不能成立的行政处罚决定。

凡不符合行政处罚决定的条件和要求的行政处罚决定,都属无效或不能成立。《行政处罚法》第41条特别强调了下列几种违反法定程序而做出的行政处罚决定不能成立:

①没有依法告知相对人拟作业行政处罚的事实、理由及依据而做出的行政处罚决定。根据《行政处罚法》的规定,交通运输主管部门或公路管理机构在做出行政处罚决定前,应当将做出行政处罚决定的事实、理由及依据告知当事人,并告知其依法享有的权利。告知程序为行政机关做出行政处罚决定前的法定义务,交通运输主管部门或公路管理机构如不告知,不仅表明交通运输主管部门或公路管理机构未履行法定的义务,而且也使当事人的权利行使受到影响,因而没有经过告知程序而做出的行政处罚决定无效,不能发生拘束当事人的效力。

②拒绝听取当事的陈述、申辩而做出的行政处罚决定。当事人有陈述、进行申辩的权利。根据《行政处罚法》的规定,交通运输主管部门或公路管理机构必须充分听取当事人的意见,对当事人提出的事实、理由成立的,交通运输主管部门或公路管理机构应当采纳;交通运输主管部门或公路管理机构不得因当事人的申辩而加重处罚。交通运输主管部门或公路管理机构如违反此项规定,不听取意见,不尊重当事人的申辩、陈述权而予以拒绝的,该行政处罚决定不能成立。但这里应注意的是,如当事人放弃陈述、申辩权的则不在此范围之内。此外,按照交通运输部《行政处罚行为规范》的规定,适用一般程序的行政处罚,应当有立案等程序。

(3)行政处罚决定书。

行政处罚决定书,是行政处罚决定的书面文书。凡决定给予行政处罚的,都应制作行政处罚决定书。行政处罚决定书应规范化,内容应明确、具体。根据《行政处罚法》第三十九条的规定,行政处罚决定书应载明下列事项:

①受处罚人的姓名、性别、年龄、职业、工作单位或地址(单位的名称、地址、法定代表人的姓名和职务)。

②违反法律、法规行为的事实及定案证据。

③行政处罚的法律、法规及规章依据,处罚的种类、幅度、数额。

④行政处罚的履行方式及期限。

⑤不服行政处罚决定的法律救济途径,告知如何行使行政复议和行政诉讼的权利和期限。

⑥做出行政处罚决定的交通运输主管部门或公路管理机构的名称。

⑦做出行政处罚决定的日期。

⑧行政处罚决定书必须加盖做出行政处罚决定的交通运输主管部门或公路管理机构的印章。

4.行政处罚决定书的送达

行政处罚决定书应及时送达被处罚人。一般情况下,适用简易程序的,处罚决定书应当场交付被处罚人或利害关系人;对依法未经听证程序而决定行政处罚的,或决定书制作完毕后当事人不在场的,决定书应在7日内及时送达当事人及利害关系人。在送达方式上依照《民事诉讼法》的有关规定进行。送达方式除直接送交受送达人外,还可根据具体情况采取邮寄送达、留置送达、委托送达、公告送达等方式。送达应有送达回证,由受送人在送达回证上签名或盖章,当事人拒绝签收的,则应在送达回证上注明情况和日期,由送达人签名即视为送达;邮寄送达的以邮戳为准。

(三)听证程序

听证的实质含义就是听取利害关系人的意见,从而保证交通运输主管部门或公路管理机构公正地行使行政权。在美国,任何权力必须公正行使,对当事人不利的决定必须听取他们的意见,这是英美普通法的一个重要原则,称为自然公正原则。[1] 听证有正式的听证(或称为审判型听证、完全的听证)和非正式的听证之分,正当法律程序并不严格要求某种固定形式的听证,在适用上具有很大的灵活性。我国《行政处罚法》借鉴美国行政裁决程序的听证制度,确立了对部分行政处罚案件适用听证程序的制度,这种听证程序是一种区别于一般程序的特殊程序。在听证程序结束后,行政机关仍应依据《行政处罚法》第三十八条的规定,根据不同的情况做出相应的行政处罚决定或其他决定。

1.行政处罚听证的概念与意义

行政处罚的听证,是一种正式的听证。它是反映在做出行政处罚决定前由交通运输主管部门或公路管理机构以及在调查取证人员、案件当事人及其他利害关系人参加的情况下,听取各方陈述、辩明、对质及证据证明的程序。在我国行政处罚程序中设置听证程序的意义十分重大:有利于行政机关客观、全面地查清案件事实,听取各方当事人的意见,从而使行政处罚决定建立在正确、公正、合法的基础上;有利于减少行政争议,提高行政效率;可以形成公民对行政机关的监督和强化行政机关内部的自我约束和监督。交通运输部《交通行政处罚行为规范》对行政处罚听证程序做了较为详尽的规定。

2.听证程序的适用条件

听证程序较为复杂,它并非所有的行政处罚都必经的程序,而只能适用于部分行政处罚案件。根据《行政处罚法》第四十二条的规定,适用听证程序须符合下列条件:

(1)较重的行政处罚。

对于适用较轻的行政处罚的警告或者小数额的罚款,可采取当场做出处罚的决定。对于一般的行政处罚则只需依调查取证程序获取充分的违法事实后即可做出行政处罚决定。但对于某些重大的违法行为事实、行为人可能会受到较重行政处罚的,

---

[1] 参见王名扬著《美国行政法》第382页、第384页,中国法制出版社,1995年1月,第1版。

则适用听证程序。《行政处罚法》第四十二条所规定的这些较重的行政处罚主要是指行政机关做出的责令停产停业、吊销许可证或者执照、数额较大的罚款等行政处罚。根据交通运输部《行政处罚程序规定》第二十五条的规定,听证程序只适用于责令停产停业、吊销证照、较大数额的罚款。较大数额罚款的"较大"为"地方交通管理部门按省级人大常委会或者人民政府或其授权的部门规定的标准执行;交通部直属的交通管理机构按 5000 元以上执行,港务(航)监督机构按 10000 元以上执行"。各省、自治区、直辖市根据本地实际就"较大数额罚款"做出了规定,例如,山西省人民政府《关于贯彻实施〈中华人民共和国行政处罚法〉的通知》(晋政发〔1996〕92 号)规定,"'听证范围中的"较大数额的罚款'一项,我省暂定为对非经营活动中的违法行为处以 1000 元以上的罚款;对经营活动中的违法行为,没有违法所得的处以 10000 元以上的罚款,有违法所得的处以 30000 元以上的罚款。"

(2)对违法事实的认定有分歧。

交通运输主管部门或公路管理机构对公民、法人或其他组织的违反公路管理秩序行为的违法事实的认定,当事人对此有异议,因而使听证成为必要。如果交通运输主管部门或公路管理机构与当事人之间对违法事实的认定没有分歧,也就没有必要进行正式的双方对质和辩明的程序。

(3)有当事人的听证要求。

不仅有双方对违法事实认定的分歧,而且还要当事人提出进行正式的听证要求(不仅仅是当事人行使申辩的权利),这种听证要求既可以书面提出,也可以口头提出。对于交通运输主管部门或公路管理机构告知当事人有要求听证的权利当事人提出听证要求的,交通运输主管部门或公路管理机构应当按照规定启动听证程序。如果当事人没有提出听证的要求,交通运输主管部门或公路管理机构认为举行听证有助于查清事实,对违法案件予以正确定性,即有进行听证的必要时,也可主动组织听证。

(4)听证必须由行政处罚管辖权的交通运输主管部门或公路管理机构组织。

3. 听证的内容

交通运输主管部门或公路管理机构组织的听证应符合下列方式和内容:

(1)听证的提出。

当事人对交通运输主管部门或公路管理机构所认定的违法事实有异议的,有权按照有关规定要求交通运输主管部门或公路管理机构组织听证,这一要求的提出在形式上一般是书面的,也可以是口头形式。在时限上,应当在交通运输主管部门或公路管理机构告知后 3 日内提出。

(2)听证通知。

组织听证的交通运输主管部门或公路管理机构应当在听证开始的 7 日前书面通知当事人。交通运输主管部门或公路管理机构就举行听证的具体时间、地点等应及时通知,以便当事人有提出各种事实、证据,及时对争议的问题进行申辩的机会。调查取证人员在举行听证前应就其所认定的地违法事实向组织的交通运输主管部门或公路管理机构提出当事人违法的事实和有关证据材料,并提出行政处罚建议。

(3)主持人员。

听证的主持人应该由有管辖权的交通运输主管部门或公路管理机构中具有相对独立地位的专门人员来担当。他们应是交通运输主管部门或公路管理机构中非直接参与案件调查取证的人员,以便能客观、公正地依据事实和法律做出判断。交通运输主管部门或公路管理机构中下列人员不得被任命为听证主持人:案件的调查取证人员;行为人的近亲属;与案件有利害关系的人员。当事人对主持人有异议的,有权申请回避。

(4)当事人和其他参加人。

当事人是指违法行为或违法行为嫌疑人。当事人在听证程序中可以亲自参加,也可以委托他人(1~2人)代理。当事人有要求听证的权利,也有放弃质证和申辩的权利,对经合法传唤无正当理由不参加听证的,则视为放弃要求听证的权利。在听证中当事人有权辩论、提出有关的证据、提出回避、最后陈述等。与案件有利害关系的人也有权要求参加听证,在听证中享有与当事人相同的权利并承担相同的义务。调查取证人员在听证程序中是当然的参加人,否则无法质证和相互辩论。调查取证人员在听证程序中应与当事人地位平等。此外,在听证程序中还有证人和鉴定人员等。

(5)公开举行。

听证除涉及国家秘密、商业秘密或者个人隐私及法律规定的不宜公开的其他情况外,听证一般都应公开举行。

(6)听证笔录。

听证应当制作笔录。凡在听证举行中出示的证据材料,当事人要陈述、辩论等过程和情况都应制作笔录,笔录应交当事人及其他参加人审核无误后签定或者盖章;如认为记录有遗漏或者有差错的,可以请求补充或者改正。

(7)听证费用的负担。

当事人不承担交通运输主管部门或公路管理机构组织听证的费用,该费用支出应由国家财政开支。

(四)执行程序

行政处罚决定的执行程序,是指交通运输主管部门或公路管理机构向受处罚人执行已经发生法律效力的行政处罚决定的程序活动。对于已生效的行政处罚决定,当事人应当在规定的期限内主动履行被处罚的义务;如果不自觉履行义务的,交通运输主管部门或公路管理机构可以依法强制执行或者申请人民法院强制执行。关于行政处罚决定的实现,《行政处罚法》重点规定了罚款的收缴与不履行处罚决定义务的强制措施。

关于罚款处罚决定的实现,根据《行政处罚法》的规定,实行罚款处罚的机关与收缴机关相分离的制度,即做出罚款决定的交通运输主管部门或公路管理机构及其人员不得自行收缴罚款,当事人应当自收到行政处罚决定书之日起15日内到指定银行缴纳罚款。但有下列情况的,可以当场收缴罚款:依法给予20元以下罚款的;不当场收缴事后难以执行的;在边远、水上、交通不便的地区,当事人向指定银行缴纳罚款确有困难的,经当事人自己提出,交通执法人员可以当场收缴罚款。

对当事人无正当理由逾期不履行行政处罚决定的,交通运输主管部门或公路管理机构可以采取下列措施:

(1)到期不缴纳罚款的,每日按罚款数额的3%加处罚款。

(2)依法将查封、扣押的财物拍卖或冻结的存款划拨抵缴罚款。需要注意的是,《行政处罚法》第五十一条第二项规定的前提是"根据法律规定",因《行政强制法》第四十六条规定,没有行政强制执行权的行政机关应当申请人民法院强制执行。但是,当事人在法定期限内不申请行政复议或者提起行政诉讼,经催告仍不履行的,在实施行政管理过程中立即采取查封、扣押措施的行政机关,可以将查封、扣押的财物依法拍卖抵缴罚款。《公路安全保护条例》第七十二条第二款的规定与《行政强制法》的规定相一致。

(3)申请人民法院强制执行。但当事人确有经济困难,一时难以缴清罚款的,经申请并由交通运输主管部门和公路管理机构批准,可以暂缓或者分期缴纳。

第三章 路政执法的主要业务

第一节 公路路产的登记

《公路安全保护条例》第十条规定:"公路管理机构应当建立健全公路管理档案,对公路、公路用地和公路附属设施调查核实、登记造册。"本章就公路登记的内容、属性等问题进行讲述。

一、公路路产的主要内容

公路路产包括公路、公路用地及公路附属设施等。

(一)公路

参照已废止的《中华人民共和国公路管理条例》的规定,公路是指经公路主管部门验收认定的城间、城乡间、乡间能行驶汽车的公共道路。公路包括公路的路基、路面、桥梁、涵洞及隧道。

关于公路的行政等级。根据《公路法》及《公路安全保护条例》等的规定,我国公路划分为国道、省道、县道、乡道和村道。国道是指公路网中具有全国性经济、政治意义的干线公路,包括重要的国际公路、国防公路,连接首都与各省、自治区、直辖市省会城市、首府的公路,连接各大经济中心、港站枢纽和战略要地的公路。省道是指在省公路网中具有全省(自治区、直辖市)经济、政治意义,连接省内中心城市和主要经济区的公路,以及不属于国道的省际的重要公路。县道是指具有全县(旗、县级市)经济、政治意义和县内主要乡镇、主要商品生产和集散地的公路,以及不属于国道、省道的县际间的公路。乡道是指主要为乡、镇内部经济、文化、行政服务的公路,以及不属于县道以上公路的乡与乡之间及与外部联络的公路。关于村道,交通部《农村公路养护管理暂行办法》[1]第二条规定:"本办法所称农村公路包括县道、乡道和村道及其所属的桥梁、隧道。其中,村道是指经地方交通主管部门认定,连接乡镇与建制村或建制村与建制村的公路。"如果从字面看,《农村公路养护管理暂行办法》与《公路法》和《公路安全保护条例》的划分是有冲突的,但是通过仔细研究,《农村公路养护管理暂行办法》的分类是就公路的养护主体划分而言的。

关于公路技术等级。根据目前我国公路法律法规的规定,我国公路按照技术等级

---

[1] 见交公路发〔2008〕第43号。

划分为高速公路、一级公路、二级公路、三级公路和四级公路(表3-1)。

各技术等级公路路基宽度及车道数[1] 表3-1

公路技术等级		高速公路、一级公路								
设计速度(km/h)		120			100			80		60
车道数		8	6	4	8	6	4	6	4	4
路基宽度(m)	一般值	45.00	34.50	28.00	44.00	33.50	26.00	32.00	24.50	23.00
	最小值	42.00	—	26.00	41.00	—	24.50	—	21.50	20.00
公路技术等级		二级公路、三级公路、四级公路								
设计速度(km/h)		80		60		40	30	20		
车道数		2		2		2	2	2或1		
路基宽度(m)	一般值	12.00		10.00		8.5	7.5	6.5(双车道)		4.5(单车道)
	最小值	10.00		8.50		—	—	—		

注:"一般值"为正常情况下的采用值;最小值为条件受限制时可采用的值。

根据这一技术标准,高速公路为专供汽车分向、分车道行驶并全部控制出入、专供汽车在分隔的车道上高速行驶的多车道公路。高速公路分为四车道高速公路、六车道高速公路和八车道高速公路。一级公路为供汽车分向、分车道行驶,并可根据需要控制出入的多车道公路。一级公路一般强调供汽车分向、分车道行驶,要求设置中央分隔带。受特殊条件限制时,必须设置分隔设施,不允许画线代替。二级公路为供汽车行驶的双车道公路,通常是连接中等以上城市的干线公路或者通往大工矿区、港口的公路。三、四级公路为主要供汽车行驶的双向公路,是连通县、乡(镇)、村等的公路,指主要技术指标按供汽车行驶的要求设计,但同时也允许拖拉机、畜力车、人力车等非汽车交通使用车道,其混合交通特征明显,设计速度一般在40km/h以下。

(二)公路用地

按照《公路法》的规定,"公路用地"是指由县级以上地方人民政府依法确定的,公路两侧边沟(或者截水沟)及边沟(或者截水沟)以外不少于1m范围的土地。这里的公路用地仅指公路路基用地按照《公路路线设计规范》(JTG D20—2006)的规定,公路路堤两侧排水沟(无排水沟时为路堤或护坡道坡脚)以外,或以路堑坡顶截水沟外边缘(无截水沟为坡顶)以外不小于1m范围内的土地,在有条件的地段,高速公路和一级公路不小于3m、二级公路不小于2m范围的土地为公路路基用地范围。在风沙、雪害等特殊地质地带需设置防护林、种植固沙物、安装防沙或防雪栅栏以及反压护道等设施;桥梁、隧道互通式立体交叉、分离式立体交叉、平面交叉、服务设施、管理设施、绿化以及料场苗圃等应根据实际需要确定其用地范围。此外,有条件或环境保护要求种

---

[1] 该资料来源于《公路工程技术标准》(JTG B01—2014)。

植多行领导的路段,也应根据实际需要确定其用地范围。

(三)公路附属设施

按照《公路法》的规定,公路附属设施是指为保护、养护公路和保障公路安全畅通所设置的公路防护、排水、养护、管理、服务、交通安全、渡运、监控、通信、收费等设施、设备以及专用建筑物、构筑物等。公路附属设施包括交通安全设施、服务设施和管理设施。

1. 公路交通安全设施

公路交通安全设施指的是为保障行车和行人的安全,充分发挥道路的作用,在道路沿线所设置的人行地道、人行天桥、照明设备、护栏、标柱、标志标线等设施的总称。包括:标志、标线、视线诱导标、隔离栅、防护网、中央分隔带护栏、防眩设施、路侧护栏以及平面交叉设置的预告、指路或警告、支线减速让行、停车让行等标志。

2. 公路服务设施

公路服务设施包括服务区、停车区、公共停靠站,以及在这些设施内的停车场、公共厕所、加油站、车辆修理所、餐饮和小卖部等设施。

3. 公路管理设施

公路管理设施包括监控、收费、通信、配电、照明和管理养护等设施,以及实时收集发布交通流量信息的设施。管理养护等设施包括管理所、道班房和养护工区。

(四)关于建筑控制区

公路建筑控制区是指为了保护公路运营安全和满足公路改扩建需要,在公路两侧一定范围内设立的禁止修建建筑物和地面构筑物的区域。《公路法》第五十六条规定:"除公路防护、养护需要的以外,禁止在公路两侧的建筑控制区内修建建筑物和地面构筑物;需要在建筑控制区内埋设管线、电缆等设施的,应当事先经县级以上地方人民政府交通运输主管部门批准。前款规定的建筑控制区的范围,由县级以上地方人民政府按照保障公路运行安全和节约用地的原则,依照国务院的规定划定。"公路管理法律法规就公路建筑控制区,向社会不特定的机关、企业、社会组织和个人设定了禁止性义务。虽然《公路法》并未禁止国土、规划等部门在公路建筑控制区审批许可建筑物,禁止在公路两侧的建筑控制区内修建建筑物和地面构筑物,但也隐含了对国土、规划等部门的禁止性规定。因此,虽然公路建筑控制区不属于公路所有权的范围,但属于公路保护的范围。

二、公路路产的登记的主要方式

(一)公路路产的登记的属性及效力

《公路安全保护条例》第十条确立了公路的登记和管理档案制度,该制度确立了公路路产的登记和管理档案。它不同于已有的公路建设项目等档案。公路建设项目等档案的主要目的是封存保护。公路路产的登记和管理档案的核心是对公路、公路用地和公路附属设施调查核实、登记造册。它也不同于《不动产登记暂行条例》的登记,不动产登记是物权登记,核心在于确权和公示。从法律效力上讲,公路路产的登记分为对内效力和对外效力。对内效力,即通过登记确立公路管理机构内部之间的管理对象界限和职责划分;对外效力,即当公路管理机构与外部发生涉及权属界定纠纷或是损害赔偿纠纷时,路产登记可以作为权属界定或损害赔偿计算的依据和标准。《公路安全保护条例》第十条规定对内的法律效力可以确定,对外的法律效力尚属待定状态。

从《不动产登记暂行条例》全文看,笔者认为该不动产的登记范围不包括公路路产的登记。一是该《条例》第二条规定的不动产的范围及第五条规定的应当登记的不动产权利均未包括公路,虽然第五条规定了"法律规定需要登记的其他不动产权利",但目前尚无法律明确规定公路产权需要不动产登记。二是不动产登记核心在于确权和公示、保障交易安全。公路的产权属于国家或集体组织所有,尽管附着在其上的收费权等收费公路权益可以依法交易,但是其产权是不可以交易的,因此也无需按照《物权法》和《不动产登记暂行条例》的规定进行登记。三是在该《条例》第四章"登记信息共享与保护"规定的登记信息共享机关中有国土资源、公安、民政、财政、税务、工商、金融、审计、统计等部门,并未明确交通运输主管部门和公路管理机构,如果公路属于不动产登记的范围,从方便管理和提高行政效能的原则出发,交通运输主管部门和公路管理机构应当属于登记信息共享的机关。四是公路路产既包括公路管理用房和服务区等建筑物,也包括公路、公路桥梁和公路隧道及公路标志等设施,如何界定其法定概念的归属也非常困难。

(二)公路路产的登记的种类

1. 首次登记

初次对已投入运营公路和公路用地、公路附属设施进行登记造册,建立公路管理档案,应当结合批准的公路设计图以及竣工验收报告,对现行运营公路实际情况进行登记。包括:

(1)公路的行政等级、技术等级及公路的线路、桥梁、隧道,公路用地的范围,公路附属设施。

(2)公路的里程、界址及空间界限。

(3)公路的管理机关。

(4)是否为收费公路。

(5)其他需要登记的内容和事项。

2. 变更登记

公路发生行政等级和技术等级变化,以及专用公路改划为省道、县道或者乡道;公路管理的机构调整;公路的交通标志变更;公路因改扩建致路基、路面、附属设施等发生变化等情况后,应当进行变更登记。

3. 注销登记

公路报废、公路调整为城市道路等情形下,已经不属于公路的,进行注销登记。

4. 附带登记

附带登记是指对因涉路施工和其他路政许可形成的与公路相邻关系设施的登记。附带登记并不是对公路路产的登记,而是为规范路政管理、明确相邻各方权利义务关系,在登记册中附加记录的内容。

三、公路路产登记的意义和作用

1. 公路相路产登记是公路保护法制化的重要途径

通过公路路产登记,建立公路管理档案制度,加强和规范公路路产登记,是依法维护路产路权,减少权属纠纷,维护社会稳定,确保国家公路产权不受侵占和破坏,使公路路政管理走向法制化、科学化、规范化的重要举措,也为今后依法管理公路路产提供依据。

2. 公路相关物权登记也是明确公路权属关系的重要方式

按照民事法律的理论和实践,物权的设立、变更、转让和消灭,通常需要特定的方式予以公示,使得产生法律效力。物权公示制度是物权法的基本制度之一。不动产一般采取登记公示方式。物权变动的公示规则,主要意义在于确定物权的归属。目前,公路所有权的权属不清,公路路产管理体制不完善,是公路管理的突出问题。由于公路产权不明晰,造成有些部门和单位在公路两侧公路用地范围内乱批乱建集镇、中心村,架埋供电、供水、通信管线。作为国有资产和集体所有资产的公路,其管理应以产权管理为基础,构建科学的路产管理体系,以保证公路健康、持续、快速发展。

3. 公路路产登记是公路保护权责的前提和基础

《物权法》第十六条规定:"不动产登记簿是物权归属和内容的根据。"而公路作为不动产,只有明确其归属,方能实施保护。现如今,侵犯路产路权案件时有发生,任意侵占路产路权现象愈演愈烈,严重影响公路的畅通,制约了当地经济发展。这些问题的根源在于路政管理上的职责没有合理划分,而职责的划分又依赖于公路权属的划分和确认。因此,路政问题要解决,还得从根上解决权属问题。在明晰公路产权后,也就明晰了相应的公路管理体制和职责,路产登记是确保明晰后的公路产权上升为法律行为的重要保证。此外,公路路产登记也是明确交通运输主管部门或公路管理机构公路管理管辖范围的前提和基础,特别是发生一些纠纷后,公路管理机构经常会因为管辖对象的管理主体不明而发生争议❶。

---

❶ 如中央电视台报道的《无主的桥》[见央视国际(2006年01月11日19:30)]。基本情况是:2004年1月29号,在河南省灵宝市境内的310国道上,一个骑自行车的女孩从一座横跨国道的拱桥摔下来。这座桥坐落在两个村庄之间,是两个村庄之间通行的必经之路,桥上的护栏设置不完善。但是这座桥究竟应该归谁管,村里却没人能说明清。在灵宝市,一共有三家单位和道路管理有关,分别是灵宝市交通局、灵宝市公路段及灵宝市地方道路管理总站。这三家单位都否认对该桥的管理权。法院法院查证认为:该桥属于国道的一部分或附属设施,灵宝市公路段未尽维护管理职责,对原告摔伤应承担民事责任。原告疏忽大意,未尽注意义务,也应承担一定责任。

第二节 公路建筑控制区管理

一、公路建筑控制区的概念

公路控制区的最早提出为1987年10月13日国务院发布的《公路管理条例》，该条例第三十条规定："在公路两侧修建永久性工程设施，其建筑物边缘与公路边沟外缘的间距为：国道不少于20m，省道不少于15m，县道不少于10m，乡道不少于5m。"在其后的《公路管理条例实施细则》第四十二条中做了相同的表述："在公路两侧修建永久性构筑物或设施，其建筑设施边缘与公路边沟（坡脚、护坡道、坡顶、截水沟）外缘的最小间距必须符合《条例》的规定。"而真正使用"建筑控制区"概念的则是1997年7月3日全国人大常委会通过的《公路法》，该法第五十六条规定："除公路防护、养护需要的以外，禁止在公路两侧的建筑控制区内修建建筑物和地面构筑物；需要在建筑控制区内埋设管线、电缆等设施的，应当事先经县级以上地方人民政府交通主管部门批准。"自此以后，公路控制区在各省、自治区、直辖市的地方性法规和政府规章中广泛使用，成为路政管理行政执法的专业术语。《公路安全保护条例》第十一条～第十三条对公路建筑控制区做出了更为明确的规定。

从以上法律法规的规定可以得出结论：公路控制区是指为保障公路运行安全和公路发展的需要，县级地方以上人民政府❶组织交通运输、国土资源等部门依法划定的公路两侧公路用地外缘以外的禁止修建建筑物和地面构筑物的区域。

二、公路建筑控制区划定及作用

（一）划定主体

《公路法》第五十六条规定："公路建筑控制区的范围，由县级以上人民政府按照保障公路运行安全和节约用地的原则，依照国务院的规定划定。"《公路安全保护条例》第十一条规定："县级以上地方人民政府应当根据保障公路运行安全和节约用地的原则以及公路发展的需要，组织交通运输、国土资源等部门划定公路建筑控制区的范围。"《公路安全保护条例》明确了县级以上地方人民政府作为责任主体，负责划定公路建筑控制区的范围。同时，规定由县级以上地方人民政府组织交通运输、国土资源等部门划定，这主要考虑到公路建筑控制区管理与这些部门的职责密切相关。如，交通运输主管部门熟知公路运行安全要求和有关公路发展规划，国土资源主管部门熟知公路沿线的土地利用总体规划等。

（二）划定依据和范围

1. 划定依据

公路建筑控制区的划定依据为《公路法》《公路安全保护条例》及地方性法规和政

---

❶ 凡法律或行政法规如此规定，该县级以上人民政府不包括国务院。

府规章。《公路法》规定了公路建筑控制区的划定原则和划定依据,县级以上人民政府应当依照上述规定划定公路建筑控制区。各省、自治区、直辖市制定的地方性法规和政府规章对公路建筑控制区的划定也有相应的规定,如《吉林省公路条例》❶第二十二条规定:"公路建筑控制区的范围,从公路用地外缘起向外的距离标准为:(一)国道不少于20m;(二)省道不少15m;(三)县道不少于10m;(四)乡道不少于5m;(五)村道不少于2m。"这些规定能否作为公路建筑控制区划定的依据呢？要根据以下原则确定:对于《公路安全保护条例》有明确规定的,地方性法规和规章与上位法不抵触的,为划定依据;对于《公路安全保护条例》没有明确规定的,地方性法规和规章做出规定的,可以作为划定依据。

关于节约用地的原则,公路建筑控制区划定的主要目的是将来公路扩宽、公路升级预留土地以及保障公路安全和通行安全。而公路建筑控制区的划定并不涉及土地征用和占用的问题,土地的所有权性质和使用性质并不因划定公路建筑控制区而发生变化。公路建筑控制区的划定只是对土地用途的限制,即土地所有人和使用人不得在划定的公路建筑控制区内修建建筑物和地面构筑物,并从有利于发挥土地的最大效益,公路沿线的居民和社会组织仍然可以从事除修建建筑物和地面构筑物以外的生产、生活等活动。因此,公路建筑控制区的划定遵循节约用地的原则并不恰当。

2. 划定范围

(1)明确规定的划定范围。

原《中华人民共和国公路管理条例》第三十一条规定,在公路两侧修建永久性工程设施,其建筑物边缘与公路边沟外缘的间距为:国道不少于20m,省道不少于15m,县道不少于10m,乡道不少于5m。《公路安全保护条例》基本延续了《公路管理条例》的规定,但也有区别。根据《公路法》第三十九条规定,公路用地是指公路两侧边沟(截水沟、坡脚护坡道)外缘起不少于1m范围的土地,也从公路边沟外缘起算。这就造成公路路基用地和公路建筑控制区存在重叠,即公路边沟外缘起至少1m的范围既是公路用地,又是公路建筑控制区。由于现有法律、法规对公路用地和公路建筑控制区分别规定了不同的管理方式,必然造成执法实践中难以适用的问题。据此,《公路安全保护条例》重新明确了公路建筑控制区的划定规则,规定公路建筑控制区的范围应从公路用地外侧向外起算。即公路建筑控制区的范围,从公路用地外缘起向外的距离不得小于下列限值:国道20m,省道15m,县道10m,乡道5m。属于高速公路的公路建筑控制区范围的限值不得小于30m。

(2)按照法律法规规定及技术法规划定的范围。

《公路安全保护条例》规定,公路弯道内侧以及平交道口的建筑控制区范围根据满足行车视距等要求确定。也就是公路弯道内侧以及平交道口的建筑控制区范围划

---

❶ 吉林省第十一届人民代表大会常务委员会第二十九次会议于2011年11月23日通过,自2012年1月1日起施行。

定要在根据保障公路运行安全节约用地的原则以及行车安全的需要等因素的基础上考虑确定。

那么什么是安全视距呢？安全视距指的是驾驶员在行车中从发现路面异常情况到采取措施避险所需的视线范围。它分为停车视距、会车视距及超车视距三种。停车视距指的是汽车行驶时，驾驶员自看到前方障碍物时起，至达到障碍物前安全停车止，所需的最短行车距离（表3-2）。

停 车 视 距　　　　　　　　　　　　　表3-2

设计速度（km/h）	120	100	80	60	40	30	20
停车视距（m）	210	160	110	75	40	30	20

高速公路、一级公路的视距一般采取停车视距。二级公路、三级公路、四级公路的视距应满足会车视距的要求，其长度应不小于停车视距的2倍。受地形条件或其他特殊情况限制而采取分道行驶措施的地段，可采用停车视距。

高速公路、一级公路以及大型车比例高的二级公路、三级公路的下坡路段，应采取下坡段货车停车视距对相关路段进行检验。下坡段货车停车视距高低如表3-3所示。

下坡段货车停车视距　　　　　　　　　　表3-3

纵坡坡度（°）	设计速度（km/h） 120	100	80	60	40	30	20
0	245	180	125	85	50	35	20
3	265	190	130	89	50	35	20
4	273	195	132	91	50	35	20
5	—	200	136	93	50	35	20
6	—	—	139	95	50	35	20
7	—	—	—	97	50	35	20
8	—	—	—	—	—	35	20
9	—	—	—	—	—	—	20

二级公路、三级公路、四级公路的超车视距高低如表3-4所示。

　　　　　　　　　　　　　　　　　　　表3-4

超车视距（m）	设计速度（km/h） 80	60	40	30	20
一般值	550	350	200	150	100
最小值	350	250	150	100	70

注："一般值"为正常情况下的采用值；"最小值"为条件受限制时可采用的值。

（3）协商划定范围。

《公路安全保护条例》规定，公路建筑控制区与铁路线路安全保护区、航道保护范围、河道管理范围或者水利工程管理和保护范围重叠的，由公路管理机构和铁路管理机构、航道管理机构、水行政主管部门或者流域管理机构协商后划定。公路建筑控制区的划定与其他公共设施或公共资源的保护和管理发生冲突,为解决该可能出现的问题,《公路安全保护条例》做出了上述规定,规定了协商机制。

我国《铁路安全管理条例》规定了铁路线路安全保护区。该《条例》第二十七条规定,铁路线路两侧应当设立铁路线路安全保护区。铁路线路安全保护区的范围,从铁路线路路堤坡脚、路堑坡顶或者铁路桥梁(含铁路、道路两用桥)外侧起向外的距离分别为:城市市区高速铁路为10m,其他铁路为8m;城市郊区居民居住区高速铁路为12m,其他铁路为10m;村镇居民居住区高速铁路为15m,其他铁路为12m;其他地区高速铁路为20m,其他铁路为15m。并规定铁路线路安全保护区与公路建筑控制区、河道管理范围、水利工程管理和保护范围、航道保护范围或者石油、电力以及其他重要设施保护区重叠的,由县级以上地方人民政府组织有关部门依照法律、行政法规的规定协商划定并公告。

3. 新建、改建公路的建筑控制区的划定

《公路安全保护条例》规定,新建、改建公路的建筑控制区,应当自公路初步设计批准之日起的30日内,由沿线县级以上地方人民政府依照本条例的规定划定并公告。

4. 公路建筑控制区界线的明确

根据《公路法》的规定,公路建筑控制区的界线通过在依法划定的公路建筑控制区外缘设置标桩、界桩加以明确。设置标桩、界桩的职责由公路管理机构负责。标桩、界桩属于公路附属设施,按照《公路法》的有关规定,任何单位和个人不得擅自挪动、损坏。

(三)划定公路建筑控制区的目的

公路建筑控制区的设立主要基于四个目的:

(1)为将来公路扩宽、公路升级预留土地。随着经济的发展和社会进步,人们对公路的需求越来越迫切,国家的投资远不能达到新建公路的需要,在现有公路的基础上进行扩建和使改造更加经济便捷,这就是国家设立公路建筑控制区的基本出发点。设立公路建筑控制区,可以通过加强控制和管理,减少国家拓宽公路时房屋拆迁和各类公共设施迁移的投入,节约国家有限的公路建设资金,减轻政策性处理的难度,便于土地的征用和工程的顺利进行。

(2)切实保障公路运行安全。快速、便捷、安全、舒适是公路运输的根本目标,保证一定的安全视距,进而保障公路行车驾驶员的视野,减少视线障碍,提高运输效率,避免殃及无辜。

(3)为了防止公路街道化,预防损坏公路结构,充分发挥公路的效能。公路对沿线经济的发展具有非常重要的意义和作用。公路建成后,大量的工厂和商铺都希望在公路沿线设置。如果这些工厂、商铺距离公路太近,将导致公路的街道化,出现随意占用公路停车、摆摊设点和随意穿行公路的情况,严重影响公路的畅通和效能的发挥。

(4)对公路沿线建筑的控制,可以减少公路行车的噪声和尾气对沿线居民的影响。

三、公路建筑控制区管理

(一)公路建筑控制区内涉路施工许可

在公路建筑控制区内涉路施工许可为埋设管道、电缆等设施许可。设立公路建筑控制区制度，主要是为了控制建筑控制区范围内的非因公路防护、养护需要而修建建筑物和地面构筑物的行为，为公路发展预留空间，确保公路安全运行。对于在公路建筑控制区内埋设管道、电缆等设施的行为，如果由公路管理机构事前对其实施许可管理，实施这些行为对建筑控制区制度设定的初衷影响不大，且也符合我国节约土地资源的基本国策。此外，在建筑控制区范围内埋设管道、电缆等设施许可事项的审查，原则上应确保相关管道、电缆等设施尽可能远离公路建筑控制区划定线，以免影响公路发展规划设施及对公路路基稳定性产生影响；同时，也可以尽量避免因为公路拓宽、改造的需要导致相关管道、电缆设施的迁移、损坏。

(二)关于公路建筑控制区内建筑物的规定

公路建筑控制区内建筑物分为两种，一是作为公路附属设施的建筑物，二是其他建筑物。其他建筑物又分为公路建筑控制区划定之前形成的建筑物和公路建筑控制区划定之后新建及建成的建筑物。如前所述，建筑物与公路建筑控制区的设置存在一定的先后关系，因此，公路建筑控制区划定之前是可能存在建筑物的。

1. 作为公路附属设施的建筑物

该建筑物是公路法律法规允许建设和存在的，有的是与公路同步规划、同步设计和同步建设的；有的是在公路建成之后，根据公路管理和养护的需要，或者公路服务功能而建设的。如养护工区、收费站、服务区、停车区等，这些建筑物和构筑物本身就是公路附属设施。

2. 公路建筑控制区划定前已经依法修建的其他建筑物

公路建筑控制区划定前已经依法修建的建筑物、地面构筑物，因为在公路建设时，未实施征地拆迁的，其存在是合法的。但为实现公路建筑控制区设置之目的，《公路安全保护条例》规定其不得扩建，也就是保持其原有的占地范围和建筑面积。同时，《公路安全保护条例》又规定，因公路建设或者保障公路运行安全等原因需要拆除的应当依法给予补偿。补偿是由于公共利益的需要导致公民、组织的个体利益而给予利益受到特定损害的公民、组织的一种经济上的弥补。为保障公路安全而拆除沿线既有的合法建筑物和构筑物，会对所有者或者使用者的利益造成一定损害，因此本条明确规定了补偿原则。这一规定与《宪法》《物权法》以及《国有土地上房屋征收与补偿条例》有关规定和精神是一致的。需要指出的是，公路保护需要外，在公路建筑控制区划定后新修建的建筑物、地面构筑物(公路保护需要除外)属于违法建筑，其建筑者、构筑者违法在先，不受法律保护，不应给予补偿。

3. 公路建筑控制区划定之后新建及建成的建筑物

根据公路法律法规的规定，在公路建筑控制区内任何单位和个人不得修建建筑物和构筑物(交通运输主管部门和公路管理机构用于公路管理和公路养护的设施,以及属于《公路法》明确规定的设施除外)。该禁止性规定是绝对禁止,即,任何国家机关都无权批准除交通运输主管部门和公路管理机构用于公路管理和公路养护之外的设施的建筑物。《公路法》第81条规定,在公路建筑控制区内修建建筑物、地面构筑物,由交通运输主管部门责令限期拆除,并可以处5万元以下的罚款。逾期不拆除的,由交通运输主管部门拆除,有关费用由建筑者、构筑者承担。《公路安全保护条例》第56条将行政强制执行权、行政处罚权全部授权公路管理机构实施。

(三)相关政府部门和公路沿线公民、社会组织的义务

1.相关政府部门的义务

按照《公路安全保护条例》关于"在公路建筑控制区内,除公路保护需要外,禁止修建建筑物和地面构筑物"的规定,国土资源部门不得在公路建筑控制区内许可建设用地,规划部门不得实施建筑物规划许可。

2.公路沿线公民、社会组织的义务

(1)不得在公路建筑控制区内修建建筑物和地面构筑物,既有的合法建筑物和地面构筑物可以改建,但不得扩建。

(2)在公路建筑控制区外修建的建筑物、地面构筑物以及其他设施不得遮挡公路标志,不得妨碍安全视距。

(四)公路建筑控制区的监督和管理

公路管理机构对公路建筑控制区的监督和管理主要有以下四个方面内容:

(1)在公路建筑控制区内修建建筑物或者地面构筑物的。

(2)对公路建筑控制区内的建筑物或者构筑物进行扩建的,包括对划定前已经合法修建的建筑物或者地面构筑物进行扩建的也属于违法行为。

(3)未经公路管理机构许可,在公路建筑控制区内埋设管道、电缆等设施的。

(4)在公路建筑控制区外修建的建筑物、地面构筑物以及其他设施遮挡了公路标志,或者妨碍了安全视距的。

但因公路保护需要而在建筑控制区内修建公路防护、排水、养护、管理、服务、交通安全、监控、通信等专用建筑物、构筑物的,不属于本条规定的违法行为。

在路政管理实践中,公路建筑控制区的管理存在诸多困难,特别是一些经过国土资源部门、规划部门批准修建的一些建筑物,责令限期拆除和强制拆除的难度要更大一些。但是,如前所述,除铁路、管线等经许可形成的设施外,《公路法》《公路安全保护条例》对公路建筑控制区内修建建筑物和构筑物是绝对禁止的,即使经过有关行政机关许可修建的建筑物和构筑物,该许可行为也是违法的,其法律后果就是该许可行为无效。

第三节　涉路标志管理法律制度[1]

一、公路标志标线

我国的公路交通标志标线的管理工作一直由交通运输主管部门负责。1986年，国务院《关于改革道路交通管理体制的通知》（国发〔1986〕94号）把公路交通标志标线的设置和管理职能划归公安机关交通管理部门管理。随后，全国绝大部分省、自治区、直辖市按照国务院文件精神，把此项工作移交公安部门。1993年，国务院《关于研究道路交通管理分工和地方交通公安机构干警评授警衔问题的会议纪要》（国阅〔1993〕204号），要求公安部门将公路交通标志、标线的设置和管理连同原划拨的专项经费一并移交交通运输主管部门。之后，全国各省、自治区、直辖市相继把公路标志和标线的设置和管理工作重新划归交通运输主管部门。

《公路法》第三十三条第二款规定，建成的公路，应当按照国务院交通运输主管部门的规定设置明显的标志、标线。交通标志、标线是公路设施的重要组成部分。公路交通标志是用图形符号、文字向驾驶员传递通行信息，用以管制、警告及引导交通的安全设施。公路交通标线是由标划于路面上的各种线条、箭头、文字、立面标记、突起路标和轮廓等所构成的交通安全设施。合理设置交通标志、标线，可以有效引导交通，提高公路通行能力，减少交通事故，防止交通堵塞。

目前，我国公路交通标志标线设置工作执行的是国家交通运输部2009年发布的行业标准——《公路交通标志和标线设置规范》（JTG D82—2009）。

1. 公路交通标志

公路交通标志一般可分为以下四类：

（1）警告标志。

警告标志是为驾驶员预示公路上某一地段、某一地点的公路状况和周围情况，警告驾驶员和行人注意道路交通的标志。警告标志包括与公路几何线性有关的警示标志、与交叉路口有关的警示标志、与路面状况有关的警示标志、与沿线设施有关的警示标志、与沿线环境有关的警示标志及其他警示标志等。

（2）禁令标志。

禁令标志是一种禁止或者限制车辆、行人交通行为的标志，对各种车辆的流量、流向起调节、疏导和控制作用的标志。这对充分利用现有公路，提高行车速度，维护交通秩序，保证交通安全，都能起到重要作用。包括与交通管理有关的禁令标志、与公路建筑限界及汽车荷载有关的禁令标志、与路权有关的禁令标志等。

（3）指示标志。

---

[1] 部分内容来自杨继勇著《公路法概论》，山西经济出版社，2011年5月版，第109页。

指示标志是用以指示车辆或者行人行进的标志。包括与行驶方向有关的指示标志、指导驾驶行为的指示标志、指出车道使用目的的指示标志、与路权有关的指示标志。

（4）指路标志。

指路标志是一种服务性标志，用于向驾驶员传递公路方向、地点和距离信息，可以明确表示出公路的主要走向，为公路使用者提供所要到的目的地的方向、距离以及行驶路线。指路标志包括路径指引标志、沿线信息指引标志、公路信息指导标志、旅游区标志、告示标志等。

2. 公路交通标线

公路交通标线可分为三大类：

（1）纵向标线。

按其功能可分为：

①可跨越对向车行道分界线、可跨越同向车行道分界线、潮汐车道线、车行道边缘线、左弯待转区线、路口导向线及导向车道线等指示标线。

②禁止跨越对向车行道分界线、禁止跨越同向车行道分界线及禁止停车线等禁止标线。

③路面（车行道）宽度渐变段标线、接近障碍物标线及铁路平交道口标线等警告标线。

（2）横向标线。

按其功能可分为：

①人行横道线和车距确认线等指示标线。

②停止线、停车让行线等禁止标线。

③减速标线等警告标线。

（3）其他标线。

按其功能可分为：

①公路出入口标线、停车位标线、港湾式停靠站标线、减速丘标线、导向箭头、路面文字标记及路面图形标记等指示标线。

②非机动车禁驶区标线、导流线、网状线、专用车道线及禁止掉头（转弯）线等禁止标线。

③立面标记和实体标记等警告标线。

二、公路交通标志标线的有关规定

1. 新建、改建公路标志标线的设置

《公路法》第三十三条第二款规定，建成的公路，应当按照国务院交通运输主管部门的规定设置明显的标志、标线。因此，新建、改建公路的标志、标线由建设单位负责设置，增设或者变更公路标志、标线由公路管理机构或者公安机关交通管理部门负责。《公路交通标志和标线设置规范》（JTG D82—2009）规定：在因车辆的宽度、高度超过公路建筑限界或有关规定而禁止通行的路线,应设置限制宽度、限制高度标志。在车辆的总质量或轴重超过公路汽车荷载设计值或有关规定而禁止通行的路线,应设置限制质量或限制轴重标志。浙江省交通运输厅还专门出台了《浙江省公路交通标志标线管理办法》,对公路交通标志标线的管理做出规定。

2. 公路交通标志、标线的修复和更换

根据有关规定,公路交通标志、标线受到损坏,需要修复和更换的,非收费公路由公路管理机构负责,收费公路由经营管理者负责。无法及时修复或更换的,应当设置临时公路交通标志。从治理车辆非法超限运输的实践看,由于有些公路的交通标志不完善,特别是无公路等级标志,部分桥梁和通行路段未设置限重标志,例如《超限运输车辆行驶公路管理规定》第十八条规定,四级公路、等外公路和技术状况低于三类的桥梁,不得进行超限运输。致使部分车辆进入有超限限制要求的路段而遭到处罚,引发群众不满。因此,完善公路交通标志,方便广大群众识别路段的限制,非常必要。

3. 其他公路交通标志、标线

《公路法》第三十二条规定,改建公路时,施工单位应当在施工路段两端设置明显的施工标志、安全标志。需要车辆绕行的,应当在绕行路口设置标志;不能绕行的,必须修建临时道路,保证车辆和行人通行。《民法通则》第一百二十五条规定,在公共场所、道旁或者通道上挖坑、修缮安装地下设施等,没有设置明显标志和采取安全措施造成他人损害的,施工人应当承担民事责任。

4. 法律法规禁止未经许可,在公路上方、公路用地内设置非公路交通标志

《公路法》第五十四条规定,任何单位和个人未经县级以上地方人民政府交通运输主管部门批准,不得在公路用地范围内设置公路标志以外的其他标志。上述规定仅规定任何单位和个人未经许可,不得在公路用地范围内设置公路标志以外的其他标志,但问题是,公路管理机构以外的其他单位和个人未经许可,能否在公路用地范围内设置公路标志?亦即法律法规未禁止,公路管理机构以外的其他单位和个人设置公路标志的行为即为许可呢?答案应该是否定的。一是根据有关规定,公路交通标志、标线的设置管理权专属于公路管理机构,虽然按规定新建、改建公路的交通标志、标线应当由公路建设单位负责设置,但公路管理机构参与该公路的验收,公路管理机构在验收中,实施了对上述公路交通标志、标线的设置管理。二是增设或者变更公路交通标志、标线由公路管理机构或者收费公路经营管理者负责。此外,公路交通标志、标线受到损坏,需要修复和更换及设置临时公路交通标志也由公路管理机构或者收费公路经营管理者负责。因此,公路管理机构或者收费公路经营管理者对公路交通标志、标线的设置、变更实施了全程管理或设置。即使新建、改建公路的交通标志、标线也不例外。《道路交通安全法》第二十八条明确规定,任何单位和个人不得擅自设置、移动、占用、损毁交通信号灯、交通标志及交通标线。

5. 公路管理机构收费公路经营管理者因公路交通标志、标线设置管理不善的法律责任

公路管理机构作为行政法规授权的社会组织,对公路标志、标线设置管理既是其

权力,也是责任,如果未按规定履行管理职责,势必承担相应的法律责任。

三、非公路标志的管理

非公路交通标志是指除《道路交通标志和标线》和《公路工程技术标准》(JTG B01—2014)规定的公路交通标志以外的地名牌、厂(店)名牌、宣传牌、广告牌、龙门架、霓虹灯、电子显示牌、橱窗、灯箱和其他标牌设施等。对非公路交通标志,公路管理机构和公安机关交通管理部门在各自的职责范围内均有一定的管理权。

公路管理机构对非公路交通标志的许可、违法设置非公路交通标志行为的查处,其管理的目的是保护公路的安全、完好和畅通。《公路法》既做出了禁止性规定,也设定了法律责任。第五十四条规定:"任何单位和个人未经县级以上地方人民政府交通主管部门批准,不得在公路用地范围内设置公路标志以外的其他标志。"第七十九条规定:"违反本法第五十四条规定,在公路用地范围内设置公路标志以外的其他标志的,由交通运主管部门责令限期拆除,可以处 20000 元以下的罚款;逾期不拆除的,由交通主管部门拆除,有关费用由设置者负担。"公安交通管理部门对非公路交通标志的管理主要以确保道路交通安全为目的。《道路交通安全法》第一百零六条规定:"在道路两侧及隔离带上种植树木、其他植物或者设置广告牌、管线等,遮挡路灯、交通信号灯、交通标志,妨碍安全视距的,由公安机关交通管理部门责令行为人排除妨碍;拒不执行的,处 200 元以上 2000 元以下罚款,并强制排除妨碍,所需费用由行为人负担。"

(一)非公路交通标志设置许可

公路法对设置非公路交通标志做了一般的禁止性规定,即,任何单位和个人未经县级以上地方人民政府交通运输主管部门批准,不得在公路用地范围内设置公路交通标志以外的其他标志。

非公路交通标志主要有广告、宣传牌、指引牌、标语等。公路上和公路两侧设置必要的公路交通标志,为车辆驾驶员和周边公众提供有关公路信息(包括公路状况、交通安全要求以及与公路和公路通行有关的信息标识),保障公路和公路通行安全。如果在公路两侧一定范围内随意设置大量的非公路交通标志,将严重影响驾驶员的视线,混淆公路交通标志和非公路交通标志,造成安全隐患。如果非公路交通标志侵入公路建筑限界,必将影响公路的净空,直接影响公路畅通和行车安全。《公路法》第五十四条的规定主要是维护路权,保护公路的安全、畅通,同时也保障了汽车驾驶员的视线。对非公路标志的控制是非常必要的,我国《公路法》第五十四条规定:"任何单位和个人未经县级以上地方人民政府交通主管部门批准,不得在公路用地范围内设置公路标志以外的其他标志。"《公路安全保护条例》第十三条第二款规定:"在公路建筑控制区外修建的建筑物,地面构筑以及其他设施不得遮挡公路标志,不得妨碍安全视距。"《美国联邦公路法》规定,为了保护管理中的公共投资,促进公共通行的安全,以及保护生态环境,国会因而宣布临近洲际系统和主要干线系统区域内户外广告的标牌、显示器和设备的设立和维护应得到控制。广告主在公路建筑控制区内设立广告牌的行为,应受严格的控制和约束,并且必须履行相应的义务。但是,随着社会经济的发展,在公路用地及建筑控制区内设立广告牌作用于受众的视觉、听觉心理的效果非常明显,因此公路广告的效用性和经济性日益显现。所以,立法者在制定公路法时,既考虑了公路及通行安全,也考虑到经济发展对公路广告的需求,建立了非公路标志设置许可制度。

根据《公路路政管理规定》的规定,在公路用地范围内设置公路标志以外的其他标志,应当按照《公路法》第五十四条的规定,事先向交通运输主管部门或者其设置的公路管理机构提交申请书和设计图。申请书包括以下主要内容:主要理由;标志的内容;标志的颜色、外廓尺寸及结构;标志设置地点(公路名称、桩号);标志设置时间及保持期限。广东省交通厅于2001年3月颁布了《广东省公路及公路两侧广告标牌设施管理规定》对设置公路广告设施的地点做出明确规定:一是公路收费站和广场;二是高速公路配套的服务区;三是公路隧道上方;四是广告设施的外缘滴水线距离公路边沟外缘5m以外。

利用跨越公路的设施悬挂非公路标志的申请,属于有限公共资源的配置,为确保公平和公正,根据《行政许可法》的规定,应当通过招标、拍卖等公平竞争的方式,确定中标人和买受人,并做出准予路政行政许可的决定。

交通运输主管部门或公路管理机构在审查和做出许可决定时,应当考虑的因素包括:不得侵入公路建筑限界;满足停车视距、货车停车视距、会车视距和超车视距的要求;不得利用和影响公路交通标志、交通安全设施;不得和公路交通标志相同或相似;符合《公路工程技术标准》《广告法》《道路交通安全法》的有关规定。

准予设置非公路标志被许可人的义务。一是要按照法律规定和许可文书的要求设置非公路标志;二是要尽到对非公路标志的管护义务,避免和防止因非公路标志的损毁对公路通行的影响。如《山西省公路条例》第二十五条规定,在公路、公路用地范围内设置非公路设施,其所有权人或者管理人应当巡查维护。

(二)交通运输主管部门和公路管理机构的监督检查

(1)对准予设置非公路标志的被许可人是否按照法律法规和许可的要求设置非公路标志的行为进行监督检查,并可要求和督促被许可人建立相应的自检制度。

(2)发现经许可设置的非公路标志存在安全隐患的,应当责令被许可人限期改正。如《山西省公路条例》第三十条规定,公路管理机构发现非公路设施影响公路安全畅通的,应当设置警示标志,并责令其所有权人或者管理人限期整改。

(3)被许可人未按照规定维护和管理非公路标志的,公路管理机构可以责令限期改正。

(三)对非法设置的非公路标志行为的查处

(1)非法设置非公路标志行为的情形。

根据公路管理的规定,违法设置非公路标志的行为有两种情形:一是未经许可,在公路用地范围内设置非公路标志的;二是在公路建筑控制区以外设置的非公路标志遮挡公路标志、信号灯,或者妨碍安全视距的。

(2)调查处理程序。

本节所讲调查处理程序包括监督检查、处理、行政处罚、行政强制和行政强制执行程序等。

①立案。案件来源有三个:一是公民、法人和其他社会组织报案;二是路政执法人员在监督检查中发现的案件;三是其他部门移送的案件,如公安部门在道路交通事故处理、治安案件调查或刑事案件侦查中发现的路政案件的移送。

②调查。指派两名以上的路政执法人员进行调查,并可根据案件的需要,指派专业技术人员参与调查。路政执法人员在调查中,应当全面、客观、公正地调查,并根据案件的实际情况收集有关证据。为避免重复搜集证据,路政执法人员对于依法应当给予行政处罚的,按照《行政处罚法》的规定收集证据;对于当事人可能涉及路产损坏赔偿的,要同时按照《民事诉讼法》的规定收集有关证据。调查取证的具体程序有:

a. 表明身份。路政执法人员在进行实地实施调查时,应当向相对人表明自己是依法享有行政职权的主体。表明身份时需要向相对人出示执法证件、佩戴的公务标志,如不表明身份,相对人有权拒绝接受调查。

b. 说明理由。说明理由程序的目的在于让相对人了解实施路政调查的原因和根据,从而取得相对人的理解,并同意接受调查从而配合调查的进行。同时,说明理由程序也促使路政执法人员谨慎地运用调查权。

c. 实施调查。在表明身份、说明理由之后,路政执法人员就可以按照有关规定的程序实施调查和取证。在调查中,相对人也有配合的义务。《行政处罚法》第37条规定,行政机关在调查或者进行检查时,当事人或者有关人员应当如实回答询问,并协助调查或者检查,不得阻挠。询问或者检查应当制作笔录。

d. 取证问题。具体包括:一是现场勘验笔录,主要勘查该非公路标志的方位,现场勘验笔录的证明对象为是否在公路用地或公路建筑控制区范围内;二是制作视听资料,如对非公路标志情况及方位进行摄像、拍照,用以佐证勘验笔录;三是调查该非公路标志的所有人的情况,为制作和送达文书作准备(如需给予行政处罚,需要根据拟处以罚款的数额及相对人为公民或法人、社会组织的情况,决定适用简易程序或一般程序);四是询问笔录,询问非公路标志的所有人是否取得相应的许可,证明对象为该非公路标志设置行为是否合法。

e. 处理。对此类违法行为,根据《公路法》的规定,由交通运输主管部门或公路管理机构责令限期拆除,并可处相应数额的罚款。

第四节 涉路施工管理

由于路政行政许可行为涉及公路本身的安全以及对交通可能带来的影响,因此一般情况下,公路管理机构在涉路施工管理需要考虑的因素中,首要遵循的基本原则是按照公路法的规定,保障公路的完好、安全和畅通,依据是《公路法》和国家的强制性标准和技术规范,如《公路工程技术标准》(JTG B01—2014)规定了公路建筑限界。公路建筑限界是指为保证车辆、行人的通行安全,对公路和桥面上以及隧道中规定的一定的高度和宽度范围内不允许有任何障碍物侵入的空间界限。同时在公路横断面设计时,明确公路标志、标牌、护栏、照明灯柱、电杆、行道树、桥墩、桥台等设施的任何部件不能侵入建筑限界之内。

一、因建设工程需要占用、挖掘公路、公路用地或者使公路改线许可

(1)原则上来讲,不允许因修建民用住房等一般性建筑设施占用、挖掘公路、公路用地或者使公路改线。只有因修建铁路、机场、电站、通信设施、水利工程等国家基础性设施以及其他重要工程时,才允许通过依法许可占用、挖掘公路、公路用地或使公路改线。即便是因建设这些重要基础设施和其他重要的建设工程,需要占用、挖掘公路、公路用地或者使公路改线,也要求建设单位事先征得公路管理机构的同意。《公路安全保护条例》规定该项许可不仅注意了对公路基础设施的保护,也兼顾了铁路、机场、电站等重要基础设施和其他工程项目的建设需要,允许建设单位在事先征得公路管理机构同意的前提下,占用、挖掘公路、公路用地或者使公路改线。

(2)占用、挖掘公路、公路用地或者使公路改线的,建设单位还应当在事后修复或改建公路,且修复、改建后公路的技术标准应当不低于该段公路原有的技术标准。如果原有公路是一级公路,修复或改建后的公路就应符合一级公路的技术标准;如果原有公路是高速公路,修复或改建后的公路则应符合高速公路的技术标准。如果建设单位修复、改建公路有困难的,也可以给公路管理机构以相应的经济补偿,由公路管理机构组织修复或者改建。

二、跨越公路修建桥梁、渡槽或者架设、埋设管道、电缆等设施的

(一)跨越公路修建铁路

需符合以下条件:

(1)设计行车速度为120km/h以上列车的铁路或者设计运输量达到国务院铁路行业监督管理部门规定的较大运输量标准的铁路,需要与道路交叉的,应当设置立体交叉设施。

(2)公路、铁路立体交义范围内平、纵技术指标应当符合公路线路设计规定的要求。

(3)铁路跨线桥下净空、公路建筑限界、视距应当符合《公路工程技术标准》(JTG B01—2014)的要求。

(4)铁路跨越二级公路、三级公路、四级公路时,严禁在行车道上设置中墩;跨越四车道高速公路时,不得在中间带设置中墩;跨越六车道及以上高速公路时,若须在中间带设置中墩时,中墩两侧必须设防撞护栏,并留足设置防撞护栏和护栏缓冲变形的安全距离。

(5)铁路跨线桥所跨越的宽度应包括该路段公路标准横断面宽度及其所附属的变速车道、爬坡车道、边沟等的宽度。

(6)两侧墩位置应离开公路用地设置。受条件限制,最少应离开公路边沟以外设置。铁路跨线桥的跨径与布孔应留有足够的侧向余宽,不得将墩、台设置在公路排水边沟以内,并满足公路视距和对前方公路识别的要求。不能满足公路视距与对前方公路识别要求时,应设置边孔。

(7)公路与铁路立体交叉范围内的公路视距,高速公路、一级公路应满足停车视距;二、三、四级公路应满足会车视距。

(8)其他法律法规和技术规范的要求。

(二)跨越、穿越公路架设管线、电缆等设施

需要符合下列条件:

(1)电信线、电力线、电缆、管道等均不得侵入公路建筑限界,不得妨害公路交通安全,并不得损害公路的构造和设施。

架空送电线路与公路相交叉时,宜为正交;必须斜交时,应大于45°。架空送电线路跨越公路时,送电线路导线与公路交叉处距路面的最小垂直距离必须符合相应送电线路标称电压规定的要求。

原油管道、天然气输送管道与公路相交叉时,应为正交;必须斜交时,不应小于60°。管道与高速公路、一线公路相交叉且采用下穿方式时,应埋置地下通道;管道与二级及二级以下公路相交叉时,应埋置套管。通道与套管应按相应公路等级的汽车荷载等级进行验算。严禁天然气输道管道、输油管道利用公路桥梁跨越河流。

原油、天然气输送管道与高速公路、一级公路相交,应采用穿越方式,埋置地下专用通道;专用通道的埋设深度,除符合石油、天然气行业标准的荷载相关规定外,还应符合《公路桥涵设计通用规范》(JTG D60—2015)的有关规定。

(2)架空配电线路跨越公路时,与公路路面的最小垂直距离见表3-5。

与公路路面的最小垂直距离　　　　　　表3-5

架空送电线路标称电压(kV)	35~110	154~220	330	500
距路面最小垂直距离(m)	7.0	8.0	9.0	14.0

(3)架空送电线路跨越公路时,与公路路面的最小垂直距离,应根据最高气温情况或覆冰无风情况求得的最大弧垂和根据最大风速或覆冰情况求得的最大风偏进行计算确定。

(4)穿越公路的地下专用通道的埋置深度,除应符合石油天然气行业标准的荷载相关规定外,还应符合《公路桥涵设计通用规范》(JTG D60—2015)的有关规定,并按所穿越公路的车辆荷载等级进行验算。

(5)高压线跨河塔架的轴线与桥梁的间距不得小于1倍塔高。

(6)管道、电缆在公路埋设,应当按照公路部门的要求设置标识性标志。

(7)其他法律法规和技术规范所规定的要求。

(三)埋设电缆

(1)应符合《电气装置安装工程电缆线路施工及验收规范》(GB 50168—2006)的要求:

①和公路平行埋设时,最小净距为1.5m。

②和公路交叉埋设时,最小净距为1.00m。

③和公路的最小净距一般从公路路面基层算起。

④电缆在公路边沟下埋设时,应低于边沟沟底至少0.5m。

(2)满足其他法律法规和技术规范的要求。

三、在公路用地范围内架设、埋设管道、电缆等设施管理时考虑的因素

(1)天然气输送管道、输油管道不得利用公路桥梁跨越河流。

(2)原油、天然气输送管道不得通过公路隧道。

(3)可以不在公路上埋设的,应离开公路埋设。

(4)电力、通信等电缆在公路上埋设,应用套管保护,保护套管顶面与路面基底的距离应不小于1.0m,受条件限制时应不小于0.8m;距边沟底应不小于0.5m。

四、利用跨越公路的设施悬挂非公路标志

(1)关于许可主体。如果跨越公路的设施属于公路桥梁,而该公路桥梁与被跨越的公路分属不同的公路管理机构管理,那么许可主体应当是管理跨越的公路的公路桥梁的公路管理机构,还是管理被跨越公路的公路管理机构呢?该许可事项设定的目的是保障被跨越的公路的建筑限界,所以,许可主体应当是被跨越公路的公路管理机构。当然,利用跨越公路的设施悬挂非公路标志应当取得管理跨越的公路的公路桥梁的公路管理机构的同意,但该事项非法律法规规定的行政许可事项,应当属于民事法律规定的内容。

(2)关于建筑限界。利用跨越公路的设施悬挂非公路标志,不得侵入建筑限界。

(3)公路交通标志的保护。跨越公路的设施上一般有限高标志,利用跨越公路的设施悬挂非公路标志不得遮挡该标志,其图案色彩及式样不得与公路交通标志相混淆。

五、在公路上增设平面交叉道口管理时考虑的因素

根据《公路工程技术标准》(JTG B01—2014)及相关技术规范的要求,在公路上设置平面交叉道口要遵循以下规范:

(1)平面交叉位置的选定应考虑公路网规划、地形和地质条件、经济和环境因素等。

(2)平面交叉形式应根据相交叉公路的功能、等级、交通量、交通管理方式和用地条件等确定。

(3)平面交叉范围内相交公路线形的技术指标能满足视距、平面交叉连接部衔接等要求。

(4)一级公路作为干线公路时,应优先保证干线公路的畅通,适当限制平面交叉数量;一级公路作为集散公路时,应合理设置平面交叉,减少对主线交通的干扰,且应设置齐全、完善的交通安全设施。平面交叉最小间距规定见表3-6。

平面交叉最小间距　　　　　　　　　　　　表3-6

公路等级	一级公路			二级公路	
公路功能	干线公路		集散公路	干线公路	集散公路
	一般值	最小值			
间距(m)	2000	1000	500	500	500

同时,根据《公路养护技术规范》(JTG H10—2009)的要求:一是除Y形交叉外,平面交叉两相交公路斜交角度小于70%时,可对将要在公路交叉前后一定范围内作局部改线,使交叉的角度不小于70%;二是平面交叉路口应保持通视良好,交叉点前后,各交叉公路的停车视距长度所构成的三角形范围内,应保持通视;三是平面交叉应根据交叉公路等级和交通量设置必要的预告、指路或警告、支线减速让行或停车让行等标志、反光突起路标和配套完善的交通安全设施;四是铺有水泥混凝土或沥青混合料路面的公路与无铺装路面的道路交叉处,后者不小于30m的路面进行铺装;与公路平面交叉的其他道路,包括不属于等级公路之列,用于机动车非机动车及行人通行的道路,应对其公路路面以外5~10m范围进行硬化处理,并及时维护。

六、在公路建筑控制区内埋设管道、电缆等设施许可时考虑的因素

(1)能离开建筑控制区埋设的,不得在建筑控制区埋设。

(2)确受条件限制时,油、气管道的中心线与公路用地范围边线之间应保持一定的安全距离:对于石油管道,安全距离不应小于10m;对于天然气管道,安全距离不应小于20m,并应有安全保障措施。

(3)原油管道、天然气输送管道穿跨越河流时,管道距大桥的距离,不应小于100m;距中桥不应小于50m。

第五节　超限运输车辆行驶公路执法

20世纪90年代以来,我国公路货运车辆非法超限问题日益严重,不仅损坏公路和桥梁等基础设施,危及人民群众的生命财产安全,而且扰乱了道路运输市场秩序,影响我国汽车产业的技术进步和健康发展。

一、超限运输车辆行驶公路执法概述

(一)超限车辆行驶公路的概念

按照《公路工程技术标准》(JTG B01—2014)中的条文说明,设计车辆外廓尺寸以及行驶于公路上各种车辆的交通组成是公路几何设计中的重要控制因素。在公路设

计过程中,"设计车辆"是设计所采用的有代表性的车型,其外廓尺寸、载质量和运行性能是用于确定公路几何设计、交叉几何设计和路基宽度的主要依据。

在公路净空高度方面,一条公路应采用同一净高。高速公路、一级公路、二级公路的净高应为5m,三级公路、四级公路的净高应为4.5m。如公路车道的设计,设计速度为120km/h、100km/h、80km/h的,车道宽为3.75m;设计速度为60km/h、40km/h的,车道设计宽度为3.5m;设计速度为30km/h的,设计车道宽度为3.25m;设计速度为20km的,设计车道宽度为3m(单车道时为3.5m)。此外,公路桥梁设计有严格的车道荷载的均布荷载标准值和集中荷载标准值的要求。因此,车辆行驶公路的限值规定是与其设计的技术规范相统一的。《公路法》第四十九条规定,在公路上行驶的车辆的轴载质量应当符合公路工程技术标准要求。第五十条同时规定,超过公路、公路桥梁、公路隧道或者汽车渡船的限载、限高、限宽、限长标准的车辆,不得在有限定标准的公路、公路桥梁上或者公路隧道内行驶,不得使用汽车渡船。《公路安全保护条例》第三十三条也做出了基本一致的规定。《超限运输车辆行驶公路管理规定》第三条对超限运输车辆行驶公路的概念做了法律界定:"所谓超限运输车辆行驶公路是指,行为人驾驶超过车货总长、宽、高、重和轴载质量超过规定限值行驶公路的行为。"

《超限运输车辆行驶公路管理规定》第三条对超限车辆的认定标准做了具体规定:"①车货总高度从地面算起4m以上(集装箱车货总高度从地面算起4.2m以上);②车货总长18m以上;③车货总宽度2.5m以上;④单车、半挂列车、全挂列车车货总质量40000kg以上;集装箱半挂列车车货总质量46000kg以上;⑤车辆轴载质量在下列规定值以上:单轴(每侧单轮胎)载质量 6000kg;单轴(每侧双轮胎)载质量10000kg;双联轴(每侧单轮胎)载质量10000kg;双联轴(每侧各一单轮胎、双轮胎)载质量14000kg;双联轴(每侧双轮胎)载质量18000kg;三联轴(每侧单轮胎)载质量12000kg;三联轴(每侧双轮胎)载质量22000kg。"

(二)超载与超限的区别

1.超限与超载的法源或法律依据不同

"超限"一词来源于《公路法》第五十条的规定:"超过公路、公路桥梁、公路隧道或者汽车渡船的限载、限高、限宽、限长的车辆,不得在有限定标准的公路、公路桥梁,或者公路隧道内行驶,不得使用汽车渡船。""超载"一词来源于《道路交通安全法》第四十八条的规定:"机动车载物应当符合核定的载质量,严禁超载。"

2.超限与超载标准的技术参数根据不同

如前所述,超限标准的技术参数是根据公路的设计技术标准来确定的,不同等级的公路(桥梁),其设计的限载是不同的;超载标准的技术参数是根据车辆的装载能力来确定的。2004年4月30日,交通部、公安部、国家发展和改革委员会、国家质量监督检验检疫总局、国家安全生产监督管理局、国家工商行政管理总局和国务院法制办公室联合下发了《关于在全国开展车辆超限超载治理工作的实施方案》(交公路发〔2004〕219号),决定对超限超载车辆进行集中治理,并对超限超载认定标准进行了统一。规定:在集中治理超限超载期间,所有车辆在装载时,既不能超过下列第一~五种情形规定的超限标准,也不能超过下列第六种情形规定的超载标准:①二轴车辆,其车货总重超过20t的;②三轴车辆,其车货总重超过30t的(双联轴按照二个轴计算,三联轴按照三个轴计算,下同);③四轴车辆,其车货总重超过40t的;④五轴车辆,其车货总重超过50t的;⑤六轴及六轴以上车辆,其车货总重超过55t的;⑥虽未超过上述五种标准,但车辆装载质量超过行驶证核定载质量的。需要注意的是,《超限运输车辆行驶公路管理规定》规定的超限规定与《道路交通安全法实施条例》的规定区别是比较大的。如高度:《超限运输车辆行驶公路管理规定》规定,车货总高度从地面算起4m以上(集装箱车货总高度从地面算起4.2m以上);而《道路交通安全法实施条例》第五十四条规定,重型、中型载货汽车,半挂车载物,高度从地面起不得超过4m,载运集装箱的车辆不得超过4.2m,其他载货的机动车载物,高度从地面起不得超过2.5m。再如载质量:《超限运输车辆行驶公路管理规定》规定的超限是超过规定车货总质量的情况,而《道路交通安全法实施条例》规定的超载是超过行驶证核定的载质量的情况。例如,就超重而言,某二轴车辆,车辆自重1.5t,核定载质量为5t,如果该车辆经检测,车货总重为19t,那么在集中治理超限超载期间,该车辆超载但不超限。车辆超限,探讨的是车货与公路的关系;车辆超载,探讨的是货与车的关系。显然,车辆超限,危害后果是公路桥梁的安全;车辆超载,危害的是道路交通安全,即车辆因超载发生交通事故,与是否超限没有任何因果关系。

3. 超限与超载的客体物不同

虽然两者在货物装载中均有超重、超高、超宽、超长的表述,但超载既有货物超载,也有客运超载;而超限只在货物运输中有,客运中没有超限的规定。

4. 超限与超载的管理的行政主体不同

根据《公路法》第八条的规定,超限的执法主体是交通运输主管部门或公路管理机构;根据《道路交通安全法》第五条的规定,治理路面超载的执法主体是公安机关。同时,根据《道路运输条例》的规定,道路运输管理机构负责客货运站场超载的监督管理工作。道路运输管理机构对超载车辆的监管主要是在客货运(场)站,交警部门的管理区域为路面。在没有综合执法授权的前提下,交通运输主管部门或公路管理机构和公安机关交警部门、道路运输管理机构只能各自执法,不能越权。鉴于上述情况,交通运输主管部门或公路管理机构在做出具体行政行为和填写有关法律文书时,只能就超限问题做出处理。适用有关规定时要注意,只能适用执法主体为交通运输主管部门或公路管理机构的有关条款交通运输主管部门和公路管理机构在公路管理中适用的法律法规不局限于《公路法》《收费公路管理条例》等公路管理的专门法。如《道路交通安全法》第二十八条规定:"任何单位和个人不得擅自设置、移动、占用、损毁交通信号灯、交通标志、交通标线。道路两侧及隔离带上种植的树木或者其他植物,设置的广告牌、管线等,应当与交通设施保持必要的距离,不得遮挡路灯、交通信号灯、交通标志,不得妨碍安全视距,不得影响通行。"

5.超限与超载的法律责任不同

根据《公路法》第七十六条和第八十五条的规定,擅自超限行驶公路的法律责任是罚款3万元以下,造成公路损害的还应当依法承担民事责任,因此擅自超限有行政法和民事法律上的双重法律责任;根据《道路交通安全法》第92条的规定,货运机动车超过核定载质量的,处200元以上500元以下罚款;超过核定载质量30%或者违反规定载客的,处500元以上2000元以下罚款。

二、超限运输车辆行驶公路执法行为

(一)超限运输车辆行驶公路的许可

超限运输车辆行驶公路对公路会造成严重的损害,大大缩短公路的使用年限,给国家造成巨大的经济损失。据研究表明,轴载20t的超限(超重)车辆行驶沥青路面一次,相当于轴载为10t的标准车辆通过265次。对于水泥混凝土路面而言,相当于轴载10t的标准车通过65500次。但是,一些运输不可解体物的超限运输车辆行驶公路也是经济社会发展的需要,所以,国家通过立法将超限运输车辆行驶公路列为一般禁止性行为。所谓一般禁止性行为,是指对一般超限运输是禁止的,但依法通过申请获得许可,即可从事超限运输活动。

公路管理机构的超限运输行政许可行为,实际是公共服务的行为。通俗地讲,是指路况行为由于公路网中的各公路路段技术等级不同,车公路的通行能力也不同,公路管理机构的超限运输行政许可就是为运输不可解体物的承运人确定一条适合其通行的路段、桥梁,并对不适合通行的路段进行改造或者对桥梁进行加固。

1.可以通过申请获得许可从事超限运输活动的情形

根据《公路法》和《公路安全保护条例》的规定,可以通过申请获得许可从事超限运输活动的情形有两种:一是运输不可解体物品《道路交通安全法》第48条规定的,经许可超限运输行驶公路的行为为运载不可解体物的车辆超过《道路车辆外廓尺寸、轴荷及质量限值》规定的限值标准,确需行驶的;二是运载不可解体物的车辆,车货外廓尺寸虽然没有超过《汽车、挂车及汽车列车外廓尺寸、轴荷及质量限值》(GB 1589—2016)的规定,但却超过公路桥梁、公路隧道或者汽车渡船的限载、限高、限宽、限长标准和公路特殊限载、限高、限宽、限长标准的车辆,确需行驶的。

2.许可受理机关

许可受理机关既涉及级别管辖,也涉及地域管辖。根据《超限运输车辆行驶公路管理规定》的规定,超限运输车辆行驶公路前,其承运人应按下列规定向公路管理机构提出书面申请:

(1)跨省(自治区、直辖市)行政区域进行超限运输的,由途经公路沿线省级公路管理机构分别负责审批,必要时可转报国务院交通运输主管部门统一进行协调。

(2)跨地(市)行政区域进行超限运输的,由省级公路管理机构负责审批。

(3)在本地(市)行政区域内进行超限运输的,由地(市)级公路管理机构负责审批。

《公路安全保护条例》的规定与上述规定是有区别的,超限运输车辆行驶公路许可机关为:

(1)跨省、自治区、直辖市进行超限运输的,向沿线各省、自治区、直辖市公路管理机构提出申请,由起运地省、自治区、直辖市公路管理机构统一受理;受理超限运输申请的公路管理机构负责协调、组织沿线各省、自治区、直辖市公路管理机构对超限运输申请进行审批;必要时,可以由国务院交通运输主管部门统一协调处理。

(2)在省、自治区内跨设区的市进行超限运输,或者在直辖市范围内跨区、县进行超限运输的向省、自治区、直辖市公路管理机构提出申请,由省级公路管理机构受理并审批。

(3)在设区的市内进行跨县超限运输的,向设区的市级公路管理机构提出申请,由设区的市级公路管理机构受理并审批。

(4)在区、县行政区域内进行超限运输的,向县级公路管理机构提出申请,由县级公路管理机构受理并审批。

3.审查与决定程序

(1)审查。

由于超限运输车辆行驶对公路安全、畅通影响比较大,因此,公路管理机构机构需要认真审查有关材料的实质内容。公路管理机构在接到承运人的书面申请后,应在15日内进行审查并提出书面答复意见。交通运输主管部门或公路管理机构在审批超限运输时,应根据实际情况,对需经路线进行勘测,选定运输路线,计算公路、桥梁的承载能力,制定通行与加固方案,并与承运人签订有关协议。该协议不属于民事协议,而是行政合同。交通运输主管部门或公路管理机构对线路的勘测、论证所需的时间不计算在《行政许可法》规定的许可期限内。交通运输主管部门或公路管理机构应根据制定的通行与加固方案以及签订的有关协议,对运输路线、桥涵等进行加固和改建,保障超限运输车辆安全通行公路。交通运输主管部门或公路管理机构进行的勘测、方案论证、加固、改造、护送等措施及修复损坏部分所需的费用,由承运人承担。

按照《公路桥涵养护规范》(JTG H11—2004)的要求,大于桥梁设计荷载标准及公路管理机构公布的限载量的超重车辆通过桥梁的,必须采取技术措施,经过公路管理机构审批同意在指定的公路上行驶。按照《公路桥涵养护规范》(JTG H11—2004)的规定,组织超重车辆安全通过桥梁的技术和管理措施有:一是收集查找桥梁技术档案,现场查看桥梁状况,依据桥梁的技术资料,按超重车辆的实际荷载,对结构进行强度、稳定性、刚度检算;二是必要时进行荷载试验,以判定桥梁的承载能力;三是对不能满足通行条件的桥梁进行加固处理。当多条线路可通行时,应选取桥梁技术状况好、加固工程费用低的线路通过。四是对超重车辆通过桥梁进行现场管理。上述《公路桥涵养护规范》规定的技术和管理措施也是超重车辆行驶公路许可时,公路管理机构应当遵循的。

关于超重车辆通过的桥梁的加固,《公路桥涵养护规范》(JTG H11—2004)要求：一是当桥梁承载力不足时,应对其不足部分如上部结构、下部结构、地基以致全桥采取经济合理、切实可行的加固措施。对特大桥梁的加固,宜至少提出两个加固方案进行经济技术比较。二是加固应尽可能地采用易于实施及拆除,构件可回收利用的临时措施。三是当采用永久式或半永久式加固措施时,可与桥梁的技术改造及提高荷载等级一并考虑。四是桥梁通过加固仍无法达到通过超重车要求时,可在原桥址附近修建临时便桥及便道或新建桥梁,保证超重车辆通行,也可另选通过线路。

需要注意的是,《超限运输车辆行驶公路管理规定》第十八条规定:"四级公路、等外公路和技术状况低于三类的桥梁根据《公路桥涵养护规范》(JTG H11—2004)的规定,低于三类的桥梁属于较差或差、危险状态的桥梁,总体评定情况：一是重要部件材料有较多(10%以内)或大量(10%~20%)或出现严重的功能性病害,四类桥梁属于功能明显降低,五类桥梁结构的刚度、强度、稳定性和动力响应不能达到平时交通安全通行的要求。二是三类桥梁属于次要部件有大量(10%~20%)严重缺损,功能降低,进一步恶化将不利于重要部件和影响正常交通。四类桥梁属于次要部件有20%以上的严重缺损、失去应有功能,严重影响正常交通。三是三类桥梁属于承载能力比设计降低10%以内,桥面行车不舒适。四类桥梁属于承载能力比设计降低10%~25%。五类桥梁属于承载能力比设计降低25%以上,不得进行超限运输。"因此,对于前述规定的公路和桥梁,交通运输主管部门或公路管理机构不得许可超限车辆行驶。

(2)决定。

公路管理机构批准超限运输申请的,应当核发由交通运输部规定式样的《超限运输车辆通行证》。《超限运输车辆通行证》应当载明超限运输车辆的型号及允许运载物品的种类、外廓尺寸及重量等。

(二)超限运输车辆行驶公路的监督检查

《公路法》规定,交通运输主管部门、公路管理机构依法对有关公路的法律、法规执行情况进行监督检查。《行政许可法》也规定,行政机关应当建立健全监督制度,通过检查反映被许可人从事行政许可事项活动情况的有关材料,履行监督责任。因此,加强对超限运输车辆行驶公路行为的监督检查是交通运输主管部门和公路管理机构的法定职责。公路管理机构的监督检查分为固定监督检查和流动监督检查。

公路超限检测站,是指为保障公路完好、安全和畅通,在公路上设立的,对车辆实施超限检测,认定、查处和纠正违法行为的执法场所和设施。公路超限检测站按照布局和作用,分为Ⅰ类检测站和Ⅱ类检测站：Ⅰ类检测站主要用于监控国道或者省道的省界入口、多条国道或者省道的交汇点、跨省货物运输的主通道等全国性公路网的重要路段和节点；Ⅱ类检测站主要用于监控港口码头、厂矿等货物集散地、货运站的主要出入路段以及省内货物运输的主通道等区域性公路网的重要路段和节点。

按照《公路超限站管理办法》的规定,公路超限检测站作为公路管理机构的派出机构,主要履行以下职责：宣传、贯彻、执行国家有关车辆超限治理的法律、法规、规章和政策;制定公路超限检测站的各项管理制度;依法对在公路上行驶的车辆进行超限检测,认定、查处和纠正违法行为;监督当事人对超限运输车辆采取卸载、分装等消除违法状态的改正措施;收集、整理、上报有关检测、执法等数据和动态信息;管理、维护公路超限检测站的设施、设备和信息系统;法律、法规规定的其他职责。

1. 超限检测点

对超限运输车辆行驶公路行为的固定监督检查主要通过在公路上设置固定超限检测点的方式进行。《公路安全保护条例》第三十九条规定,经省、自治区、直辖市人民政府批准,有关交通运输主管部门可以设立固定超限检测站点,配备必要的设备和人员。《超限运输车辆行驶公路管理规定》第二十条规定,公路管理机构可根据需要在公路上设置运输车辆轴载质量及车货总质量的检测装置,对超限运输车辆进行检测。

2. 货运车辆检测与处理

超限检测点主要检测对象为货运车辆。检测的内容包括车辆的车货总重、总高、总长及总宽。《公路安全保护条例》第四十条规定,公路管理机构在监督检查中发现车辆超过公路、公路桥梁、公路隧道或者汽车渡船的限载、限高、限宽、限长标准的,应当就近引导致超限检测站点进行处理。车辆应当按照超限检测指示标志或者公路管理机构监督检查人员的指挥接受超限检测,不得故意堵塞固定超限检测站点通行车道、强行通过固定超限检测站点或者以其他方式扰乱超限检测秩序,不得采取短途驳载等方式逃避超限检测。

超限检测点的公路管理机构负有四项行政执法职能:一是检查,利用检测点配备的超限检测设备对过往的货运车辆进行检测,未经检测或通过目测,不得确认当事人的车辆超限;二是对非法超限车辆,责令车辆停驶;三是对非法超限运输车辆做出处理,包括对非法超限部分货物的卸载及卸载货物的处理、对违法行为人的处罚;四是对未随车携带超限运输通行证的,由公路管理机构扣留车辆,责令车辆驾驶员提供超限运输车辆通行证或者相应证明。

3. 卸载及卸载货物的处理

卸载超限货物的性质属于公路法律法规规定的责令改正。

依据国务院办公厅转发《交通部、公安部、发展改革委 质检总局安全监管局、工商总局、法制办关于在全国开展车辆超限超载治理工作的实施方案》的规定,实施卸载一般由交通、公安部门的执法人员告知车主或者驾驶员自行卸载。需要提供协助卸载和保管货物的,相关的收费标准由省级价格主管部门核定。此外,各级交通运输主管部门还可根据卸载货物的种类为卸载货物提供不超过3天的保管时间,并将货物有关保管事项书面告知当事人。卸载货物超过保管期限经通知仍不运走的,按规定变卖,扣除相关费用后,通知当事人领取。逾期不领取的,按照有关规定上缴财政。

4. 对特殊非法超限行为的处理

(1)关于对运输不可解体物品非法的超限行驶公路的行为的处理。要严格按照

《公路法》《公路安全保护条例》以及《超限运输车辆行驶公路管理规定》,对未持有交通运输主管部门或者公路管理机构颁发的《超限运输通行证》,或虽有《超限运输通行证》,但所载货物、路线、时间与证不符及持涂改、伪造、租借、转让等证件的,按非法超限行为处理。①检查认定。②经检查发现存在非法超限情形的,责令其停放到指定位置。该规定出台较早,《公路安全保护条例》和《行政强制法》施行后,公路管理机构应当按照《公路安全保护条例》第六十七条及《行政强制法》的有关规定,扣留车辆,并依据《超限运输车辆行驶公路管理规定》第二十三条规定,实施行政处罚,并收取路产损坏赔(补)偿费。③责令当事人依法取得《超限运输通行证》后方可放行。

(2)对悬挂军车号牌车辆非法超限行为的处理。根据军队有关文件的规定,非军队装备的10t(不含)以上大吨位运输车不得使用军车号牌。对悬挂军车号牌载质量超过10t(不含)的大吨位运输车(军队装备的坦克等履带式重装备运输车辆除外),特别是集装箱车和货柜车,一律由公安机关和交通运输主管部门滞留,查清号牌真伪和车辆来源。属假冒军车的,由公安机关和交通运输主管部门依法处理;属军队内部车辆的,移交当地警备部门和指定单位军交运输部门处理。

(3)运输鲜活农产品的超限违法行为的处理。交通运输主管部门不得滞留、卸载和罚款。

(4)运输易燃易爆、危险化学品的超限违法行为的处理。在检查现场不予卸载,按照《危险化学品安全管理条例》的规定,安全生产监督管理部门负责生产、储存危险化学品的监督管理;公安机关负责危险化学品的公共安全管理,核发剧毒化学品购买许可证、剧毒化学品道路运输通行证,并负责危险化学品运输车辆的道路交通安全管理。由当地公安和安监部门派专人到场,在交警和道路运输管理等部门(机构)的配合下,引导至就近指定的地点消除违法行为后方可放行,同时要在道路运输证上登记违法行为并抄告车辖地有关部门(机构)。

(三)超限运输车辆行驶公路的处罚

根据《公路法》和《公路安全保护条例》第三十三条的规定,违反规定,在公路上行驶的车辆,车货总体的外廓尺寸、轴荷或者总质量超过公路、公路桥梁、公路隧道、汽车渡船限定标准的,由公路管理机构责令改正,可以处30000元以下的罚款。

此外,涉及超限运输车辆非法行驶公路行为处罚规定的,还有以下情形:

(1)关于租借、转让超限运输车辆通行证的,由公路管理机构没收超限运输车辆通行证,以及使用伪造、变造的超限运输车辆通行证的,上述情形同时违反了《公路安全保护条例》第三十三条未经批准禁止超过公路、公路桥梁、公路隧道的限定标准进行运输的规定,是否可以并处呢?目前有两种不同的观点:一种观点认为,对使用伪造、变造证件的主张除按使用伪造、变造证件违法行为进行处罚外,还应当以无证行为再进行处罚;另一种观点认为,使用租借、转让、伪造、变造超限运输车辆通行证进行超限运输的行为,视同于违法进行超限运输,因此立法中对伪造、变造超限运输车辆通行证的设定了与违法进行超限运输相同的罚款幅度。同时,考虑到伪造、变造超限运输车辆通行证是利用一种违法行为掩盖另一种违法行为,在执法中可以根据其性质较为恶劣,在规定的处罚幅度内给予较高限额的处罚。上述分歧的存在与《行政处罚法》的规定有密切的关系。《行政处罚法》第二十四条规定:"对当事人的同一个违法行为,不得给予两次以上罚款的行政处罚。"但却未规定何种情形下的违法行为属于一个违法行为或者多个违法行为未作明确规定。"使用租借、转让、伪造、变造超限运输车辆通行证"的违法行为究竟是非法超限运输行为的一个情节,还是一个独立的行为?如果借鉴我国刑法理论和实务方面的牵连犯概念,需要的前提条件是,必须有法律或法规明确规定,且对该两种违法行为的处罚应当"从一重处罚",即按照两个违法行为中最重的一个违法行为的规定的处罚处理。而现行的规定《公路安全保护条例》第六十五条却将此作为一个处罚情形单独予以规定;如果非法超限运输行为本身非常严重,应当处30000元的罚款,对上述两种违法行为借鉴刑法牵连犯的规定处罚,那么对其"使用租借、转让、伪造、变造超限运输车辆通行证"的违法行为,实际上并未作处理。刘宏渭撰文指出:"某一个违法事件涵盖多个违法行为时,如果各该违法行为性质不同,在法律上应构成不同处罚理由,行政主体可以以违法行为为单位分别做出处罚。"❶所以笔者认为,鉴于目前法律、法规对此种情况如何实施处罚未有明确规定,执法人员对此种情况既可以作为两种行为分别处罚,也可以在规定的处罚幅度内给予较高限额的处罚。

(2)关于采取故意堵塞固定超限检测站点通行车道、强行通过固定超限检测站点等方式扰乱超限检测秩序的以及采取短途驳载等方式逃避超限检测的,上述两种违法行为为独立的违法行为,由公路管理机构按照《公路安全保护条例》第六七条的规定,处30000元以下的罚款。

(3)关于取得超限运输许可行驶公路的车辆,其车辆型号、运输的物品、车辆总质量等与超限运输通行证记载的内容不一致的情况。在此种情况下,又分为两种情形:一是车辆及货物的型号与超限运输通行证记载的内容不一致,但外廓尺寸、车辆总质量要比超限运输通行证记载的要小或轻的,不应当处以罚款;二是车辆及货物的型号与超限运输通行证记载的不一致,而且外廓尺寸、车货总质量大于超限运输证记载内容,应当给予罚款。因其行为涉嫌构成以欺诈方式取得行政许可,按照《行政许可法》第七十九条规定,应当给予罚款。《超限运输行驶公路管理规定》第二十四条明确规定,该行为应当按擅自超限行驶公路论处,但罚款金额规定为可以处5000元以下。《山西省公路条例》第六十四条规定为处30000元以下罚款。

在超限治理中还有"一事不再罚"的问题,涉及"一事不再罚"的,有两类问题:一是对同一个超限的违法行为,公安机关交通管理部门处罚与交通运输主管部门处罚的问题;二是一地交通运输主管部门对超限违法行为处罚后,另一地交通运输主管部门对超限行为的处罚问题。

---

❶ "析行政处罚中的一事不再罚原则",2002年12月24日《法制日报(理论版)》。

(1)关于第一类问题:

①超重问题可能涉及"一事不再罚",虽然交警的处罚针对的是《道路交通安全法》中的超载违法行为,如《道路交通安全法》第四十八条规定,机动车载物应当符合核定的载质量,严禁超载。其载质量为机动车行驶证上核定的载质量。该法第九十二条第二款规定,货运车辆超过核定载质量的,处200元以上500元罚款;超过核定载质量30%的,处500元以上2000元以下罚款。而交通运输主管部门认定的超重违法行为为超过法律允许的车货总质量的行为。但是,一个超重行为,就可能既超载又超限,如某三轴车辆车货总重37t,属于超限;如果车货总重减去车辆行驶证记载的车辆自重后,货物的重量超过行驶证记载的核定载质量,又属于超载行为,所以一个行为同时触犯两个不同的法律规定。如果交通运输主管部门或公路管理机构对该违法行为实施罚款的处罚后,交警部门对该行为再实施罚款的处罚,就违反了"一事不再罚"的规定,反之亦然。

②关于超长、超宽的问题,《道路交通安全法实施条例》第五十四条规定,机动车载物的装载长度、宽度不得超出车厢。而公路法律法规认定的超长、超宽是以车货总宽度、总长度计算的。因此,对超长、超宽的处罚,也存在"一事不再罚"的问题。

③关于超高的问题,《超限运输车辆行驶公路管理规定》第三条规定,在公路上行驶的、车货总高度从地面算起4m以上(集装箱车货总高度从地面算起4.2m以上)的车辆为超限运输车辆。《道路交通安全法实施条例》第五十四条规定的超载车辆为:重型、中型载货汽车,半挂车载物,高度从地面起不得超过4m,载运集装箱的车辆不得超过4.2m;其他载货的机动车载物,高度从地面起不得超过2.5m。如果对未经许可,车货总高超过4m,载运集装箱的车辆超过4.2m的超限行为,公安交通管理部门和交通运输主管部门(包括公路管理机构)对该行为均做出处罚,则违反"一事不再罚"的原则。

(2)关于第二类问题:

对于违法超限行为,交通运输主管部门或公路管理机构在查处时,一般在做出处罚决定的同时,均要制发文书责令违法行为人改正,改正即为消除超限违法行为。既然前次处罚时已责令相对人消除超限违法行为,那么后一次处罚的违法行为为新的违法行为,故不属于"一事再罚"的问题。

三、源头治理违法超限运输

《公路安全保护条例》及有关行政法规在预防和治理违法超限车辆方面做出了明确规定:一是汽车生产改装和销售环节。车辆生产、销售企业,不得非法生产、销售外廓尺寸、轴荷和总质量不符合《汽车、挂车及汽车列车外廓尺寸、轴荷及质量限值》(GB 1589—2016)规定的限值的车辆。任何单位和个人不得擅自改变车辆的结构、外廓尺寸、轴荷,或者多标、少标各种技术参数。专业运输较大不可解体物品需要改装特种运输专用车辆的,应当由具有国家规定的车辆生产资质的企业按照国务院工业和信息化主管部门规定的车型及技术参数进行改装。二是公安机关在办理车辆注册时,应当当场查验,对不符合《道路车辆外廓尺寸、轴荷及质量限值》规定的限值和公告的车辆不予登记。三是交通运输主管部门道路运输管理机构对不符合《道路车辆外廓尺寸、轴荷及质量限值》规定的限值和公告的车辆不予发放道路运输经营许可证。四是公路管理机构应当在公路桥梁、公路隧道或者公路渡口设置限载、限高、限宽、限长标志。公路有特殊限载、限高、限宽标准的,应当设置限载、限高、限宽标志。公路管理机构发现公路、公路桥梁、公路隧道或者公路渡口损坏,低于原有设计标准的,应当及时变更限载、限高、限宽、限长标志;有绕行条件的,还应当标明绕行路线。

关于货物运输源头治理违法超限运输问题,山西省政府颁布了《山西省道路货物运输源头治理超限超载暂行办法》[1],建立了道路货物运输源头治理超限超载行为法律制度。明确规定,县级以上人民政府负责本行政区域内货运源头治超工作。工业经济、公安、国土、监察、交通、工商、质监、安监、煤炭等部门应当履行各自在货运源头治超工作中的职责,建立并公示本部门的货运源头治超工作责任制度。县级以上道路运输管理机构对货运源头单位通过进驻、巡查等方式实施货运源头治超的监督管理。要求货运源头单位的工作人员应当按规定装载、计重、开票,不得放行超限超载车辆。并规定,货运源头单位不得有下列行为:为无牌无证的车辆装载、配载;为证照不全的车辆装载、配载;为非法改装的车辆装载、配载;为车辆超标准装载、配载;为超限超载的车辆提供虚假装载证明。同时,规定了相应的法律责任。

《公路安全保护条例》第四十一条规定了货物运输源头企业及货运站场的义务和道路运输管理机构的监管职责:一是煤炭、水泥等货物集散地以及货运站等场所的经营人、管理人应当采取有效措施,防止不符合国家有关载运标准的车辆出场(站);二是道路运输管理机构应当加强对煤炭、水泥等货物集散地以及货运站等场所的监督检查,制止不符合国家有关载运标准的车辆出场(站)。同时规定了相应的法律责任。《公路安全保护条例》第六十六条规定,对1年内违法超限运输超过3次的货运车辆,由道路运输管理机构吊销其车辆营运证;对1年内违法超限运输超过3次的货运车辆驾驶员,由道路运输管理机构责令其停止从事营业性运输;道路运输企业1年内违法超限运输的货运车辆超过本单位货运车辆总数10%的,由道路运输管理机构责令道路运输企业停业整顿;情节严重的,吊销其道路运输经营许可证,并向社会公告。

---

[1] 山西省政府规章,2008年5月26日山西省人民政府第10次常务会议通过,2008年7月1日起施行。

第四章 公路路产损害赔(补)偿法律制度

第一节 公路路产损失赔(补)偿法律制度概述

一、公路路产损失赔(补)偿的概念和特征

公路路产损失赔(补)偿案件的办理,是公路路政管理机构工作的一项重要内容。全面了解和掌握公路路产损失赔(补)偿相关法律制度,正确履行法定职责,对于保护公路路产的完好、安全和畅通,维护公路的管理者、经营者和使用者的合法权益,是很有必要的。

(一)公路路产损失赔(补)偿的概念

1. 定义

原交通部《路政管理规定》在"公路赔偿和补偿"章节里,对公路路产赔(补)偿费进行了原则的定义,即:公民、法人或者其他组织造成路产损坏的,应向公路管理机构缴纳路产损坏赔(补)偿费。同时,该部门规章还规定,根据《公路法》第四十四条第二款,经批准占用、利用、挖掘公路或者使公路改线的,建设单位应当按照不低于该段公路原有技术标准予以修复、改建或者给予相应的补偿。

因此,公路路产损失赔(补)偿,是指凡是造成路产损坏的,应向公路管理机构缴纳的等价的赔(补)偿费用。

2. 赔偿和补偿的区别

对于造成公路路产损失后,收取的究竟是赔偿费,还是补偿费,应当是存在区别的。

(1)两者性质不同。赔偿费是违法造成公路损害承担民事责任的方式。补偿费是合法造成公路损害前约定的一种契约性收费。

(2)两者适用前提不同。赔偿费以违法损害为前提;补偿费以合法损害为前提。

(3)两者适用程序不同。赔偿费是违法造成公路损害案件发生后,交通主管部门或公路管理机构按《路政管理规定》的程序要求违法人承担民事责任;补偿费是对合法申请审批许可的同时签订合同并按合同约定时间缴纳的,是行政许可前置的办理程序。

(4)两者标准制订参数应当有所区别。应当鼓励合法审批的契约收费,制裁违法造成公路损害行为,即赔偿费标准应当高于补偿费标准。

上述区别,在公路管理法律法规中已有体现。根据《公路法》第八十五条的规定:"违反本法有关规定,对公路造成损害的,应当依法承担民事责任"。根据《中华人民共和国民法通则》的规定,赔偿损失是承担民事责任的一个重要形式。显然,由于民事侵权造成的损害,即为赔偿。另外,根据《公路法》第四十四条、第四十五条的规定,占用、挖掘公路或者使公路改线的,建设单位应当按照不低于该段公路原有的技术标准予以修复、改建或者给予相应的经济补偿。跨越、穿越公路修建桥梁、渡槽或者架设、埋设管线等设施的,以及在公路用地范围内架设或者埋设的设施的,所修建、架设或者埋设的设施应当符合公路工程技术标准的要求。对公路造成损害的,应当按照损坏程度给予补偿。这里,许可是一种合法行为,对合法行为造成的损害进行修补,或者采取支付相应金钱的办法,使其恢复到原有状态,即为补偿。

例如,一辆载有不可解体的货运车辆,在公路上行驶一段距离被查获,收取的已经行驶的公路路产损失的费用,因是未经许可违法行驶公路,该费用为赔偿费。在责令补办许可手续后,对后一段将要行驶的公路所收取的对公路路产损失费用,为补偿费。

但是,路政管理执法实践中,赔偿和补偿并未做出严格区分。主要表现在《路政管理规定》《超限运输车辆行驶公路管理规定》等相关部门规章,以及各地的地方性法规和地方政府规章中,对何为赔偿、何为补偿,并未严格区分,而是统一使用"赔(补)偿费"这一概念。各省(自治区、直辖市)交通主管部门会同价格、财政部门制定的赔(补)偿标准中,对赔偿和补偿也未进行区分,也是统一使用"赔(补)偿费"这一概念。制定的收费标准中,也未体现出对违法行为造成的公路路产损害的制裁和惩戒,对合法造成公路路产损害的鼓励。因此,执法实践中,对何为赔偿、何为补偿进行区分,意义不大。

3.补偿费的两种表现形式

实践中,补偿费也通过两种形式表现出来,各省(自治区、直辖市)交通主管部门会同价格、财政部门制定的赔(补)偿标准中,对此也有不同的表述。

第一种表现形式:在许可中对路产造成损害,应当缴纳的足以对路产进行修复的费用,这种情形,不再赘述。

第二种表现形式:在许可中,按年度,或者一次性对申请人收取的占用利用公路补偿费。如大多收费标准规定,对公路用地范围内设置的非公路标志标牌,可以规定每年度应当按面积缴纳一定的补偿费;再如跨越公路修建桥梁、渡槽等设施的,或者增加平面交叉道口的,应按每道设施一次性或按年度缴纳一定的补偿费。

对于收取的此类补偿费用,常常遭到公众质疑,即在对公路路产未造成损害的情况下,交通、价格和财政部门规定应当收取一定补偿费且制定相应的收费标准,是否合法?

我们认为,对于特殊占用、利用公路等情形中,对公路未造成损害的情况下,也应当向公路管理机构缴纳补偿费。理由是:特殊占用利用公路,如跨越公路修建桥梁、渡槽等构筑物或架设管线等设施时,利用者(含设施所有权人)和公路管理机构之间是一种相邻关系。

《物权法》第八十四条规定："不动产的相邻权利人应当按照有利生产、方便生活、团结互助、公平合理的原则,正确处理相邻关系。"该法第八十五条同时规定："法律、法规对处理相邻关系有规定的,依照其规定;法律、法规没有规定的,可以按照当地习惯。"

在处理公路管理机构和上跨设施所有权人的相邻关系时,根据《公路法》第四十五条的规定,上跨设施所有权人应当首先经过交通主管部门同意,同时,修建、架设的设施应当符合《公路工程技术标准》(JTG B01—2014)的要求,对公路造成损坏的,应当给予补偿。《公路法》并未规定在对公路未造成损坏时是否应当给予补偿。根据《物权法》第八十四条、第八十五条的规定,法律没有规定的,可以根据公平合理原则,按照当地习惯处理。

现实生活实践中,公路修建过程中,若涉及已有的桥梁、渡槽、铁路等构筑物和电力缆线等设施所有权人的相邻关系时,已有设施所有权人在公路并未对这些设施造成损坏的情况下,仍会被要求给予补偿,这已经成为一种习惯。如:若跨越已有铁路修建公路,虽不会对铁路设施造成任何损坏,但是铁路部门仍会按每跨越一处按一定标准向公路建设单位收取补偿费。根据民法中的公平合理原则和对等原则,上跨公路修建铁路,若因未造成公路损害而不能收取铁路部门补偿费,则在相邻关系的处理上是显失公平的。

因此,在法律法规没有对"相邻关系中未造成公路损害是否给予补偿"进行规定的情况下,按照公平合理原则,根据当地习惯,上跨设施所有权人应当给予公路管理机构补偿。

《民法通则》第八十三条也规定："不动产的相邻各方,应当按照有利生产、方便生活、团结互助、公平合理的精神,正确处理截水、排水、通行、通风、采光等方面的相邻关系,给邻方造成妨碍或损失的,应当停止侵害,排除妨碍,赔偿损失。"上跨设施所有权人虽然未对公路造成损害,但是对公路显然会造成一种妨碍。上跨设施所有权人向公路管理机构支付补偿费,该费用正是用于修复这种妨碍,如:需要公路管理机构增加人力、物力、财力,重点加强对存在相邻关系路段的维护和管理,防止对公路路产设施及公路行车安全造成的增加的不利影响,从而增加公路养护和管理成本。这时,虽上跨设施所有权人未"损害"公路,但是应对这种"妨碍"行为进行补偿,应当支付公路管理机构补偿费。同时,向相邻关系权人收取一定补偿费,也有利于对随意上跨公路的设计进行限制,防止因不收费而肆意侵权的行为发生,从而保障公路自身完好安全及交通安全。

4.科学定义

综上,公路路产损失赔(补)偿,是指公民、法人或其他组织因实施侵权行为或者经许可特殊占用、利用公路路产对公路路产造成损害后果,或者因相邻关系,向负有公路路产修复义务(养护义务)的责任主体,或者向代表国家对公路路权进行维护的公路管理机构缴纳一定费用的行为。

(二)公路路产损失赔(补)偿的特征

1.收取公路路产损失赔(补)偿费的主体为公路管理机构和收费公路经营管理单位

收取公路路产损失赔(补)偿费的主体有两种：

一种为公民、法人或其他组织因实施侵权行为,或者经许可特殊占用、利用公路路产对公路路产造成损害后果,负有公路路产修复义务(养护义务)的责任主体,有权向其收取相应的赔偿费或补偿费。理由是：路产损失赔(补)偿费用的性质,根据《公路法》的相关条款规定,其性质等同于恢复原状。如果能够恢复原状,则在理论上等同于未给公路造成损失,则不用再交纳任何赔(补)偿费。因此,判断路产损失赔(补)偿费的收取主体,即路产损失赔(补)偿费归谁所有,必须看是谁来负责损害路产的修复。

另一种为经许可特殊占用、利用公路路产对公路路产时,与现有公路路产形成一种相邻关系,代表国家对公路路权进行维护的公路管理机构有权向相邻关系人收取相应的补偿费。

(1)公路养护的责任主体。

公路养护,就是为保证公路正常使用而进行的经常性保养、维修,预防和修复灾害性破坏,以及为提高公路使用质量和服务水平而进行的小修保养、中修、大修、改善或改建工作。公路一旦出现损害,公路养护责任主体有责任和义务进行修复。根据公路收费与否和其收费性质不同,公路养护责任主体也不同。

对于非收费公路,公路养护责任主体是公路管理机构和乡镇人民政府。根据《公路法》第八条第三款及《公路安全保护条例》第七十五条的规定,乡道、村道的养护责任主体为乡镇人民政府。而根据《公路法》第三十五条的规定,公路管理机构应当按照国务院交通主管部门规定的技术规范和操作规程对公路进行养护,保证公路经常处于良好的技术状态。显然,除了乡道和村道外,其他非收费公路的养护责任主体为公路管理机构。

《公路法》和《收费公路管理条例》对收费公路的养护责任主体,做出了特别规定,不再为公路管理机构。具体为：

对于收费公路中的经营性收费公路,其养护责任主体是公路经营企业。《公路法》第六十六条做出了特别的规定："依照本法第五十九条规定受让收费权或者由国内外经济组织投资建成经营的公路的养护工作,由各该公路经营企业负责。各该公路经营企业在经营期间应当按照国务院交通主管部门规定的技术规范和操作规程做好对公路的养护工作。在受让收费权的期限届满,或者经营期限届满时,公路应当处于良好的技术状态。前款规定的公路的绿化和公路用地范围内的水土保持工作,由各该公路经营企业负责。"按照权利与义务相一致的原则,收费经营公路的经营企业享有向过往车辆收取车辆通行费的权利,也理应承担做好公路的养护工作,向过往车辆提供具有良好的技术状态的公路的义务,其养护所需费用,也应从其收取的车辆通行费中支出。从公路经营企业自身的利益考虑,做好公路养护工作,保持公路处于良好的技术状态,也是增加该公路的交通流量,从而增加车辆通行费收入的基本保障。

对于收费公路中,除经营性收费公路以外的收费公路,即为政府还贷收费公路。其养护责任主体是按照政事分开的原则,依法设立的不以营利为目的的法人组织,通常是事业单位。依据是:《收费公路管理条例》第二十六条对收费公路的养护责任主体进行了明确:"收费公路经营管理者应当按照国家规定的标准和规范,对收费公路及沿线设施进行日常检查、维护,保证收费公路处于良好的技术状态,为通行车辆及人员提供优质服务。收费公路的养护应当严格按照工期施工、竣工,不得拖延工期,不得影响车辆安全通行。"这里的养护责任主体是"收费公路经营管理者",而"收费公路经营管理者"在经营性收费公路中,就是公路经营企业,在政府还贷公路中,就是依法设立的不以营利为目的的法人组织,这里的规定与《公路法》的规定是一致的。

无论是经营性收费公路中的公路经营企业,还是政府还贷收费公路中的不以营利为目的的法人组织,统称为收费公路经营管理单位。

(2)代表国家对公路路权进行维护、行使相邻权的公路管理机构。

根据《公路法》第三十五条的规定,公路管理机构作为公路养护法定责任主体(收费公路除外),与公路使用者是平等民事主体关系,同时,根据《公路法》第五十七条和第八条第四款的规定,也可以成为公路的行政管理主体。特别是2011年《公路安全保护条例》实施后,更是通过行政法规的形式,直接授权公路管理机构具体负责公路保护的监督管理工作,成为公路保护的法定行政主体。

公路作为构筑物的一种,其所有权归国家所有。尽管部分经营性收费公路,在办理土地使用权登记时将公路用地登记为公路经营企业名下,但根据《公路法》和《公路安全保护条例》的规定,公路经营企业投资收费公路的建设运营和管理,是一种特许经营活动,公路经营企业只享有收费公路的三大权益,即公路收费权、广告经营权及服务设施经营权,并不具有土地使用权和公路的所有权。公路用地所占土地使用权登记为公路经营企业名下,应该是一种对法律法规错误理解情形下的个案。

公路归国家所有,对公路的所有权进行保护和维护的法定责任主体,《公路法》和《公路安全保护条例》明确授权为公路管理机构,所以公路管理机构应当依法对公路路产进行保护,对公路路权进行维护,同时有权代表国家行使相邻权。

2.公路路产损失赔(补)偿费的客体,为受损的公路路产

(1)公路路产的内容。

《公路法》第七条规定:"公路受国家保护,任何单位和个人不得破坏、损坏或者非法占用公路、公路用地及公路附属设施。任何单位和个人都有爱护公路、公路用地及公路附属设施的义务,有权检举和控告破坏、损坏公路、公路用地、公路附属设施和影响公路安全的行为。"原交通部发布的《路政管理规定》第二条第二款规定:本规定所称路政管理,是指县级以上人民政府交通主管部门或者其设置的公路管理机构,为维

护公路管理者、经营者、使用者的合法权益,根据《公路法》及其他有关法律、法规和规章的规定,实施保护公路、公路用地及公路附属设施(以下统称"路产")的行政管理。

因此,在公路管理实践中,公路路产是公路、公路用地及公路附属设施的统称。

①关于公路的组成。

《公路法》第二条第二款规定:"本法所称公路,包括公路桥梁、公路隧道和公路渡口。"因此,桥梁、隧道和渡口均为公路的不同断面的组成。

②关于公路用地的组成。

根据原交通部发布的《公路工程名词术语》第1.0.8条规定,公路用地,为修建、养护公路及其沿线设施,依照国家规定所征用的地幅。《公路路线设计规范》(JTG D20—2006)中,则将公路用地范围用强制性条款的形式,明确规定为:

a. 公路路堤两侧排水沟外缘(无排水沟时为路堤或护坡道坡脚)以外,或路堑坡顶截水沟外边缘(无截水沟为坡顶)以外不少于1m范围的土地,在有条件的地段,高速公路和一级公路不小于3m,二级公路不小于2m范围内的土地为公路路基用地范围。

b. 在封杀、雪害等特殊地质地带,需设置防护林,种植固沙植物,安装防沙或防雪栅栏以及设置反压护道等设施时,应根据实际需要确定其用地范围。

c. 桥梁、隧道、互通式立体交叉、分离式立体交叉、平面交叉、交通安全设施、服务设施、管道设施以及料场、苗圃等,应根据实际需要确定其用地范围。

d. 有条件或环境保护要求种植多行林带的路段,应根据实际情况确定用地范围。

e. 改建公路可参照新建公路用地范围的规定执行。

最新《公路工程技术标准》(JTG B01—2014)也对此做出类似叙述。

要正确理解《公路法》上表述的公路用地范围。《公路法》第三十四条规定:"县级以上地方人民政府应当确定公路两侧边沟(截水沟、坡脚护坡道,下同)外缘起不少于1m的公路用地。"该条款确立的公路用地法律制度,实际上仅仅是公路路基用地的法律制度。国家确立路基用地法律制度,是为了确保公路路基、路堑、桥梁的稳固而留用的土地,同时也是为了修建排水系统、日常取土修路、造林绿化、巩固路基、隔离人畜活动与公路使用的。要注意一点的是,对公路路基公路用地的具体范围,应依法由公路经过所在地县级以上地方人民政府进行确定。

对公路用地范围进行正确理解,为确立公路产权、维护公路权益意义重大,同时也为公路的养护和路政管理等提供了法律上的依据。如《公路法》第五十四条规定:"任何单位和个人未经县级以上地方人民政府交通主管部门批准,不得在公路用地范围内设置公路标志以外的其他标志。"如果没有具体的公路用地范围的划分,则该条款根本无法执行。

③关于公路附属设施的组成。

《公路法》第五十二条第二款规定:"前款公路附属设施,是指为保护、养护公路和保障公路安全畅通所设置的公路防护、排水、养护、管理、服务、交通安全、渡运、监控、通信、收费等设施、设备以及专用建筑物、构筑物等。"

从该条款可以看出,与保护、养护公路和保障公路安全畅通无关的其他设施、设备、建筑物、构筑物不属于公路附属设施,对于其他那些设施、设备、建筑物、构筑物的保护,由其他有关法律法规调整。

公路附属设施对保障公路安全、畅通,充分发挥公路的效能,起着重要的作用。从物权法理论来说,公路的附属设施属于公路管理机构和收费公路经营管理单位占有、管理、支配和使用的物,既包括动产(相关设施),又包括不动产(专用建筑物、构筑物)。

(2)受损的公路路产,应当及时修复。

公路应当处于良好的技术状态,这是公路养护的重要目标。《公路法》第三十五条规定:"公路管理机构应当按照国务院交通主管部门规定的技术规范和操作规程对公路进行养护,保证公路经常处于良好的技术状态。"第六十六条第一款规定:"依照本法第五十九条规定受让收费权或者由国内外经济组织投资建成经营的公路的养护工作,由各该公路经营企业负责。各该公路经营企业在经营期间应当按照国务院交通主管部门规定的技术规范和操作规程做好对公路的养护工作。在受让收费权的期限届满,或者经营期限届满时,公路应当处于良好的技术状态。"《公路安全保护条例》第四十四条第一款也规定:"公路管理机构、公路经营企业应当加强公路养护,保证公路经常处于良好的技术状态。"

根据国务院交通主管部门制定的技术规范和操作规程,即《公路养护技术规范》(JTG H10—2009),对公路养护的目的和基本任务可以理解和概括为四个方面:一是要经常保持公路及其设施的完好状态,及时修复损坏部分,保障行车安全、舒适、畅通;二是要采取正确的技术措施,提高养护工作工作质量,延长公路的使用年限;三是要防治结合,治理公路存在的病害和隐患,逐步提高公路的抗灾能力;四是要对原有技术标准过低的路段和构造物以及沿线设施进行分期改善和增建,逐步提高公路的使用质量和服务水平。这四个目标,也是公路养护的基本任务。

而所谓"良好的技术状态",《公路安全保护条例》第四十四条第二款进行了明确:前款所称良好技术状态,是指公路自身的物理状态符合有关技术标准的要求,包括路面平整,路肩、边坡平顺,有关设施完好。公路路产一旦受损,则极有可能不符合良好的技术状态,负有公路养护义务的责任单位将承担相应的道路管理瑕疵责任。

因此,对公路进行养护,让公路经常处于良好的技术状态,是公路管理机构和收费公路经营管理单位的法定责任和义务。当公路遭受毁损时,应当及时修复,使公路迅速恢复至良好的技术状态。

《中华人民共和国道路交通安全法》第三十条规定:"道路出现坍塌、坑槽、水毁、隆起等损毁或者交通信号灯、交通标志、交通标线等交通设施损毁、灭失的,道路、交通设施的养护部门或者管理部门应当设置警示标志并及时修复。公安机关交通管理部门发现前款情形,危及交通安全,尚未设置警示标志的,应当及时采取安全措施,疏导交通,并通知道路、交通设施的养护部门或者管理部门。"该条从公路的良好技术状态对道路交通安全的影响的角度,再次确认了,公路(含交通设施)遭受毁损时,公路的养护责任主体有及时修复的义务。在不能及时修复的时候,应当设置警示标志,保障车辆的安全通行。

公路或交通设施出现毁损,并不一定由公路的养护或管理部门先发现,在公安机关交通管理部门首先发现该情形并危及交通安全的时候,公安机关交通管理部门有及时采取安全措施、疏导交通的义务,同时有通知公路的养护责任主体设置警示标志和及时修复的义务。公安机关交通管理部门不履行上述义务时,应由公安机关交通管理部门承担相应的法律后果和责任。

公路出现毁损却不及时修复,或不符合良好技术状态时,公路养护责任主体应承担相应的法律责任:

一是应承担民事责任。公路出现毁损不及时修复,是一种不履行法定职责的行为,也是一种对道路维护管理的瑕疵行为,应当承担相应的民事责任。《中华人民共和国道路交通安全法》第一百零五条规定:"道路施工作业或者道路出现损毁,未及时设置警示标志、未采取防护措施,或者应当设置交通信号灯、交通标志、交通标线而没有设置或者应当及时变更交通信号灯、交通标志、交通标线而没有及时变更,致使通行的人员、车辆及其他财产遭受损失的,负有相关职责的单位应当依法承担赔偿责任。"最高人民法院《关于审理人身损害赔偿案件适用法律若干问题的解释》第十六条也明确规定:"道路、桥梁、隧道等人工建造的构筑物因维护、管理瑕疵致人损害的,适用民法通则第一百二十六条的规定,由所有人或者管理人承担赔偿责任,但能够证明自己没有过错的除外。"

二是应承担相关的行政责任。对违反法定养护义务,未按照国家规定的标准和规范对收费公路及沿线设施进行日常检查、维护,未按国务院交通部门规定的技术规范和操作规程进行公路养护的,应依法承担行政责任。《公路安全保护条例》第七十三条明确规定,公路管理机构工作人员未及时采取措施处理公路坍塌、坑槽、隆起等毁损的,依法给予处分。《收费公路管理条例》第五十条第二款则对收费公路经营管理单位的行政责任进行了明确,即:违反该条例的规定,未按照国家规定的标准和规范对收费公路及沿线设施进行日常检查、维护的,由国务院交通主管部门或者省、自治区、直辖市人民政府交通主管部门依据职权,责令改正,并根据情节轻重,处5万元以上20万元以下的罚款。第五十四条规定:"违反本条例的规定,收费公路经营管理者未按照国务院交通主管部门规定的技术规范和操作规程进行收费公路养护的,由省、自治区、直辖市人民政府交通主管部门责令改正;拒不改正的,责令停止收费。责令停止收费后30日内仍未履行公路养护义务的,由省、自治区、直辖市人民政府交通主管部门指定其他单位进行养护,养护费用由原收费公路经营管理者承担。拒不承担的,由省、自治区、直辖市人民政府交通主管部门申请人民法院强制执行。"

第四章　公路路产损害赔(补)偿法律制度

3. 公路路产损失赔(补)偿费的性质,是承担民事责任的方式

在造成公路损害后收取的公路路产损失赔(补)偿费的性质上,一直存在两种不同的观点:

第一种观点认为:收取的赔(补)偿费只能定位于民事赔偿或补偿。理由是:《公路法》第八十五条明确规定,对公路造成损害的,应当依法承担民事责任。民事责任的承担方式有很多种,如赔礼道歉、恢复原状、返还财物、赔偿损失等。对造成公路损害的责任人所应承担的民事责任,与《民法通则》第一百一十七条第二款"损坏国家的、集体的财产或者他人的财产的,应当恢复原状或者折价赔偿"的规定是一致的。只有将路产损失赔(补)偿费定位于民事赔偿补偿,才能保证该费用实际用于弥补对公路路产损害的修复。虽然原交通部发布的两个部门规章(《路政管理规定》及《超限运输车辆行驶公路管理规定》)都规定了收费标准,且该收费标准由省级交通主管部门会同同级财政和物价部门制定,但是该收费标准应当只是为了便利索赔,使路产损失索赔有一个参照,而不是绝对地只能按该收费标准来执行。事实上,对公路路产的损失,如果诉诸法律,其损失的认定也可以通过司法鉴定机构或价格认证机构进行鉴定、评估等方式进行确认,该收费标准也确仅是个参考。

第二种观点认为:收取的路产损失赔(补)偿费应当是行政事业性收费。理由是:公路的所有权属于国家,公路管理机构收取的路产赔(补)偿费是代表国家进行收取的,应当具有强制执行力。如果是民事收费,公路管理机构和违法性对人之间只是平等关系,不能体现路政执法的行政管理地位。因此,应当由省级交通、物价和财政主管部门制定收费标准。在收取费用的途径上,认为应当按照行政事业性收费程序进行,如果当事人拒绝缴纳,可以由公路管理机构直接申请人民法院强制执行。

我们认为,对公路路产损失收取的赔(补)偿费的性质是承担民事责任的一种方式。理由是:相对人损害公路,路产损失赔偿是基于管理权产生的,公路养护责任主体在公路受到损害时要支出额外费用进行修复,该修复费用理应由侵权人承担,这种关于物的完好受到损害的侵权责任,应适用民事程序,所以《公路法》第八十五条规定承担民事责任。现实中,公共设施(公路)所发生的赔偿责任包括他人对公共设施的损害和公共设施对他人造成的损害适用的都是民事程序,民法通则和最高人民法院关于人身损害赔偿的司法解释及大量的涉路判例充分说明了这一点。路产损失赔偿在路政管理机构按程序进行索赔无果的情形下,只能通过民事诉讼的方式解决。公路路政管理机构制作送达的《赔(补)偿通知书》并不具有强制执行力,申请人民法院强制执行,人民法院不会受理,而是会告知另行提起民事诉讼来解决。

当然,对于因公路管理机构行使公路相邻权,依照收费标准收取的补偿费,我们认为,应当属于行政事业性收费。当被征收对象拒绝缴纳时,征收该项费用的决定,可以依法申请人民法院强制执行。

4. 公路路产损失赔(补)偿费的归属

对损害路产的修复,属于公路养护责任主体的养护职责内容。公路养护责任主体

负有保证公路处于良好的技术状态的法定责任,必须对损害路产及时进行修复。修复,必然支出修复费用。因此,公路养护责任主体直接向侵权人收取赔(补)偿费,该费用应当归属公路养护责任主体所有。《路政管理规定》规定,公民、法人或其他组织造成公路路产损坏的,应向公路管理机构缴纳路产损坏赔(补)偿费。事实上,全国绝大多数省份,均由公路路政管理机构具体收取公路路产损坏赔(补)偿费。该规定并不表示作为行政主体的公路管理机构有权占有该费用。公路管理机构是收取公路赔(补)偿费用的主体之一,但并不是唯一主体,有权收取该费用,并不等于有权占有该费用,收取赔(补)偿费用后应当及时全额返还给具体负责维修的公路养护责任主体。

对于作为行政主体的公路管理机构依照相邻关系的规定,向有关特殊占利用公路的对象收取的补偿费,因属于行政事业性收费,应当依法上缴国库,由财政部门统一支配、使用。

对于收费公路,公路管理机构与负责公路养护的公路经营企业常就该部分费用的归属发生争议。公路经营企业认为,其在投资修建收费公路时候,也有处理与其他线路的相邻关系问题,但是均向相关相邻权单位支付了费用,现在相关相邻权单位要特殊占利用收费公路,根据等价有偿的原则,因相邻关系收取的补偿费,应该归公路经营企业所有。

我们认为,首先,根据《公路法》和《收费公路管理条例》的相关规定,收费公路经营企业通过政府的特许经营许可,依法取得的收费公路经营权,包括收费权、广告经营权以及服务设施经营权。除此之外,公路经营企业无其他任何从收费公路中予以获利的权利,其他所有权利归国家所有。其次,收费公路建设时期向其他单位缴纳的相邻权补偿费,属于建设时期的成本,该成本已经在收费公路的收费标准和收费期限的审批中作为重要因素予以了充分考虑,现其他单位占(利)用收费公路时缴纳的相邻权补偿费不应该归公路经营企业所有。再次,公路管理机构在对特殊占(利)用收费公路的涉路施工行为依法进行许可时,收取的费用,是代表国家行使收费公路与其他单位之间的相邻关系,其他单位依法对国家给予的补偿。行政许可时,均应依法征求公路经营企业的意见,许可行为并未给公路经营企业造成任何损失,即使有任何损失,也由许可的申请人给予修复或补偿。因此,公路经营企业获得该笔费用于法无据。

二、公路路产损害赔(补)偿与路政执法的关系

1. 公路路产损害赔(补)偿案件中收取赔(补)偿费的方式

在公路赔(补)偿费收取途径上,原则上是按民事途径,由公路养护责任主体直接按民事途径向侵权人主张赔偿,自行解决。必要的时候,公路养护责任主体可申请公路管理机构采取行政手段解决,但是行政手段解决的前提是要法律或行政法规授权公路管理机构有责令赔偿、责令修复等行政权力。

当前工作实践中,对收费公路造成损害,收取公路赔偿费的程序有三种:

(1)按照《路政管理规定》的程序进行办理。《路政管理规定》规定,公民、法人或者其他组织造成路产损坏的,应向公路管理机构缴纳路产损坏赔(补)偿费。该《规定》对收取公路赔(补)偿费的程序做出了具体的规定。但是,如果当事人不履行《赔(补)偿通知书》中确定的缴费义务,公路管理机构并不能依《赔(补)偿通知书》这一文书上载明的"依法强制执行或申请人民法院强制执行"等告知事项去落实,"依法强制执行"事实上无法可依,"申请人民法院强制执行"事实上会遭到人民法院不予受理。

(2)按民事诉讼程序进行处理。在毁损公路路产的侵权人不履行赔偿义务时,负有公路养护义务的法定责任主体可及时向人民法院提起侵权民事诉讼,以使路产损失得到及时挽回。但是,民事诉讼对证据要求严格;审理期限漫长(简易程序的审限也要3个月);由于侵权车辆流动性强,很容易出现外地车辆,在调查侵权人详细信息、送达相关诉讼文书、执行生效民事判决上面,成本均相对较高,诉讼成本高于路产损失价值的情况很多见,法定养护责任主体可能就放弃了路产损失的索赔。

(3)按行政处理程序进行处理。2011年《公路安全保护条例》实施前,国务院《中华人民共和国公路管理条例》第三十二条规定,"对违反本条例规定的单位和个人,公路主管部门可以分别情况,责令其返还原物、恢复原状、赔偿损失、没收非法所得并处以罚款。"这里,责令恢复原状和责令赔偿损失行政命令,是具体行政行为,在相对人不履行该行政命令时,可直接申请人民法院强制执行,该具体行政行为具有可执行力,人民法院应当予以受理。

但是,应注意的是,该条例赋予通过行政手段解决民事赔偿的行政法规中,规定的"责令恢复原状或责令赔偿损失"的前提是:"违反本条例规定的"。也就是说,违法行为造成路产损失的,才可以使用该行政手段。如超限车辆擅自行驶公路对公路造成损害,可以依据该条例的规定运用行政手段解决。但是,发生在公路上的路产损失案件,大多是因交通事故引起,相对人并未违反《中华人民共和国公路管理条例》的相关规定,对非因违反条例规定违法行为引起的路产损失,则不能使用该行政手段。

2011年7月1日《公路安全保护条例》实施后,《中华人民共和国公路管理条例》被废止,不能再适用《中华人民共和国公路管理条例》的规定责令赔偿损失。

关于责令赔偿损失的问题,很遗憾没有被纳入《公路安全保护条例》。未纳入行政法规的理由是根据《立法法》的规定,上位法没有规定该行政手段,而是规定了"承担民事责任",为避免与上位法冲突,遂未写入。其实,民事责任和行政手段是两回事,上位法没规定的,下位法可以根据需要进行规定。各地在制定公路管理地方性法规的时候,可以考虑明确授权公路管理机构的责令赔偿权。

尽管《公路法》和《公路安全保护条例》没有直接授权公路管理机构的责令赔偿损失职权,但是,对于各种违法行为造成的公路路产损失,公路管理机构是可以依据《公路法》和《公路安全保护条例》,甚至是地方性法规或地方政府规章,责令赔偿路产损失的。对于违法行为,各类规范性文件都授权责令停止或责令改正违法行为。而责令停止或责令改正违法行为的重要表现形式,就是责令赔偿损失,使违法后果得以消除。

2. 公路路产损害赔偿案件中,公路管理机构的法定调查处理权

(1)公路管理机构调查处理权的法律依据。

根据《公路法》的规定,公路管理机构对公路路产损害赔偿案件具有法定的调查处理权。如《公路法》第五十三条规定,造成公路损坏的,责任者应当及时报告公路管理机构,并接受公路管理机构的现场调查;第六十九条规定,交通主管部门、公路管理机构依法对有关公路的法律、法规执行情况进行监督检查;第七十条规定,交通主管部门、公路管理机构负有管理和保护公路的责任,有权检查、制止各种侵占、损坏公路、公路用地、公路附属设施及其他违反本法规定的行为;第八十五条第二款规定,对公路造成较大损害的车辆,必须立即停车,保护现场,报告公路管理机构,接受公路管理机构的调查、处理后方得驶离。《公路安全保护条例》第七十一条第一款也规定,造成公路、公路附属设施损坏的单位和个人应当立即报告公路管理机构,接受公路管理机构的现场调查处理。显然,当公路的使用者损害了公路路产,公路管理机构对其进行的调查和处理是一种法律授权,是维护公路的管理者、经营者和使用者合法权益的具体行政行为。

公路管理机构行使的对公路路产损害赔偿案件的调查处理权,与公安机关交通管理部门行使的对交通事故的调查处理权既有区别又有联系。其主要区别是:

一是调查主体不同。路产损害赔偿案件调查处理的法定责任主体是公路管理机构;交通事故的调查处理法定责任主体是公安机关交通管理部门。

二是调查的范围不同。公路管理机构对任何损害公路路产的案件,均可以行使调查处理权;而公安机关交通管理部门仅仅在道路交通事故中具有调查处理权。

三是调查的内容不同。公路管理机构主要围绕公路路产损害赔偿案件的相关内容进行调查,如路产损失项目及损失数额的认定,侵权人基本情况;其他赔偿义务人的基本情况等。公安机关交通管理部门则主要围绕交通事故当事人、事故成因、事故当事人在事故中责任大小等方面进行调查。公安机关交通管理部门有权对交通事故造成的其他财产损害情况进行调查,但是无权对公路路产损失情况进行调查。

四是调查后处理方式不同。公路管理机构调查完毕,一般按《路政管理规定》规定的程序进行处理;公安机关交通管理部门调查完毕后,则按照《道路交通安全法》的规定出具《道路交通事故认定书》并组织双方进行调解,调解不成的,告知当事人向人民法院提起诉讼。

五是出具的文书不同。公路管理机构调查完毕,一般出具的是《公路路产损失赔(补)偿通知书》,作为侵权人支付赔偿费的依据;公安机关交通管理部门调查完毕出具的《道路交通事故认定书》则作为事故认定的一个证据,在诉讼中经受人民法院的司法审查。

二者也有一定的联系。对于因交通事故造成的公路路产损害案件,公路管理机构

与公安机关交通管理部门均应到现场进行调查取证,分别履行相应的法定职责;因此造成的公路路产损害赔偿案件,若侵权人不予赔偿,诉至人民法院后,人民法院均将公路路产损害视为道路交通事故中的财产损害,按照机动车交通事故责任纠纷的案由确定审理案由,按照交通事故的归责原则进行审理和判决。

在道路交通事故的调查处理中,公路管理机构与公安机关交通管理部门应相互配合,相互协作。相关行政法规对此也进行了明确,如《中华人民共和国道路交通安全法实施条例》第八十八条规定,机动车发生交通事故,造成道路、供电、通信等设施毁损,驾驶员应当报警等候处理,不得驶离。机动车可以移动的,应当将机动车移至不妨碍交通的地点。公安机关交通管理部门应当将事故有关情况通知有关部门。再如《公路安全保护条例》第七十一条第二款也规定,发生交通事故造成公路、公路附属设施损坏,公安机关交通管理部门在处理交通事故时应当及时通知有关公路管理机构到场调查处理。也就是说,在交通事故发生后,公安机关交通管理部门已经得知事故发生且已经造成公路路产损坏的情形下,如果公路管理机构尚未得到事故发生的信息,公安机关交通管理部门必须通报公路管理机构到现场进行处理,这是其法定的职责和义务,如果公安机关交通管理部门怠于履行该法定义务,则公路养护责任主体因此遭受的路产损失因此无法获得赔偿时,可以要求公安机关交通管理部门予以行政赔偿。

(2)公路管理机构调查处理的程序。

根据原交通部发布的《路政管理规定》的规定,公民、法人或者其他组织造成路产损坏的,应向公路管理机构缴纳路产损坏赔(补)偿费。该《规定》对收取公路赔(补)偿费的程序做出了具体的规定:

①当场处理程序。

对于路产损坏事实清楚,证据确凿充分,赔偿数额较小,且当事人无争议的,可以当场处理。当场处理公路赔(补)偿案件,应当制作、送达《公路赔(补)偿通知书》收取公路赔(补)偿费,出具收费凭证。

②当场处理以外的程序。

除可以当场处理的公路赔(补)偿案件外,处理公路赔(补)偿案件应当按照下列程序进行:

a. 立案。

b. 调查取证。

c. 听取当事人陈述和申辩或听证。

d. 制作并送达《公路赔(补)偿通知书》。

e. 收取公路赔(补)偿费。

f. 出具收费凭证。

g. 结案。

③其他程序要求。

对于调查取证应当询问当事人及证人,制作调查笔录;需要进行现场勘验或者鉴定的,还应当制作现场勘验报告或者鉴定报告。对公路赔(补)偿案件处理程序的具体事项未作规定的,参照《交通行政处罚程序规定》办理。办理公路赔(补)偿案件涉及路政处罚的,可以一并进行调查取证,分别进行处理。

当事人对《公路赔(补)偿通知书》认定的事实和赔(补)偿费数额有疑义的,可以向公路管理机构申请复核。公路管理机构应当自收到公路赔(补)偿复核申请之日起15日内完成复核,并将复核结果书面通知当事人。

公路赔(补)偿费应当用于受损公路的修复,不得挪作他用。

(3)高度重视调查处理中的取证环节。

追索公路路产损失的民事诉讼案由为财产损害赔偿纠纷(交通事故引起的公路路产损害案件,为机动车交通事故责任纠纷)。我国民事诉讼实行的是"谁主张、谁举证"的制度,原告向人民法院起诉或者被告提出反诉,应当附有符合起诉条件的相应的证据材料。当事人对自己提出的诉讼请求所依据的事实或者反驳对方诉讼请求所依据的事实有责任提供证据加以证明。没有证据或者证据不足以证明当事人的事实主张的,由负有举证责任的当事人承担不利后果。

作为保护路产、维护路权的公路路政管理机构,在处理路产损失赔(补)偿案件时,应当按照《路政管理规定》规定的程序进行,如果不按此种方式进行,则路政管理行为可能会因程序不到位而被上级或其他相关部门追责,但是在该种方式不能解决赔(补)偿费追缴到位的情况下,应当及时通知公路养护法定责任主体,尽快采取民事途径予以解决,同时应当为收费公路经营管理者通过民事途径解决所须相关证据及当事人信息等提供方便。

公路路政机构要正确维护好公路经营者、管理者和使用者的合法权益,应当客观公正调查收集路产损失赔(补)偿案件相关证据材料。

如在交通事故致使公路路产损害后果发生后,不能简单地只是对路产损害后果进行勘验调查取证,而是要围绕赔偿义务主体的确认、公路路产损害的后果(损失数额)的确认、因果关系的确认、赔偿义务主体过错的确认等方面,客观、公正、全面调查收集路产损失赔(补)偿案件相关证据材料,为赔偿权利人通过诉讼途径进行索赔准备必要的证据,增加路产索赔能力,才能确保路产损失能得到最大限度的挽回。否则,对于路产损失后果通过司法鉴定机构鉴定,其他侵权要件的证据也完全可通过公安机关交通管理部门的事故材料进行取证,那么公路路政管理机构的保护路产职责及其执法地位就完全可能被边缘化。

对于赔偿义务主体,应结合路赔案件赔偿义务人要求,进行取证。主要方法是在对证人或当事人进行询问并制作询问笔录时,对相关情形进行确认。如对车辆所有权人的取证,还应当对肇事车辆外形、牌照号及机动车行驶证进行拍摄,为防止车牌是套牌车,还应对车辆发动机号或车架号(车辆识别代号)进行取证,向公安机关车辆管理部门调取车辆登记信息,通过形成的证据链,确认车辆所有权人。另外,可以从公安机关交通管理部门的事故处理卷宗材料中对赔偿责任人及保险公司的相关信息进行复制并加盖出处证明印章,作为证据使用。

而对于公路路产损害的后果的取证,路政机构应当依法进行现场勘验和调查,并绘制相应的现场图,对现场路产损坏情况进行拍摄。损害后果确定后,可以结合物价部门制定的收费标准进行确认路产损害的具体数额。司法实践中,路产损害的后果原则上由司法鉴定机构进行鉴定,这样的证据更具有科学性和合法性,更容易为人民法院所采信。

对于因果关系的取证,主要通过对证人和当事人的询问笔录等证据进行确认。司法实践中,要证明是交通事故造成的路产损失,应提交公安机关交通管理部门依法做出的《道路交通事故认定书》;若是车辆自燃等火灾造成路产损失,应提交公安机关消防部门依法做出的《火灾事故认定书》。

在结案问题上,公路管理机构通过行政手段处理完毕,即可结案。如果使用的是责令赔偿,则可以申请人民法院强制执行,人民法院的相关文书即可作为结案凭证。如果使用的是赔(补)偿通知书,且相对人拒不接受处理的,则可对公路经营管理者进行书面通知,通知其采取司法途径,向侵权人提起民事诉讼的方式解决,也可予以结案。

3. 公路路产损害赔偿案件中,路政管理机构的行政处理程序建议

根据前面所述公路路产损害赔(补)偿费的性质及收取情形,对于路政管理机构在处理该类案件的行政程序,我们提出如下建议,可供各公路管理机构予以参考适用。

(1)对所有公路路产损害赔偿案件,公路管理机构可以按下列程序进行:

①立案。

②调查取证。

③听取当事人陈述和申辩或听证。

④组织侵权人和公路养护责任主体调解,调解不成的,通知公路养护责任主体提起民事诉讼。

⑤结案。

其中,若对造成公路路产损害的后果,系由违法行为造成,且公路管理法律法规规章对此有明确授权公路管理机构责令停止或改正违法行为的,公路管理机构可以按下列程序进行:

①立案。

②调查取证。

③听取当事人陈述和申辩或听证。

④对违法相对人制作并送达《责令改正交通违法行为通知书》,责令赔偿公路路产损失。

⑤收取公路赔(补)偿费。

⑥出具收费凭证。

⑦结案。

（2）对于在路政许可中，因许可行为必然对公路路产造成损失的，建议处理程序为：

①受理申请。

②审查中征求利害关系人（公路养护责任主体）意见。

③听取申请人和利害关系人陈述和申辩或听证。

④组织申请人和利害关系人就补偿或修复问题进行协商，达成一致意见。

⑤决定。

⑥结案。

（3）对于行使相邻权收取公路路产损失补偿费情形，建议处理程序为：

①受理申请。

②审查中征求利害关系人（公路养护责任主体）意见。

③听取申请人和利害关系人陈述和申辩或听证。

④组织申请人和利害关系人就补偿或修复问题进行协商，达成一致意见。

⑤制作并送达《特殊占利用公路补偿费征收决定书》给申请人。

⑥收取公路补偿费并出具行政事业性收费收据。

⑦决定。

⑧结案。

4. 公路路产损害赔偿案件中，路政管理机构的行政强制程序建议

《公路安全保护条例》第七十二条规定，造成公路、公路附属设施损坏，拒不接受公路管理机构现场调查处理的，公路管理机构可以扣留车辆、工具。

（1）根据《行政强制法》的规定，扣留车辆、工具是一种典型的行政强制措施行为。实施该行政强制措施的建议程序为：

①实施前，制作《行政强制审批表》，向负责人报告并经批准。

②由两名以上路政执法人员实施。

③出示执法证件。

④通知当事人到场。

⑤当场告知当事人采取行政强制措施的理由、依据以及当事人依法享有的权利、救济途径，根据实际情况，制作并送达《车辆（工具）扣留凭证》。

⑥听取当事人陈述和申辩。

⑦制作现场笔录。

⑧现场笔录由当事人和路政执法人员签名或者盖章，当事人拒绝的，在笔录中予以注明。

⑨当事人不到场的，邀请见证人到场，由见证人和路政执法人员在现场笔录上签名或者盖章。

（2）实施扣留车辆、工具行政强制措施时，要注意以下几点：

①凡情况紧急,需要当场实施行政强制措施的,路政执法人员应当场实施,并应在24小时内向相关负责人报告,补办《行政强制审批表》。相关负责人认为不应当采取行政强制措施的,应当立即解除。

②公路路政执法人员扣留车辆、工具时,应当严格遵守下列要求:

a. 严格按照法定程序进行。

b. 依法扣留车辆时,不得扣留车辆所载货物,并明确提醒当事人妥善处理车辆所载货物。

c. 妥善保管扣留的车辆、工具,不得使用或者毁损,未经法定程序不得处置。

d. 不得要求当事人承担扣留车辆、工具的停车费、保管费等费用。

e. 扣留车辆、工具的期限不得超过30日。情况复杂需要延期的,应制作《延长扣留车辆(工具)期限审批表》,报经省高管局负责人批准,可以延长,但延长期限不得超过30日。同意延长扣押期限的,应制作《延长扣留车辆(工具)期限通知书》,及时送达当事人。

f. 对扣留的车辆、工具需要检测、技术鉴定的,应当明确检测、技术鉴定所需时间,制作《行政强制措施法定除外期间告知书》,送达当事人。

g. 公路路政管理机构采取扣留车辆、工具措施后,应及时查清事实,在法定期限内做出处理决定。有下列情形之一的,公路路政管理机构应当及时制作《解除行政强制措施决定书》,解除行政强制措施:

(a)当事人没有违法行为的。

(b)扣留的车辆、工具与违法行为无关的。

(c)公路路政管理机构对违法行为已经做出处理决定,不需要继续扣留的。

(d)扣留的期限已经届满的。

(e)公路路政管理机构认为不需要采取扣留措施的。

h. 公路路政管理机构扣留车辆、工具,当事人逾期不接受处理的,公路路政管理机构应制作《关于限期接受处理的公告》在媒体上进行公告。经公告3个月仍不来接受处理的,公路路政管理机构对扣留的车辆、工具依法处理。

5. 对造成公路路产损害未进行报告的行政处罚程序

《公路法》第五十三条规定,造成公路损坏的,责任者应当及时报告公路管理机构,并接受公路管理机构的现场调查。第七十八条规定,违反本法第五十三条规定,造成公路损坏,未报告的,由交通主管部门处1000元以下的罚款。

对造成公路路产损坏却未报告的这一违法行为,根据《行政处罚法》的规定,建议程序为:

(1)当事人是法人和其他组织的,或对公民当事人处50元以下罚款或警告处罚的,按简易程序(当场处罚程序)处理:

①向当事人出示执法证件,收集必要证据,告知当事人做出行政处罚决定的事实、理由和依据,并告知其依法享有的权利。

②充分听取当事人的陈述和申辩,对当事人提出的事实、理由和证据应当进行复核;当事人提出的事实、理由和证据成立的,应当采纳。

③填写《行政(当场)处罚决定书》并当场交付行政相对人。

④当场收缴罚款的,同时填写罚款票据,交付行政相对人;不当场收缴罚款的,应当告知行政相对人在规定期限内到指定的银行缴纳罚款。

⑤做出当场处罚决定后,应当在48小时内报所属公路路政管理机构归档,并将当场处罚决定书副本在5日内报所属公路管理机构备案。

(2)对当事人是公民,处以50元以上罚款的,按一般程序处理。建议程序为:

①立案。

②调查取证。

③调查终结,填写《案件调查报告》,报负责人审批。

④制作送达《违法行为通知书》,书面告知陈述、申辩权(符合听证条件的还要告知听证权),告知拟处罚数额、内容等。

⑤听取陈述、申辩或组织听证。

⑥制作并送达《交通行政处罚决定书》。

⑦执行。

⑧结案。

三、公路损害侵权责任及归责原则

1. 公路损害侵权责任

(1)概念。

公路是一种公共设施,从物的属性来说,是一种构筑物,亦是国家财产。《公路法》第七条规定,公路受国家保护,任何单位和个人不得破坏、损坏或者非法占用公路、公路用地及公路附属设施。任何单位和个人都有爱护公路、公路用地及公路附属设施的义务,有权检举和控告破坏、损坏公路、公路用地、公路附属设施和影响公路安全的行为。对于损害公路的,《公路法》第八十五条第一款规定:违反本法有关规定,对公路造成损害的,应当依法承担民事责任。

所谓民事责任,是民事法律责任的简称,是法律责任的一种,是指是民事主体违反了民事义务所应承担的法律后果。民事义务包括法定义务和约定义务,也包括积极义务和消极义务、作为义务和不作为义务。民事责任主要是由三个部分的内容构成,即缔约过失责任、违约责任及侵权责任。

违反法律的规定,对公路造成损害,承担的是民事侵权责任。

侵权责任,即侵权人侵害民事权益后所应依法承担的民事责任。《侵权责任法》第二条规定:"侵害民事权益,应当依照本法承担侵权责任。"侵权责任的法律特征是:侵权责任是民事责任的一种责任类型;侵权责任是民事主体违反法定义务而应承担的法律后果;侵权责任是以存在侵权行为为前提的;侵权责任的承担范围是法定的,不能约定;侵权责任以损害赔偿为主要承担责任的形式。

在公路损害侵权责任中,违法行为造成公路损坏,后果虽是公路损害,侵害的是公路的完好、安全和畅通。实际上,违法行为侵害的是公路养护责任主体的财产权,公路养护责任主体根据法律的要求,必须及时对损害的公路进行修复,修复费用的支出,就是对财产权的损害。财产权,即《侵权责任法》所保护的"民事权益"。

《侵权责任法》第三条规定,被侵权人有权请求侵权人承担侵权责任。显然,在公路损害侵权责任中,有两个主体:一个是被侵权人,即公路养护责任主体;另一个主体为侵权人,即承担侵权责任的人。公路损害侵权责任中的侵权人,是因违反法定义务造成公路损害的人。

(2)公路损害侵权责任的承担方式。

《侵权责任法》第十五条规定了承担侵权责任的方式,主要有八项,具体包括:停止侵害;排除妨碍;消除危险;返还财产;恢复原状;赔偿损失;赔礼道歉;消除影响、恢复名誉。这些承担侵权责任的方式,可以单独适用,也可以合并适用。除了赔礼道歉、消除影响及恢复名誉是针对人身权所承担的侵权责任方式,其余的都是针对财产权所承担的侵权责任方式。

在公路损害侵权责任中,针对财产权所承担侵权责任方式全部适用于公路损害侵权责任。如,违法施工造成公路损害,公路养护责任主体有权请求侵权人立即停止侵害并赔偿损失;如违法在公路上堆放物品,公路养护责任主体有权请求侵权排除妨碍、恢复原状;再如在公路桥下空间从事生产加工;公路养护责任主体有权请求侵权人消除危险;盗窃公路附属设施的,公路养护责任主体有权请求侵权人返还财产。

(3)公路损害侵权构成要件。

侵权行为构成要件,简言之:违法行为,危害后果,因果关系及主观过错。

①违法行为,指侵权人的行为具有违法性,其实施的行为违反了法律的禁止性规定或强制性规定。

②危害后果,又称损害事实,是指违法行为导致的人身或财产的不利益。这种不利益是指一切受法律承认和保护的权利与利益所遭受的不良状态和不良后果。

③因果关系,是指违法行为与损害结果之间的客观联系,即特定的损害事实是否是行为人的违法行为必然引起的结果。只有当二者间存在因果关系时,行为人才应承担相应的民事责任。

④主观过错,是侵权行为构成要件中的主观因素,反映行为人实施侵权行为的心理状态。过错根据其类型分为故意与过失。故意,是指行为人预见到自己的行为可能产生的损害结果,仍希望其发生或放任其发生;过失,是指行为人对其行为结果应预见或能够预见而因疏忽未预见,或虽已预见,但因过于自信,以为其不会发生,以致造成损害后果。

在公路损害侵权行为中,同样需要四个要件同时成立,侵权行为才成立。即需要损害公路的侵权人有违法行为;公路确实遭受侵权人损害的后果;侵权人的违法行为与公路遭受损害的后果之间存在因果关系;侵权人主观上存在损害公路的故意或过失。

在公路因侵权行为遭受损害后,公路养护责任主体主张侵权人承担侵权责任,一般应围绕构成要件进行举证,证明侵权行为的成立,方可进一步主张由侵权人承担相应的侵权责任。

在公路损害侵权构成的四个要件中,特别要注意的是损害后果的确定。

当前司法实践中,很多公路损害后果的确定,即赔(补)偿费用数额的确定,是通过司法鉴定来完成。作为独立的第三方的专业机构及专业人员的意见,司法鉴定结论能经受住司法审查,公路路产损失的赔偿权利人和赔偿义务人也能接受,而省级交通、财政和价格主管部门制定的赔(补)偿费标准,只能作为赔偿的参考,方便赔(补)偿案件的现场快速处理。现实中,一旦发生诉讼,面对这两类证据的同时出现,人民法院一般会采信前者。因此,在路产损失索赔中,公路管理机构应当注意逐步引入司法鉴定机构对公路损害后果进行鉴定,不能过于迷信收费标准。有些赔偿项目,如果价格主管部门反对制定,仍可以通过司法鉴定方式鉴定出修费费用,由公路养护责任主体以平等民事主体身份进行索赔。当然,对于一些通过司法鉴定机构很难完成的鉴定事项,如超限车辆对公路造成的隐形损害的赔偿标准问题,要尽可能争取价格主管部门出台收费标准。

2. 公路损害侵权责任的归责原则

(1)关于归责和归责原则。

归责,就是指行为人因其行为和物件致使他人损害的事实发生后,应依据何种根据使其负责,此种根据体现了法律的价值判断。归责原则,是处理民事侵权损害赔偿案件的基本准则,是对于各种具体侵权案件的可归责事由进行的一般性抽象,对同类侵权行为归纳出共同的责任基础。归责原则直接体现了国家的侵权立法政策和法律的价值判断,决定了侵权行为的分类、责任构成要件、举证责任的分担、免责的事由及损害赔偿的方法等。

(2)《侵权责任法》对归责原则的划分。

根据《侵权责任法》第六条、第七条、第二十三条的规定,行为人因过错侵害他人民事权益,应当承担侵权责任。根据法律规定推定行为人有过错,行为人不能证明自己没有过错的,应当承担侵权责任。行为人损害他人民事权益,不论行为人有无过错,法律规定应当承担侵权责任的,依照其规定。因防止、制止他人民事权益被侵害而使自己受到损害的,由侵权人承担责任。侵权人逃逸或者无力承担责任,被侵权人请求补偿的,受益人应当给予适当补偿。

显然,《侵权责任法》对于侵权行为的归责原则的划分,是分为两类,即一为过错责任原则,二为无过错责任原则。其中,过错原则中包含过错推定责任原则。另外,还存在一种特殊的原则,即公平责任原则。具体是:

①过错责任原则。过错责任原则是指确定侵权损害赔偿时,以行为人的过错为依据判断行为人对其所造成的损害是否承担侵权责任的归责原则。这种归责方式适用

一般侵权责任,即在法律没有特殊规定的情况下,均适用过错责任原则。过错责任原则强调行为人的主观意识,如主观上无过错,则行为人不承担损害赔偿责任。

要注意的是,过错推定责任原则是过错责任原则的一种特殊的表现形式,是指在适用过错责任原则的前提下,在特殊情况下,由行为人证明自己无过错而免责,如行为人不能证明自己无过错,则要承担责任。如公路管理瑕疵致人受损害的,必须由公路管理者证明管理不存在任何过错,否则就要承担责任,这就是典型的过错推定责任。

②无过错责任原则。无过错责任原则不依行为人的过错为责任构成要件,而依法律的特殊规定承担责任。无过错责任更多体现的是社会责任,强调对受害人的损害进行补偿,如产品质量、交通事故、环境污染等造成的损害。无过错责任的举证责任在行为人(被告),实行举证责任倒置。受害人(原告)应证明行为人行为违法、损害事实发生、有因果关系。行为人(被告)主张免责,就应承担举证责任,即证明受害人(原告)的故意或过失是损害结果发生的原因。

③公平责任原则。是指行为人、受害人均无过错,但损害事实已经发生,以社会公平观念作为损害赔偿的准则,根据实际情况和可能,由双方当事人公平分担损失的归责原则。如《侵权责任法》第二十三条规定,因防止、制止他人民事权益被侵害而使自己受到损害的,由侵权人承担责任。侵权人逃逸或者无力承担责任,被侵权人请求补偿的,受益人应当给予适当补偿。这就是典型的公平责任原则。

(3)公路损害侵权责任的归责原则。

对公民、法人或其他组织违反相关法律法规,对公路造成损害的侵权行为,承担侵权责任,归责原则为过错责任原则。

根据《侵权责任法》第六条的规定,行为人因过错侵害他人民事权益,应当承担侵权责任。《民法通则》第一百零六条第二款规定,公民、法人由于过错侵害国家的、集体的财产,侵害他人财产、人身的应当承担民事责任。《公路法》第八十五条也规定,违反公路法有关规定,对公路造成损害的,应当依法承担民事责任。

从以上法律规定来看,对公路造成损害的侵权行为,承担的民事责任,归责原则为过错责任原则。

这里重点讲解过错。过错,是过错责任原则的核心,不仅是承担责任的构成要件之一,更是归责的最终要件,还是确定责任范围的依据。过错的形式,有故意和过失两种。在公路损害侵权责任中,故意违反法律法规的规定,从事公路损害的活动,是故意损害,如擅自挖掘公路的行为;由于违反交通安全管理法律法规,造成车辆发生交通事故,尽管发生交通事故不是行为人主观追求的结果,但是行为人明知交通安全违法行为会导致交通事故发生,由于轻信能够避免,主观上的过失,导致车辆发生交通事故,造成公路路产的损害,是过失。无论是故意还是过失,都应当按照过错责任归责原则,判定由侵权人承担侵权民事责任。

第二节 公路路产损坏相关法律制度

一、涉路施工致公路路产损坏案件的处理

广义的涉路施工,是指跟公路路产相关的施工活动。狭义的涉路施工,是一个特定的法律术语,其内涵来源于《公路安全保护条例》。《公路安全保护条例》第二十七条规定,进行下列涉路施工活动,建设单位应当向公路管理机构提出申请:因修建铁路、机场、供电、水利、通信等建设工程需要占用、挖掘公路、公路用地或者使公路改线;跨越、穿越公路修建桥梁、渡槽或者架设、埋设管道、电缆等设施;在公路用地范围内架设、埋设管道、电缆等设施;利用公路桥梁、公路隧道、涵洞铺设电缆等设施;利用跨越公路的设施悬挂非公路标志;在公路上增设或者改造平面交叉道口;在公路建筑控制区内埋设管道、电缆等设施。

(一)涉路施工致公路路产损坏案件的种类

从事涉路施工,依照《公路法》和《公路安全保护条例》的规定,其建设单位应当向公路管理机构提出申请,经公路管理机构许可后,方可从事该项建设施工活动。

因此,涉路施工致公路路产损坏案件的种类,主要有以下三种:

(1)未经公路管理机构许可,擅自从事涉路施工活动,造成公路损坏。

(2)经公路管理机构许可后,从事涉路施工活动,其损坏公路的后果可以预判并在许可中就对此予以解决。

(3)虽经公路管理机构许可,从事涉路施工活动,但是在施工中不按照许可的设计和施工方案进行施工作业,对公路、公路附属设施质量和安全的防护措施不予落实,并因此对公路造成了预判损坏后果之外的损坏。

(二)涉路施工活动中当事人的义务和责任

从事涉路施工活动时,当事人应当履行下列法定义务和责任:

(1)建设单位应当事先向公路管理机构提出申请,取得许可后,方能从事涉路施工活动。

这里要明确办理涉路施工活动许可手续的申请人主体,只能限于建设单位,或项目建设业主,或建设工程的所有权人。对于施工单位申请办理涉路施工活动的,应以其不具备涉路施工申请的主体资格为由,不予受理申请。理由主要是:第一,涉路施工活动的申请主体法定,《公路安全保护条例》明确规定涉路施工活动申请主体为建设单位。第二,只有建设单位作为申请人,公路管理机构才能对其进行有效监管。对于施工单位,因其与建设单位仅仅是建设工程施工合同关系,在其完成工程项目并经验收后,则完成了其在涉路施工活动中的使命,公路管理机构无法对所建设的项目是否影响公路完好、安全和畅通进行监督管理。第三,对建设单位实施许可,能督促建设单位加强对项目的管理,强化对施工活动的安全、质量进行管理,尽量避免各类事故和减

少公路路产侵权责任的发生。

(2)建设单位在从事涉路施工活动申请时,应依法提交相关材料。

根据《公路安全保护条例》第二十八条的规定,申请进行涉路施工活动的建设单位应当向公路管理机构提交下列材料:符合有关技术标准、规范要求的设计和施工方案;保障公路、公路附属设施质量和安全的技术评价报告;处置施工险情和意外事故的应急方案。

上述三项材料,是从事涉路施工活动的建设单位,在申请办理行政许可时必须同时提交的材料。公路管理机构在受理申请时,若建设单位提交的上述三项材料不齐全或者不符合法定形式,当场不能补全或者更正的,公路管理机构应当当场或者在5日内向申请人出具《交通行政许可申请补正通知书》,一次性告知申请人需要补正的全部内容;逾期不告知的,将会被认定自收到申请材料之日起即为受理。

(3)建设单位应当对涉路施工导致的公路路产损失进行处置。

《公路法》第四十四条规定:任何单位和个人不得擅自占用、挖掘公路。因修建铁路、机场、电站、通信设施、水利工程和进行其他建设工程需要占用、挖掘公路或者使公路改线的,建设单位应当事先征得有关交通主管部门的同意;影响交通安全的,还须征得有关公安机关的同意。占用、挖掘公路或者使公路改线的,建设单位应当按照不低于该段公路原有的技术标准予以修复、改建或者给予相应的经济补偿。该法第四十五条规定:跨越、穿越公路修建桥梁、渡槽或者架设、埋设管线等设施的,以及在公路用地范围内架设、埋设管线、电缆等设施的,应当事先经有关交通主管部门同意,影响交通安全的,还须征得有关公安机关的同意;所修建、架设或者埋设的设施应当符合《公路工程技术标准》(JTG B01—2014)的要求。对公路造成损坏的,应当按照损坏程度给予补偿。因此,涉路施工占用、挖掘公路或者使公路改线的,应当按照不低于该段公路原有的技术标准予以修复、改建或者给予相应的经济补偿。

(4)建设单位应当按照许可的设计和施工方案进行施工作业。

涉路施工决定做出后,建设单位应当按照许可的设计和施工方案进行施工作业,并落实保障公路、公路附属设施质量和安全的防护措施,不得违反准予许可决定的条件、标准。

(5)建设单位应当在涉路工程设施经有关部门验收合格后方可投入使用。

《公路安全保护条例》第二十九条规定,涉路施工完毕后,公路管理机构应当对公路、公路附属设施是否达到规定的技术标准以及施工是否符合保障公路、公路附属设施质量和安全的要求进行验收;影响交通安全的,还应当经公安机关交通管理部门验收。验收不合格的,不能投入使用,公路管理机构应当责令建设单位予以改正,改正后再组织验收。

(6)涉路工程设施的所有人、管理人应当加强维护和管理,确保工程设施不影响公路的完好、安全和畅通。

涉路工程设施的所有人、管理人是涉路工程设施的维护和管理法定责任主体,负有维护和管理的法定责任和义务,应采取必要的措施和手段,确保涉路工程设施不影响公路的完好、安全和畅通。

(7)涉路工程建设单位在发生损害公路情形时应履行报告义务。

《公路法》第五十三条规定,造成公路损坏的,责任者应当及时报告公路管理机构,并接受公路管理机构的现场调查。《公路安全保护条例》也做出类似规定。该行政法规第七十一条规定:造成公路、公路附属设施损坏的单位和个人应当立即报告公路管理机构,接受公路管理机构的现场调查处理;危及交通安全的,还应当设置警示标志或者采取其他安全防护措施,并迅速报告公安机关交通管理部门。涉路施工建设单位和施工单位在发生公路损坏的,就应当立即报告公路管理机构,接受公路管理机构的调查处理。如果是经过涉路施工许可,造成的超出许可中预知和允许的范围的公路损坏,同样也应立即报告公路管理机构并接受公路管理机构的调查处理,这是其法定义务。

(三)涉路施工致公路路产损坏案件的解决途径

涉路施工活动当事人违反前述法定义务和责任,造成公路路产损坏的,应当依法承担相应的侵权民事责任。

公路路政管理机构对于涉路施工致公路路产损坏案件,主要从以下几方面着手,予以解决:

1.立案并进行调查,为下步处理提供相关证据

公路路政管理机构的重要职责就是维护公路路产完好。当发生公路路产受损事件,应当依法进行立案,并进行调查。

调查主要围绕查清违法当事人、路产受到损害的事实、路产受损的大小进行调查。其中,路产受损的大小,可委托司法鉴定机构进行鉴定予以确认。

2.主持涉路施工的建设单位和施工单位与公路养护责任主体就公路路产损害赔偿事宜进行调解

调解原则上采取听取双方当事人意见,就公路路产损害赔偿事宜发表各自观点和看法。尽可能促成侵权方和受害方就财产损害赔偿事宜达成协议。

调解不成的,建议和函告受害方提起民事诉讼方式予以解决。公路路政管理机构可应受害方申请,提供相应的证据材料,便于受害方通过民事诉讼的方式维护财产权。

公路路政管理机构也可以采取责令改正违法行为的方式,责令施工的建设单位和施工单位赔偿损失,侵权人拒不赔偿的,申请人民法院强制执行。

3.依法进行行政处罚

公路管理机构在主持调解,就民事赔偿问题进行处理的同时,也应依法对侵权人的违法行为进行行政处罚。公路管理机构对涉路施工活动中的违法行为进行行政处罚的情形,主要有以下几种:

(1)对未经许可,擅自从事涉路施工活动这一违法行为的处罚。

即依照《公路安全保护条例》第六十二条和第五十六条的规定进行处罚。即:未

经许可进行《公路安全保护条例》第二十七条第一项至第五项规定的涉路施工活动的,具体为:因修建铁路、机场、供电、水利、通信等建设工程需要占用、挖掘公路、公路用地或者使公路改线的;跨越、穿越公路修建桥梁、渡槽或者架设、埋设管道、电缆等设施的;在公路用地范围内架设、埋设管道、电缆等设施的;利用公路桥梁、公路隧道、涵洞铺设电缆等设施的;利用跨越公路的设施悬挂非公路标志的,由公路管理机构责令改正,可以处3万元以下的罚款;未经许可进行《公路安全保护条例》第二十七条第六项规定的涉路施工活动的,即在公路上增设或者改造平面交叉道口的,由公路管理机构责令改正,处5万元以下的罚款。同时根据《公路安全保护条例》第五十六条规定,对未经许可进行《公路安全保护条例》第二十七条第六项规定的涉路施工活动的,即在公路建筑控制区内埋设管道、电缆等设施的,由公路管理机构责令限期拆除,可以处5万元以下的罚款。逾期不拆除的,由公路管理机构拆除,有关费用由违法行为人承担。

(2)对不按涉路施工许可内容进行施工这一违法行为的行政处罚。

公路管理机构应当对涉路施工许可实施情况进行监督检查。《行政许可法》第六十一条规定了行政机关对许可实施情况的监督检查。即行政机关应当建立健全监督制度,通过核查反映被许可人从事行政许可事项活动情况的有关材料,履行监督责任。行政机关依法对被许可人从事行政许可事项的活动进行监督检查时,应当将监督检查的情况和处理结果予以记录,由监督检查人员签字后归档。公众有权查阅行政机关监督检查记录。行政机关应当创造条件,实现与被许可人、其他有关行政机关的计算机档案系统互联,核查被许可人从事行政许可事项活动情况。

《公路安全保护条例》规定的对涉路施工完毕后的验收制度,以及对验收完毕后涉路工程设施的所有人、管理人是否加强维护和管理的监督检查,都是行政许可的事后监督制度。

不按涉路施工许可内容进行施工这一违法行为表现在:一是实际施工范围除了许可范围外,还超出了许可范围;二是实际施工范围与许可范围完全不一致;三是不按许可的内容实施涉路施工行为。

对于不按涉路施工内容进行施工的违法行为,一律视为没有行政许可而从事的行为,应依法进行行政处罚。

(3)对涉路工程设施的所有人、管理人不加强维护和管理致使工程设施影响公路完好、安全和畅通这一违法行为的行政处罚。

《公路安全保护条例》规定,涉路工程设施的所有人、管理人在涉路施工活动完成以后,应当对涉路工程设施加强维护和管理,确保工程设施不得影响公路完好、安全和畅通。对违反该规定的,《公路安全保护条例》第六十条规定,涉路工程设施影响公路完好、安全和畅通的,由公路管理机构责令改正,可以处30000元以下的罚款。

(4)对涉路工程施工中造成公路路产损坏却不报告这一违法行为的行政处罚。

《公路法》第五十三条和《公路安全保护条例》第七十一条都规定:造成公路、公路附属设施损坏的单位和个人应当立即报告公路管理机构,接受公路管理机构的现场调查处理。无论何种原因,包括涉路工程施工的原因,造成公路路产损坏却不报告,是一种违法行为,这种违法行为的危害后果是很严重的,不仅危害公路自身的完好安全和畅通,更危害交通安全,极易导致交通事故发生,造成国家和人民生命财产安全。

对于这种违法行为,《公路法》第七十八条规定,造成公路损坏,未报告的,由交通主管部门处 1000 元以下的罚款。

二、机动车致公路路产损坏案件的处理

根据《公路工程名词术语》的解释,公路是连接城市、乡村和工矿基地等,主要供汽车行驶、具备一定技术条件和设施的道路。1988 年起实施、2011 年失效的《中华人民共和国公路管理条例》则对公路进行了明确定义:"公路"是指经公路主管部门验收认定的城间、城乡间、乡间能行驶汽车的公共道路。公路包括公路的路基、路面、桥梁、涵洞、隧道。

公路的性质和使命,决定了公路与机动车是紧密联系的。机动车致公路路产损坏,是公路遭受损害的最常见形式。

(一)机动车交通事故致公路损害的赔偿

《中华人民共和国道路交通安全法》第一百一十九条第一款第(五)项规定:本法中所称"交通事故",是指车辆在道路上因过错或者意外造成的人身伤亡或者财产损失的事件。因此,凡是公路上车辆因交通事故造成公路路产损失、公路养护责任主体诉至人民法院的,无论是单方事故还是多方事故,均应按《中华人民道路交通安全法》规定的相关责任承担方式进行调整。根据最高人民法院《民事案件案由规定》,人民法院在审理路赔案件时,将案件案由定为机动车交通事故责任纠纷。

1. 交通事故案件的归责原则

《中华人民共和国道路交通安全法》第七十六条对机动车交通事故责任纠纷案件中责任承担主体进行了明确规定:机动车发生交通事故造成人身伤亡、财产损失的,由保险公司在机动车第三者责任强制保险责任限额范围内予以赔偿;不足的部分,机动车之间发生交通事故的,由有过错的一方承担赔偿责任;双方都有过错的,按照各自过错的比例分担责任。

2012 年 12 月 21 日起施行的最高人民法院《关于审理道路交通事故损害赔偿案件适用法律若干问题的解释》,对机动车交通事故归责原则进行细化和补充:同时投保机动车第三者责任强制保险和第三者责任商业保险的机动车发生交通事故造成损害,当事人同时起诉侵权人和保险公司的,人民法院应当按照下列规则确定赔偿责任:先由承保交强险的保险公司在责任限额范围内予以赔偿;不足部分,由承保商业三者险的保险公司根据保险合同予以赔偿;仍有不足的,依照道路交通安全法和侵权责任法的相关规定由侵权人予以赔偿。

2. 交通事故损害路产案件中赔偿义务人的确定

公路路产损失索赔案件中,公路管理机构或者公路经营企业作为财产损失受害

人,即作为赔偿权利人,应当按照道交法及最高人民法院相关司法解释的规定,正确将相关赔偿义务人列为被告。

首先,应当将车辆投保的保险公司列入被告,请求保险公司在保险责任范围内直接向公路机构支付保险金。根据《道路交通安全法》第七十六条的规定,车辆投保机动车第三者责任强制保险的,保险公司应在交强险财产赔付限额范围内进行无条件赔付,同时,根据《中华人民共和国保险法》第六十五条规定,保险人对责任保险的被保险人给第三者造成的损害,可以依照法律的规定或者合同的约定,直接向该第三者赔偿保险金。根据《关于审理道路交通事故损害赔偿案件适用法律若干问题的解释》,司法实践中,应当将车辆投保第三者责任商业险的保险公司一并列为被告,直接请求赔偿保险金。

其次,应当将相关车辆所有人或使用人(驾驶员)列为被告,由其进行赔偿。肇事车辆的所有人驾驶其车辆发生交通事故造成路产损失的,因车辆所有人既是运行支配者,又是运行利益的归属者,发生交通事故造成路产损失,理所当然由其承担损害赔偿责任。

肇事车辆的所有人与使用人不是同一人时,情形比较复杂,应按不同的情形,分别确定不同的赔偿义务人。主要情形有:

(1)车辆使用人是受雇佣人或履行职务行为,造成路产损失的,根据《民法通则》和最高人民法院关于审理人身损害赔偿案件适用法律若干问题的解释的规定,应由车辆所有人承担损害赔偿责任。车辆使用人因故意或者重大过失造成路产损失的,其作为直接责任人,应与车辆所有人承担连带赔偿责任。

(2)被盗窃、抢劫、抢夺车辆发生交通事故造成路产损失的,根据最高人民法院在《关于被盗机动车肇事后由谁承担损害赔偿责任》的批复规定,使用盗窃的机动车肇事,造成被害人物质损失的,肇事人应当依法承担损害赔偿责任,被盗机动车的所有人不承担赔偿责任。

(3)分期付款购买车辆发生交通事故,造成路产损失的,根据最高人民法院《关于购买人使用分期付款购买的车辆从事运输,因交通事故造成他人财产损失,保留车辆所有权的出卖方不应承担民事责任的批复》规定,采取分期付款方式购车,出卖方在购买方付清全部车款前保留车辆所有权的,购买方以自己名义与他人订立货物运输合同并使用该车运输时,因交通事故造成他人财产损失的,出卖方不承担民事责任,即应当由购买方承担责任。

(4)车辆买卖未过户的情形下,车辆造成路产损失的,关于赔偿义务人目前仍存在不同看法。一种观点认为,车辆买卖未过户而发生交通事故的,登记车主不承担赔偿责任;另一种观点认为,车辆买卖未过户发生交通事故致人损害的,登记车主应承担赔偿责任。最高人民法院关于连环购车未办理过户手续原车主是否对机动车发生的交通事故致人损害承担责任的复函中认为,连环购车未办理过户手续,因车辆已交付,原车主既不能支配该车的运营,也不能从该车的运营中获得利益,故原车主不应对机动车发生交通事故致人损害承担责任,即应由实际支配车辆运行或者取得运行利益的买方承担损害赔偿责任。最高人民法院《关于审理道路交通事故损害赔偿案件适用法律若干为题的解释》第四条则明确规定:被多次转让但未办理转移登记的机动车发生交通事故造成损害,属于该机动车一方责任,当事人请求由最后一次转让并交付的受让人承担赔偿责任的,人民法院应予支持。

(5)关于挂靠车辆造成路产损失的,在2012年12月21日最高人民法院公布的《关于审理道路交通事故损害赔偿案件适用法律若干为题的解释》实施前,司法实践中有不同看法:第一种是被挂靠单位(登记车主)不承担责任;第二种是被挂靠单位在获取的利益即收取的挂靠费的范围内承担有限的连带赔偿责任;第三种是被挂靠单位与挂靠者承担无限连带赔偿责任。司法解释公布后,对交通事故中挂靠情形进行了明确的统一规定,改变了各地处置不一的混乱状态。《关于审理道路交通事故损害赔偿案件适用法律若干为题的解释》实施后,该解释第三条规定,以挂靠形式从事道路运输经营活动的机动车发生交通事故造成损害,属于该机动车一方责任,当事人请求由挂靠人和被挂靠人承担连带责任的,人民法院应予支持。

(6)车辆在出租、出借情形下发生事故造成路产损失的,有车辆使用人承担责任,但是出租人、出借人明知使用人不具备驾驶车辆的资格(含无驾驶资格或者未取得相应驾驶资格的;因饮酒、服用国家管制的精神药品或者麻醉药品,或者患有妨碍安全驾驶机动车的疾病等依法不能驾驶机动车的);或者明知出租、出借的车辆本身存在安全隐患的,出租人、出借人应与车辆使用人承担连带赔偿责任。

3. 赔偿权利人

机动车发生交通事故致公路受损的,赔偿权利人为公路养护责任主体,即负责修复受损公路的法定责任主体。在非收费公路,为公路管理机构;在收费公路,为收费公路经营管理单位。

4. 作为行政主体的公路管理机构的调查处理

对于交通事故造成的路产损失,由于《道路交通安全法》已经规定了相应的归责、处理程序和责任主体,公路管理机构作为行政管理主体,应当在依法调查时,全面进行调查取证,特别是要围绕侵权人、保险公司等路产损害的赔偿义务人、路产损害后果、交通事故与路产损害后果之间的因果关系等进行调查取证。对路产损害后果的取证,要尽可能引入司法鉴定,委托司法鉴定机构对路产损失进行鉴定,这是消除当事人对政府文件的不信任、公平维护公路的使用者和经营者、管理者之间合法权益的最好处理手段。在交通事故赔偿义务人拒绝承担侵权民事责任时,应当告知公路养护责任主体,通过提起民事诉讼的方式维护权利。

(二)机动车规范装载及装载物掉落、遗洒或者飘散管理及造成他人人身、财产损害的赔偿责任相关法律问题

1. 机动车应当规范装载

车辆是否规范装载,事关道路交通安全及公路设施安全。因为车辆装载不规范,容易致使装载物发生掉落、遗洒和飘散,不仅造成货物损失,而且掉落、遗洒和飘散在公路上的货物,将影响后方正常行驶的车辆,给道路交通安全带来严重的影响;还有一些遗撒在路面上的货物,如沙石,不仅污染公路路面,而且在过往车辆的反复碾压下,会对路面产生较大破坏。《公路安全保护条例》第四十三条第一款规定,车辆应当规范装载,装载物不得触地拖行。车辆装载物易掉落、遗洒或者飘散的,应当采取厢式密闭等有效防护措施方可在公路上行驶。

对于车辆规范装载,相关法律法规规范提出了相应的要求:

(1)《道路交通安全法》第四十八条规定,机动车载物应当符合核定的载质量,严禁超载;载物的长、宽、高不得违反装载要求,不得遗洒、飘散载运物。

(2)《中华人民共和国道路交通安全法实施条例》第五十四条规定:机动车载物不得超过机动车行驶证上核定的载质量,装载长度、宽度不得超出车厢,并应当遵守下列规定:重型、中型载货汽车,半挂车载物,高度从地面起不得超过4m,载运集装箱的车辆不得超过4.2m;其他载货的机动车载物,高度从地面起不得超过2.5m;摩托车载物,高度从地面起不得超过1.5m,长度不得超出车身0.2m。两轮摩托车载物宽度左右各不得超出车把0.15m;三轮摩托车载物宽度不得超过车身。载客汽车除车身外部的行李架和内置的行李箱外,不得载货。载客汽车行李架载货,从车顶起高度不得超过0.5m,从地面起高度不得超过4m。

(3)《公路法》第五十条规定,超过公路、公路桥梁、公路隧道或者汽车渡船的限载、限高、限宽、限长标准的车辆,不得在有限定标准的公路、公路桥梁上或者公路隧道内行驶,不得使用汽车渡船。超过公路或者公路桥梁限载标准确需行驶的,必须经县级以上地方人民政府交通运输主管部门批准,并按要求采取有效的防护措施;运载不可解体的超限物品的,应当按照指定的时间、路线、时速行驶,并悬挂明显标志。

(4)《道路运输条例》第三十五条规定,道路运输车辆运输货物的,运输的货物应当符合核定的载质量,严禁超载;载物的长、宽、高不得违反装载要求。

(5)原交通部发布的《汽车货物运输规则》做出的相关规定:搬运装卸人员应对车厢进行清扫,发现车辆、容器、设备不适合装货要求,应立即通知承运人或托运人。搬运装卸作业应当轻装轻卸,堆码整齐;清点数量;防止混杂、洒漏、破损;严禁有毒、易污染物品与食品混装,危险货物与普通货物混装。对性质不相抵触的货物,可以拼装、分卸。搬运装卸过程中,发现货物包装破损,搬运装卸人员应及时通知托运人或承运人,并做好记录。搬运装卸危险货物,按《汽车运输、装卸危险货物作业规程》(JT 618—2004)进行作业搬运装卸作业完成后,货物需绑扎苫盖篷布的,搬运装卸人员必须将篷布苫盖严密并绑扎牢固;由承、托运人或委托站场经营人、搬运装卸人员编制有关清单,做好交接记录;并按有关规定施加封志和外贴有关标志。

2.机动车车辆装载物不得触地拖行

机动车车辆装载物不得触地拖行,这是道路运输企业及相关从业人员的法定义务。机动车装载货物后在公路上行驶,如果装载物触地拖行,装载物与公路路面发生摩擦,不仅加速对公路路面结构的破坏,对公路路面造成严重损害,增加公路维护成本,而且在装载物触地拖行时,装载物极易发生掉落、遗洒和飘散,造成货损及道路交通安全隐患。此外,装载物触地拖行,占据了有效的公路行车路面,货物在地面上拖行,使货物处于不稳定、不安全状态,导致周边行车处于不安全状态。因此,《公路安全保护条例》第四十三条第一款规定装载物不得触地拖行,不仅是基于对公路自身安全的保护,更是基于对道路交通安全秩序的维护。

3. 机动车车辆装载物易掉落、遗洒或者飘散的,应当采取厢式密闭等有效防护措施

车辆装载物易掉落、遗洒或者飘散的,应当采取厢式密闭等有效防护措施,方可在公路上行驶,以此消除和防范道路交通安全隐患。其中,厢式密闭只是有效防护措施的一种,对于不宜采取厢式密闭措施的,可以采取其他的有效防护措施。同时,采取的防护措施必须是有效的,即能有效防范和避免装载掉落、遗洒或飘散。如果不是有效的防护措施,采取这样的防护措施也是徒劳的。相关法律和法规对此也做出了明确规定。如,《道路交通安全法》第四十八条规定,机动车载物不得遗洒、飘散载运物。《中华人民共和国道路交通安全法实施条例》第六十二条规定,驾驶机动车不得向道路上抛洒物品,违反该规定的,公安机关交通管理部门可依《交通安全法》第九十条的规定,处警告或者20元以上200元以下罚款。《道路运输条例》对货运经营者没有采取必要措施防止货物脱落、扬撒等的,也授权县级以上道路运输管理机构责令改正,处1000元以上3000元以下的罚款;情节严重的,由原许可机关吊销道路运输经营许可证。此外,《公路安全保护条例》第六十九条也规定,车辆装载物触地拖行、掉落、遗洒或者飘散,造成公路路面损坏、污染的,由公路管理机构责令改正,处5000元以下的罚款。

需要注意的是,《公路安全保护条例》第六十九条是基于公路安全保护的考虑,授予公路管理机构行使一定的行政处罚权,这有别于《道路交通安全法》和《道路运输条例》相关规定。如果车辆装载物触地拖行、掉落、遗洒或者飘散未造成公路路面损坏、污染的,则不适用《条例》第六十九条规定,公路管理机构无权进行管理;但该行为因违反道路交通安全管理秩序和道路运输管理秩序,公安机关交通管理部门或道路运输管理机构仍可依照《中华人民共和国道路交通安全法》《道路运输条例》的相关规定进行管理。

4. 车辆驾驶员、押运人员在车辆装载物发生掉落、遗洒或飘散后的法定义务

公路上行驶车辆的装载物掉落、遗洒或者飘散的,车辆驾驶员、押运人员应当及时采取措施处理;无法处理的,应当在掉落、遗洒或者飘散物来车方向适当距离外设置警示标志,并迅速报告公路管理机构或者公安机关交通管理部门。

车辆驾驶员接受承运人的指派或委托,应代表承运人履行其安全运输的义务,并负责对货物运输途中的保管;同时,其作为车辆驾驶员,本身也有安全驾驶、防止道路交通事故出现的法定义务。因此,驾驶员对车辆在公路上行驶中出现装载物掉落、遗洒或者飘散的,有及时采取措施进行处理的法定义务。

押运人员一般由托运人指派或委托,对货物运输过程进行监督管理。根据《汽车货物运输规则》的规定,押运人员在运输过程中负责货物的照料、保管和交接;如发现货物出现异常情况,应及时做出处理并告知车辆驾驶人员。因此,汽车货物运输中,有押运人员的,对车辆在公路上行驶中出现装载物掉落、遗洒或者飘散的,押运人员也有及时采取措施进行处理的法定义务。

驾驶员和押运人员受现场条件的限制,对掉落、遗洒或者飘散在公路上的装载物,确实无法处理的,应当采取以下措施:

一是车辆驾驶员、押运人员有立即消除道路交通安全隐患、防范道路交通事故发生的义务。这要求驾驶员、押运人员应当立即在掉落、遗洒或者飘散物来车方向适当距离外设置警示标志。对于该"适当距离",应当以能确保后方来车安全通行为原则,如在高速公路上发生货物掉落、遗洒或者飘散的,应参照《道路交通安全法》第六十八条关于机动车在高速公路上发生故障时警告标志设置的距离来确定,即警告标志应当设置在掉落、遗洒或者飘散物所在位置起、来车方向150m以外。

二是驾驶员、押运人员有报告管理机关的法定义务。这里的管理机关主要是公路管理机构和公安机关交通管理部门。《公路安全保护条例》第四十三条第二款规定,公路上行驶车辆的装载物掉落、遗洒或者飘散的,车辆驾驶员、押运人员无法处理的,除了应当在掉落、遗洒或者飘散来车方向适当距离外设置警示标志,还应迅速报告公路管理机构或者公安机关交通管理部门。

车辆上发生装载物掉落、遗洒或者飘散的,可能会给公路自身结构的完好、安全、畅通带来一定影响,因此,应报告公路管理机构;装载物掉落、遗洒或者飘散,必然危害道路交通安全,因此还应报告公安机关交通管理部门。从方便报告的角度出发,加上现在全国警路基本已经建立相对稳定联系机制,本条未强制规定必须同时报告两个机构,而是将报告哪个机构的选择权交给车辆驾驶员、押运人员。公路管理机构或者公安机关交通管理部门接到报告后,应相互通报,并在各自法定职责内依法进行处理。

5. 其他人员发现公路上有影响交通安全的障碍物的,应当及时报告公路管理机构或者公安机关交通管理部门

当前我国道路交通安全管理主体是公安机关交通管理部门,《道路交通安全法》第五条明确规定了公安机关交通管理部门和交通运输、建设管理部门在道路交通管理中的职责划分,即:道路交通安全工作由公安机关交通管理部门负责;交通运输、建设管理部门依据各自职责,负责有关的道路交通工作。公路上影响交通安全的障碍物,同时也会给公路的完好、安全、畅通带来一定影响,因此,从方便报告角度出发,为尽快消除公路上的交通安全隐患,《公路安全保护条例》规定,发现公路上有影响交通安全的障碍物的其他人员,应当及时报告,报告的机关既可以是公路管理机构,也可以是公安机关交通管理部门。其他人员,是指车辆驾驶员、押运人员以外的不特定的人员,要求其他人员及时报告,这也是公路管理法律法规所要求社会公众所承担的爱护公路保护公路的法定义务。

6. 公安机关交通管理部门应当责令改正车辆装载物掉落、遗洒、飘散等违法行为

责令改正违法行为,是指行政机关为了预防或制止正在发生或可能发生的违法行为、危险状态以及不利后果而做出的要求违法行为人履行法定义务、停止违法行为、消除不良后果或恢复原状的具有强制性的决定,包括必须停止违法行为和消除违法所造成的后果。《公路安全保护条例》规定,公安机关交通管理部门应当责令改正车辆装载物掉落、遗洒、飘散等违法行为,正是基于车辆装载物掉落、遗洒、飘散违法行为对道路交通安全的违法性和公安机关对道路交通安全管理的职责。要正确理解本规定,首先,这里的责令改正违法行为,并非公安机关唯一行政处理方式。《道路交通安全法》第八十七条规定,公安机关交通管理部门及其交通警察对道路交通安全违法行为,应当及时纠正。第九十条规定,机动车驾驶员违反道路交通安全法律、法规关于道路通行规定的,处警告或者20元以上200元以下罚款。因此,公安机关针对此种违法情形,并非只能责令改正车辆装载违法行为,而是还具有依法进行处罚的行政处罚权,并且有及时纠正违法行为、对障碍物进行清除的强制执行权。其次,这里对公安机关交通管理部门的授权,也并未排除其他行政管理机关对此违法行为的行政管理权。如根据《道路运输条例》第七十条的规定,对货运经营者没有采取必要措施防止货物脱落、扬撒等的,县级以上道路运输管理机构也可责令改正,处1000元以上3000元以下的罚款,情节严重的,由原许可机关吊销道路运输经营许可证。再如车辆装载物掉落、遗洒、飘散,实际造成公路路面损坏、污染后果的,公路管理机构也可依照《公路法》第四十六条、第七十七条和《公路安全保护条例》第四十三条、第六十九条的规定,责令改正,并处5000元以下的罚款。

7. 公路管理机构、公路经营企业应当及时清除掉落、遗洒、飘散在公路上的障碍物

根据《公路法》第三十五条的规定,公路管理机构应当按照国务院交通运输主管部门规定的技术规范和操作规程对公路进行养护,保证公路经常处于良好的技术状态。收费公路养护的责任主体是公路经营管理单位;非收费公路中,乡道、村道的养护责任主体,是乡级人民政府;专用公路的养护责任主体,是修建专用公路的单位;其他非收费公路的养护责任主体是公路管理机构。清除公路上的杂物,是公路养护日常保洁的一个工作内容,因此,《公路安全保护条例》规定,公路管理机构、公路经营企业等养护责任主体应当及时清除掉落、遗洒、飘散在公路上的障碍物。正确理解这个规定,要注意以下几点:

(1)对于掉落、遗洒和飘散在公路上的障碍物,无论该障碍物是否具有价值以及价值大小,法定公路法定养护责任主体均有权、有义务对其予以清除而无须承担任何侵权责任。

(2)公路法定养护责任主体应及时清除掉落、遗洒和飘散在公路上的障碍物,这里的"及时"并不等于"随时",公路是全天候提供服务的线性公共设施,要求公路法定养护责任主体采取"人墙"形式全天候对公路障碍物进行随时清除,是不符合日常生活常理的,法律法规也不会对此提出严格责任要求。法定养护责任主体只要在接到报

告后及时予以清除,或者在规定巡查频率中发现障碍物后及时进行清除,即视为履行了"及时"清除的义务,而不应承担任何责任。最高人民法院《关于审理道路交通事故损害赔偿案件适用法律若干问题的解释》也规定:因在道路上堆放、倾倒、遗洒物品等妨碍通行的行为,导致交通事故造成损害,当事人请求行为人承担赔偿责任的,人民法院应予支持。道路管理者不能证明已按照法律、法规、规章、国家标准、行业标准或者地方标准尽到清理、防护、警示等义务的,应当承担相应的赔偿责任。这是过错推定责任的归责原则。道路管理者若想免责,只要能证明已按照法律、法规、规章、国家标准、行业标准或者地方标准尽到清理、防护、警示等义务的,就不应当承担任何赔偿责任。

(3)《公路安全保护条例》的规定,并没有否定和排斥公安机关交通管理部门对障碍物的管理权和清除义务,对影响交通安全的障碍物,公安机关交通管理部门仍是管理责任主体,并有责任进行清除。本条仅规定了对于不规范装载车辆掉落、遗洒和飘散在公路上的障碍物的处理情形,对人为在公路上堆放物品、打场晒粮等设置障碍物且影响交通安全的行为,公安机关交通管理部门是管理责任主体。

(4)公路管理机构作为行政主体,强制清除障碍物的行为,是行政强制行为,是具体行政行为。对公路管理机构未履行法定清除障碍物职责提起诉讼,应适用行政诉讼程序。公安机关交通管理部门、公路管理机构依照《道路交通安全法》《公路法》及《条例》等规定清除掉落、遗洒和飘散在公路上的障碍物时,可以作为行政管理主体,采取行政强制手段进行。《行政强制法》已自2012年1月1日起施行,该法律第五十条规定:"行政机关依法做出要求当事人履行排除妨碍、恢复原状等义务的行政决定,当事人逾期不履行,经催告仍不履行,其后果已经或者将危害交通安全、造成环境污染或者破坏自然资源的,行政机关可以代履行,或者委托没有利害关系的第三人代履行。"第五十二条规定:"需要立即清除道路、河道、航道或者公共场所的遗洒物、障碍物或者污染物,当事人不能清除的,行政机关可以决定立即实施代履行;当事人不在场的,行政机关应当在事后立即通知当事人,并依法做出处理。"因此,公安机关交通管理部门、公路管理机构强制清除掉落、遗洒和飘散在公路上的障碍物时,可以立即实施代履行。代履行行为是行政强制执行行为,行政强制执行行为则是具体行政行为,也就是说,公路管理机构强制清除障碍物的行为,是具体行政行为。对具体行政行为不服提起的诉讼,应当适用行政诉讼程序。

8.关于车辆驾驶员、押运人员未尽法定义务致他人人身、财产损害的侵权责任

公路是公共道路,其使用关系到公众的利益,在我国快步进入汽车社会的过程中,如果车辆不按规范进行装载,导致车辆装载物掉落、遗洒和飘散,且车辆驾驶员、押运人员没有及时采取措施进行处理,会对他人的安全造成危险。

《侵权责任法》第八十九条规定:"在公共道路上堆放、倾倒、遗洒妨碍通行的物品造成他人损害的,有关单位或者个人应当承担侵权责任。"《公路安全保护条例》结合《侵权责任法》的规定,规定了车辆驾驶员、押运人员在车辆装载物掉落、遗洒、飘散后不及时采取处理措施造成他人人身、财产损害的情形下如何追究民事赔偿责任。车辆

装载物发生掉落、遗洒或飘散且不及时采取有效措施进行处理,造成他人人身、财产损害的行为,是一种典型的民事侵权行为。《公路安全保护条例》第四十三条第三款对这种民事侵权行为的归责原则,明确为无过错责任,即只要车辆装载物掉落、遗洒、飘散后,车辆驾驶员、押运人员未及时采取有效措施进行处理,一旦造成他人人身、财产损害的,一律由道路运输企业、车辆驾驶员承担侵权民事责任,对《侵权责任法》中的"有关单位或者个人"进行了进一步明确。对于车辆逃逸的,则应当由公安机关交通管理部门依法负责调查或侦查。公安机关交通管理部门在调查障碍物导致的交通事故中,应当将负有责任的道路运输企业、车辆驾驶人员列为当事人,并依法做出事故认定。

(三)超限车辆损坏公路赔(补)偿问题

1. 超限运输车辆的定义及对公路路产的危害

(1) 超限运输车辆的定义。

《公路法》第四十九条规定,在公路上行驶的车辆的轴载质量应当符合公路工程技术标准要求。第五十条同时规定,超过公路、公路桥梁、公路隧道或者汽车渡船的限载、限高、限宽、限长标准的车辆,不得在有限定标准的公路、公路桥梁上或者公路隧道内行驶,不得使用汽车渡船。超过公路或者公路桥梁限载标准确需行驶的,必须经县级以上地方人民政府交通主管部门批准,并按要求采取有效的防护措施;运载不可解体的超限物品的,应当按照指定的时间、路线、时速行驶,并悬挂明显标志。运输单位不能按照前款规定采取防护措施的,由交通主管部门帮助其采取防护措施,所需费用由运输单位承担。

根据《超限运输车辆行驶公路管理规定》的规定,超限运输车辆是指在公路上行驶的、有下列情形之一的运输车辆:①车货总高度从地面算起4m以上(集装箱车货总高度从地面算起4.2m以上);②车货总长18m以上;③车货总宽度2.5m以上;④单车、半挂列车、全挂列车车货总质量40000kg以上;集装箱半挂列车车货总质量46000kg以上;⑤车辆轴载质量在下列规定值以上:单轴(每侧单轮胎)载质量6000kg;单轴(每侧双轮胎)载质量10000kg;双联轴(每侧单轮胎)载质量10000kg;双联轴(每侧各一单轮胎、双轮胎)载质量14000kg;双联轴(每侧双轮胎)载质量18000kg;三联轴(每侧单轮胎)载质量12000kg;三联轴(每侧双轮胎)载质量22000kg。

从法律和规章的规定,很容易看出,超限运输车辆,是指有下列情形之一的车辆:一是超过《道路车辆外廓尺寸、轴荷及质量限值》和《超限运输车辆行驶公路管理规定》确定的限定标准的车辆;二是超过有特别限定标准的公路、公路桥梁、公路隧道所限定标准的车辆。

(2) 超限运输车辆对公路路产的毁损。

随着社会经济的快速发展,公路里程不断增加,路网改造不断完善,道路等级不断提升,超限运输车辆随之日益增多,运输市场恶性竞争,运输经营受利益驱动,加大装载量和运输频率,车辆生产厂家为迎合运输经营者要求,随意设计、生产超限车辆,其至私自加轴、加墙板,非法改装车辆。超限运输车辆泛滥,居高不下,导致公路不堪重负,道路损坏触目惊心。

超限运输严重破坏公路路面及桥梁设施,造成国家交通规费的大量流失,容易引发道路交通事故,危及人民群众的生命财产安全,导致汽车工业的畸形发展。超限运输给公路及公路交通事业造成的渐进式隐形损害和其他社会危害是巨大的。

超限运输车辆对公路路产损害的表现形式,既有显性的损害,又有隐形的损害。车辆装载货物后,总重和轴载质量超过国家规定限制的超限运输车辆对公路造成的损害,是公认的和众所周知的事实,单个车辆压翻一条路,或者压垮一座桥的可能性和发生率是很低的,而事实上公路和桥梁由于超限车辆的长期非法行驶,致使其使用寿命大大下降,远远低于其设计使用年限的现象,是普遍存在的。这种损害(坏),是一种从量变到质变的结果,即:某一次的超限运输对路的损害(坏)大多情况下是隐性的,但积累下来的对路桥的损害(坏)却是显性的。也就是说,超限运输车辆对路桥造成的损害(坏),既包括路面沉陷、坑槽、隆起以及桥梁坍塌、错位等显性损害(坏),也包括公路、桥梁内部结构及伸张力及抗压力等发生变化的隐性损害(坏)。很多运输业主认为,只要路未垮、桥未塌,就没有损害(坏),这是没有任何事实依据的。

2. 超限运输车辆损坏公路路产赔(补)偿费性质及处置程序

(1)超限运输赔(补)偿费的性质。

公路受国家保护,任何单位和个人不得破坏、损坏,擅自进行超限运输造成公路损坏的,承运人应对造成公路的损坏承担民事责任,公路管理机构依法收取公路赔(补)偿费。《超限运输车辆行驶公路管理规定》第二十三条规定,在公路上擅自超限运输的,县级以上交通主管部门或其授权委托的公路管理机构应当责令承运人停止违法行为,接受调查、处理,并可处以30000元以下的罚款。对公路造成损害的,还应按公路赔(补)偿标准给予赔(补)偿。对于公路赔(补)偿标准的确定,《超限运输车辆行驶公路管理规定》第二十八条规定,超限运输车辆行驶公路赔(补)偿费标准由各省(自治区、直辖市)人民政府交通主管部门会同同级财政、物价主管部门制定。公路管理机构收取的超限运输赔(补)偿费,是一种民事责任的承担方式,不宜作为行政事业性收费收取。

(2)超限运输赔(补)偿费的收费主体。

我们认为,超限运输赔(补)偿费的收费主体应当是需要对损害的公路桥梁等进行修复的责任人,即公路养护的法定责任主体。

(3)赔(补)偿费收取程序。

超限运输车辆赔(补)偿费,实质上属于公路路产损失赔(补)偿费的一类,根据现有《路政管理规定》的规定,处理的程序有两种:一种是简易程序;另一种为一般程序,这里不再赘述。

我们建议收取赔偿费应按如下程序进行:对违法超限行驶公路的,由公路管理机构调查后,由公路养护责任主体按民事途径解决赔偿事宜。对公路管理机构查获的违法超限行驶公路的车辆,公路管理机构宜通知公路养护责任主体按民事途径协商解决赔偿事宜。公路管理机构也可以责令违法行为人赔偿公路路产损失或者责令违法行为人恢复公路路产原状,违法行为人拒不执行的,公路管理机构可以申请由人民法院强制执行。公路管理机构的调查取证可以与行政处罚或行政强制措施的调查取证一并进行,分别进行处理。公路管理机构应为通过民事途径解决赔偿事宜的双方的取证提供方便。公路管理机构申请人民法院执行完毕的超限运输赔(补)偿费应当返还公路养护责任主体,用于公路路产的修复。

有观点认为赔(补)偿费收取程序可以与行政处罚程序合并适用,即在《处罚决定书》中按"超限运输赔偿标准"附加赔偿。我们认为,收取赔偿费的程序与行政处罚程序是两个不同的程序,一个是民事行为,另一个是行政行为,二者不能适用同一程序。

(4)赔(补)偿费收取标准。

超限运输车辆造成公路损害后,收取的超限运输赔(补)偿费,虽然实质上也是公路路产损害赔(补)偿费的一类,但是和公路路产损害赔(补)偿费也有不同。公路路产损害后,可以依法进行造价评估或司法鉴定,对修复费用予以验算或鉴定。但是超限运输车辆造成公路损害,是量变引起质变的过程,具体到某一次,即使是显性的损害,也很难证明显性损害后果的造成,具体某一超限运输车辆在中间所起作用如何,即对超限运输车辆的违法行为与公路路产损害后果的因果关系,很难用证据证明。

因此,我们认为,超限运输车辆行驶公路对公路造成的损害,其赔偿标准,宜在全省范围通过验算,进行统一,由省级交通、价格、财政部门制定统一的赔(补)偿标准,作为超限运输车辆对公路造成损害后的赔偿参考标准。

也有观点认为,应当全国范围内对收费标准予以统一。我们认为:全国各地自然条件不同,公路技术等级、修建成本、维修成本等都不相同,因此,制定全国的统一的赔(补)偿费标准是不现实的,也是不科学的。各省可以根据本省实际情况,制定赔(补)偿标准,作为赔(补)偿时候的参考。

超限车辆对公路的损坏和车辆超限多少成正比,超限越多,对公路的损坏也就越大。而目前,全国大多数省份的收费标准中,超限车辆不论超限多少其损坏公路的赔(补)偿费都按统一的收费标准计算,超限多和超限少一个赔偿标准,不能体现公平合理的赔偿原则,不利于对公路的保护,也不利于对严重超限车辆的打击。根据车辆的超限幅度制定不同的赔(补)偿标准才是相对科学和公平的。

(5)公路管理机构对违法超限运输,造成公路路产损害的,有权责令缴纳超限运输车辆公路路产损失赔偿费的权利问题。

对违法超限运输,造成公路路产损害的,公路管理机构有权责令上诉人缴纳公路路产损失赔偿费。理由是:根据《公路法》第七十六条规定,擅自超限运输的,由交通主管部门责令停止违法行为,可以处3万元以下的罚款。《公路安全保护条例》第六十四条规定:违反本条例的规定,在公路上行驶的车辆,车货总体的外廓尺寸、轴荷或者总质量超过公路、公路桥梁、公路隧道、汽车渡船限定标准的,由公路管理机构责令改正,可以处3万元以下的罚款。《超限运输车辆行驶公路管理规定》第二十三条规定,在公路上擅自超限运输的,县级以上交通主管部门或其授权委托的公路管理机构应当责令承运人停止违法行为,接受调查、处理,并可处以3万元以下的罚款。对公路造成损害的,还应按公路赔(补)偿标准给予赔(补)偿。

法律法规和规章均规定,对违法超限运输的,公路管理机构应当责令停止和改正违法行为。责令停止和改正违法行为,是个行政命令,具体落实到对违法超限运输车辆的管理上,责令停止和改正违法行为,既包括责令停止继续违法行驶(通常称为责令停驶),也包括责令卸载、重装,责令补办许可手续,责令对造成的路产损失进行赔(补)偿,责令驶离公路等要求相对人改正违法行为及消除违法行为影响的具体的行政命令。

因此,违法相对人向公路管理机构缴纳路产损失赔(补)偿费是相对人停止和改正违法行为的法定义务,公路管理机构也有权责令其缴纳赔(补)偿费,消除其违法行为损害公路路产的影响。

(6)正确理解超限运输车辆损害公路路产赔(补)偿费与收费公路计重收费的关系。

收费站尽管已对超限运输车辆实施计重收费,但是公路管理机构(路政管理部门)在超限运输治理中,仍应收取公路赔(补)偿费。

首先,治超收费与计重收费是两种性质完全不一样的收费。

公路管理机构(路政管理部门)管理超限运输车辆中收取赔(补)偿费的行为是一种保护公路不受侵害,预防、减少和挽回公路路产损失的一种行政行为,治理超限中收取的赔(补)偿费用是为了修复对公路路产造成的损失。而计重收费,是公路经营管理者对货车征收通行费中实行的一种特殊收费政策和标准,通过计重收费收取的通行费用是用于偿还贷款或集资款或作为经营企业的收益。二者是性质完全不一样的费用。

尽管收费公路实行计重收费,有利于遏制收费公路超限运输,对治理超限的工作起到一定促进作用,但是,计重收费是政府对收费公路通行费收费方式的调整和完善,属于政府批准的经济调整行为。实行计重收费是对原来收费方式的一种改变,对超重车辆增加了收费,对不超重或空载车辆减少了收费,体现了"多用路者多交钱,少用路者少交钱",体现了公平合理、鼓励运输业户合法装载、用政策引导发展国家鼓励的推荐车型和多轴大型车辆的原则,在一定程度上可以限制超限超载行为。

其次,向超限运输车辆收取赔(补)偿费有明确的法律依据。

《中华人民共和国公路法》第八十五条规定:"违反本法有关规定,对公路造成损害的,应当依法承担民事责任。"显然,若超限车辆违法行驶公路,在总重超限和轴重超限时,则必然对公路造成损害,应当依法承担赔偿损失等民事责任。《中华人民共和国公路法》和《收费公路管理条例》都明确规定了公路收费期限,收费期限若到期,或者因政策因素提前实现免费通行,不再实行计重收费,那么超限运输车辆对公路的损害将无法得到修复。

原交通部2000年第2号令《超限运输车辆行驶公路管理规定》第二十三条明确规定："违反本规定第十三条、第十四条规定，在公路上擅自超限运输的，县级以上交通主管部门或其授权委托的公路管理机构应当责令承运人停止违法行为，接受调查、处理，并可处以30000元以下的罚款。对公路造成损害的，还应按公路赔（补）偿标准给予赔（补）偿。"第二十八条规定："超限运输车辆行驶公路赔（补）偿费标准由各省（自治区、直辖市）人民政府交通主管部门会同同级财政、物价主管部门制定。"部门规章作为法的体系，应得到尊重和贯彻、落实。

（四）其他机动车损害公路的情形的处理

其他机动车损害公路的情形，主要有两种：

1. 铁轮车、履带车和其他可能损害公路路面的机具，违法在公路上行驶，造成公路损害的情形

《公路法》第四十八条规定，除农业机械因当地田间作业需要在公路上短距离行驶外，铁轮车、履带车和其他可能损害公路路面的机具，不得在公路上行驶。确需行驶的，必须经县级以上地方人民政府交通主管部门同意，采取有效的防护措施，并按照公安机关指定的时间、路线行驶。对公路造成损坏的，应当按照损坏程度给予补偿。

从该条可以看出：除农业机械因当地田间作业需要在公路上短距离行驶外，铁轮车、履带车和其他可能损害公路路面的机具，不得在公路上行驶；农业机械非因当地田间作业需要在公路上行驶，或者在公路上长距离行驶的，亦为违法行驶；铁轮车、履带车和其他可能损害公路路面的机具确实需要在公路上行驶的，必须经县级以上地方人民政府交通主管部门同意，采取有效的防护措施，并按照公安机关指定的时间、路线行驶；凡是违反前述规定通行的，均为违法行驶，依法应当给予行政处罚。造成公路损害的，还应当予以赔偿；铁轮车、履带车和其他可能损害公路路面的机具确实需要在公路上行驶且已经县级以上地方人民政府交通主管部门同意行驶的，如果采取了有效的防护措施，但仍然给公路造成一定损害的，应按损坏程度给予赔偿。

（1）赔偿义务人。

赔偿义务人为违法行驶机具的所有权人及驾驶员。

（2）赔偿权利人。

赔偿权利人为公路养护法定责任主体。

（3）路政机构的职责。

①进行调查取证，在调查取证的基础上依法进行处理。拒不接受处理的，按照《公路安全保护条例》第七十二条的规定，可以扣留车辆和工具，同时依照《公路法》第七十六条的规定，责令停止违法行为，可以处3万元以下的罚款。

②就造成公路路产损害的情况进行处理，不能调解的，由公路养护责任主体向赔偿义务人主张民事赔偿。

第四章　公路路产损害赔(补)偿法律制度

2. 违法在公路上试刹车,造成公路损害的情形

《公路法》第五十一条规定,机动车制造厂和其他单位不得将公路作为检验机动车制动性能的试车场地。违法在公路上试紧急制动,将公路作为检验机动车制动性能的试车场地,对公路损害极大,故法律将此行为定为禁止性行为。

有的省为了支持汽车产业的发展,在地方性法规立法中将公路上试紧急制动的行为,由禁止性行为改为许可性行为,如《湖北省公路路政管理条例》第十二条第一款第(一)项规定:在公路上试车的,应先报县级以上公路管理机构批准,并采取相应的保护措施。这样的下位法规定与上位法显然是冲突的,规定也是无效的。立法中应该注意,不要与上位法相冲突。

(1)赔偿义务人。

《公路法》规定的违法行为人为"机动车制造厂和其他单位"。在法律的实施中,因具体在公路上从事试紧急制动的都是驾驶员,驾驶员一旦陈述是个人行为,将无法依据《公路法》的规定进行查处。2011年实施的《公路安全保护条例》将《公路法》规定的违法行为主体进行了完善和补充。《公路安全保护条例》第十六条第一款规定:"禁止将公路作为检验车辆制动性能的试车场地。"该条规定实质上把所有将公路作为检验车辆制动性能的试车场地的个人、法人或其他组织均列为了违法当事人。违法当事人从事违法行为,对公路造成损害,依法应当作为赔偿义务人。

(2)赔偿权利人。

赔偿权利人为公路养护法定责任主体。

(3)路政机构的职责。

①进行调查取证,在调查取证的基础上,进行处理。拒不接受处理的,按照《公路安全保护条例》第七十二条的规定,可以扣留车辆和工具,并依照《公路法》第七十七条的规定,责令停止违法行为,可以处5000以下的罚款。

②就造成公路路产损害的情况进行处理,不能调解的,由公路养护责任主体向赔偿义务人主张民事赔偿。

第三节　公路路产损失赔(补)偿热点难点问题解析

在公路路产损失赔(补)偿案件的处理中,常存在一些热点难点问题,对这些问题进行简单评述,有利于公路路政执法人员在执法中具体予以掌握和衡量。

1. 问题一:路产损失的残值归属问题

路产损害发生后,赔偿义务人对路产损害予以了赔偿,但是就路产残值的归属问题,常常发生争议。赔偿义务人认为,其已经对路产损失进行了完全赔付,残值就应该归属赔偿义务人。公路养护法定责任主体则认为,残值不应归赔偿义务人。

我们认为,损坏公路路产后,赔偿义务人可以选择自行修复至原有状态,也可以选择赔偿损失(其赔偿额的确定是按照对原有损坏路产进行修复,使之恢复到原有状态的费用进行确定的），即赔偿费用等于修复费用。而修复显然是建立在损坏的路产设施所有权不发生转移基础上的。因此，残值应包含在所赔偿的费用中，其所有权并未发生转移，不能交赔偿义务人。若赔偿义务人缴纳的费用是全部重建费用（含拆卸、装卸、运输、保管、新建等全部费用），而不仅是建立在对损害路产进行修复基础上的修复费用，则残值应该归赔偿义务人所有。

诸如波形梁护栏、立柱、隔离栅之类的路产，若损坏后残值归赔偿义务人所有，公路特有的路产设施将流入民间，特别是废品收购单位，也将会引发大量盗窃同类完好路产设施的违法行为的风险，路政部门及公安机关对盗窃和破坏公路路产设施案件难度也将大大加强，导致公路运输安全性能大大降低。

为避免赔偿义务人因索取赔偿后的路产残值引发不必要的纠纷，在制定损害路产赔偿收费标准中，或者在进行受损路产价值评估或司法鉴定中，应对此残值的归属进行明确或者处理，如在收费标准中明确："按本收费标准收取的赔偿费，包含所损坏路产的残余价值，赔偿义务人索取损坏路产设施的，应另行缴纳残余价值"。这样能有效避免路产损害的残值的处理。

2. 问题二：公路管理机构作为行政主体收取赔（补）偿费，主体是否合法的问题

赔偿义务人认为，既然损害的公路路产是一种侵权行为，承担的是侵权民事责任，那么公路管理机构无权收取该费用。公路管理机构作为行政主体时，用行政手段向赔偿义务人收取赔（补）偿费，主体不合法。

我们认为，根据《路政管理规定》的规定，公民、法人或者其他组织造成路产损坏的，应向公路管理机构缴纳路产损坏赔（补）偿费。同时，相关省、自治区、直辖市也通过地方性法规的立法，授权由公路管理机构收取路产损坏赔（补）偿费。在部门规章和地方性法规已有明确授权的情形下，公路管理机构虽然作为行政主体，在具有法定调查处理权的基础上，有权直接以自己的名义收取赔（补）偿费。这与公路管理机构主持赔偿义务人与公路法定养护责任主体就路产损害的赔偿事宜进行调解，并不矛盾。

当然，路产损害赔（补）偿费的归属权归公路法定养护责任主体所有，由公路法定养护责任主体用于公路路产的修复。因此，即使是公路管理机构收取的路产损失赔（补）偿费，也应及时全额进行返还，返还给公路法定养护责任主体，用于公路的修复。

3. 问题三：公路管理机构作为行政主体在应对针对路产损失索赔上的诉讼问题

在公路管理机构作为行政主体对路产损害案件进行调查处理，或者直接收取路产损失赔（补）偿费后，常有侵权责任人认为公路管理机构的收费行为不合理或者不合法，对公路管理机构提起诉讼。

公路管理机构在针对此类案件的应诉上，应当明确：一是公路管理机构具有法定的路产损害赔（补）偿案件的调查处理权，只要处理行为程序合法，证据充分，适用法律准确，那么公路管理机构的行为就会得到法院的支持。二是若相对人对公路管理机构提起行政诉讼，公路管理机构应当直接就其依法进行的调查和处理程序进行抗辩，

只要能证明具体行政行为是合法的,就能被人民法院支持,而无须就是民事还是行政程序进行抗辩。三是相对人对公路管理机构提起民事诉讼时,公路管理机构应当指明赔偿权利人为公路的法定养护责任主体,应当去起诉公路的法定养护责任主体,而不是作为行政主体的公路管理机构,起诉作为行政主体的公路管理机构属于被告主体不适格,且适用诉讼程序合法。四是相对人对公路管理机构提起行政诉讼,在行政诉讼中,公路管理机构若主张应按民事程序进行处理时,也应指明赔偿权利人为公路的法定养护责任主体,应当通过民事诉讼起诉公路的法定养护责任主体,而不是通过行政诉讼起诉作为行政主体的公路管理机构。

4. 问题四:公路管理机构在调查处理公路路产损害赔(补)偿案件中,如何做好与追究刑事责任的衔接问题

公路是个资金密集型的物,造价很高,一旦受损坏,仅修复的直接经济损失,就相对其他的物来说成本要高得多。实际中,故意毁损公路的,其造成的损失很容易达到构成刑事犯罪标准;同时,故意毁损公路,将对公共安全造成严重影响,也容易构成破坏交通设施罪或者危害公共安全罪。

因此,公路管理机构在依法查处故意损害公路路产的违法行为过程中,发现违法事实的情节、违法事实造成的后果等,根据《中华人民共和国刑法》以及相关司法解释的规定,涉嫌构成犯罪,依法需要追究刑事责任的,应当按照《行政执法机关移送涉嫌犯罪案件的规定》及时移送司法机关处理,不得以行政处罚代替刑事处罚。

国务院《行政执法机关移送涉嫌犯罪案件的规定》第三条规定,行政执法机关在依法查处违法行为过程中,发现违法事实涉及的金额、违法事实的情节、违法事实造成的后果等,根据刑法关于破坏社会主义市场经济秩序罪、妨害社会管理秩序罪等罪的规定和最高人民法院、最高人民检察院关于破坏社会主义市场经济秩序罪、妨害社会管理秩序罪等罪的司法解释以及最高人民检察院、公安部关于经济犯罪案件的追诉标准等规定,涉嫌构成犯罪,依法需要追究刑事责任的,必须依照该规定向公安机关移送。第十六条规定,行政执法机关违反本规定,逾期不将案件移送公安机关的,由本级或者上级人民政府,或者实行垂直管理的上级行政执法机关,责令限期移送,并对其正职负责人或者主持工作的负责人根据情节轻重,给予记过以上的行政处分;构成犯罪的,依法追究刑事责任。行政执法机关违反该规定,对应当向公安机关移送的案件不移送,或者以行政处罚代替移送的,由本级或者上级人民政府,或者实行垂直管理的上级行政执法机关,责令改止,给予通报;拒不改正的,对其正职负责人或者主持工作的负责人给予记过以上的行政处分;构成犯罪的,依法追究刑事责任。对前面所列行为直接负责的主管人员和其他直接责任人员,分别比照前两款的规定给予行政处分;构成犯罪的,依法追究刑事责任。

因此,移送公安机关追究刑事责任,既是公路管理机构的法定权利,同时也是公路管理机构的法定该义务。公路管理机构要正确认识依法移送追究刑事责任,这既是弥补公路管理机构执法手段不足的延伸和补充,同时也是法律法规对公路管理机构的要

求,公路管理机构要对涉嫌构成犯罪的公路路损案件,及时移送公安机关追究刑事责任。

5. 问题五:公路管理机构如何看待公路保护刑事责任问题

虽然有《公路法》和《公路安全保护条例》等法律法规,对公路的保护规定了相应的民事责任和行政责任,但对于公路保护中的刑事责任问题,仅《公路法》第八十四条,列出一条:"违反本法有关规定,构成犯罪的,依法追究刑事责任。"看似没有问题,实则不痛不痒——"依法追究刑事责任",如何"依法"?依什么法?在司法实践中,对此认知是模糊不清的。同时,由于《治安管理处罚法》制定时的仓促和草率,它对破坏公路的情形如何进行治安处罚,没有进行规定,以至于现实中的公路保护,往往苍白无力。

如盗窃公路附属设施,如高速公路护栏上的螺丝,尽管涉案价值不大,但是严重影响了护栏的防撞功能的正常使用,给交通安全带来严重隐患,特别是高速公路上,盗窃一个小小的螺帽,足以酿造重特大交通事故。而司法实践中,人民法院大多以盗窃罪追究其刑事责任,但往往因数额较少,不足以震慑犯罪行为,公安机关甚至以涉案价值达不到盗窃罪立案的标准,不予立案,导致这种盗窃公路附属设施的行为不能得到有效打击。

公路的管理和保护,在没有法律统一规定、各地司法处置不一的情形下,迫切需要全国人大制定《刑法》修正案,或者由最高人民法院出台关于公路保护的刑事司法解释,对于打击破坏公路及公路管理秩序,保障交通安全,保护人民群众生命财产安全,促进法律统一实施,有百利而无一害。

2012年,交通运输部公路局面向全国交通运输系统下发了《关于请求制定公路保护司法解释研提意见的函》(交公便字〔2012〕47号),征集就制定审理盗窃、破坏公路交通设施、偷逃车辆通行费等刑事案件司法解释的立法意见和建议,该项工作仍在进展中。

实践中,要认识到一些对公路路产恶意进行破坏应如何适用《刑法》的相关规定,有利于与公安机关进行有效衔接,共同打击相关破坏公路的违法犯罪行为。

我们建议对下列破坏公路路产设施、危害交通安全的行为,公路管理机构应与公安机关刑事侦查部门积极进行沟通,争取按下列规定进行定罪处罚:

(1)对盗窃公路附属设施,不危害公共安全的,依照第二百六十四条规定定罪处罚。

盗窃公路附属设施,危害公共安全的,依照《刑法》第一百一十七条、第一百一十九条第一款的规定定罪处罚。

盗窃公路附属设施同时构成盗窃罪和破坏交通设施罪的,依照处罚较重的规定定罪处罚。

(2)对破坏、毁损公路(含公路桥梁、公路隧道)、公路用地和公路附属设施,有下列情形之一的,属于《刑法》第一百一十七条规定的实施了"足以使汽车发生倾覆、毁

坏危险等危害公共安全的行为",按破坏交通设施罪处理:

①未经许可,擅自从事《公路安全保护条例》规定的涉路施工活动的。

②故意损毁、擅自移动、涂改、遮挡公路附属设施的。

③对车辆装载超过公路、桥梁、隧道、渡口承受能力(以下简称超限,按《超限运输车辆行驶公路管理规定》确定的标准计算)100%进行驾驶、运输和强令运输的。

④造成公路、公路用地或公路附属设施损毁,不报告公路管理机构,也不采取足够安全防范措施的。

⑤利用公路桥梁进行牵拉、吊装等危及公路桥梁安全的施工作业的。

⑥在公路桥梁跨越的河道上下游规定的禁止采砂区内采砂的。

⑦未经许可在规定距离内擅自河床、堤坝的;在中型以上公路桥梁跨越的河道上下游规定距离内抽取地下水、架设浮桥以及修建其他危及公路桥梁安全设施的。

⑧其他严重危害公路安全的行为。

(3)对破坏公路、公路用地和公路附属设施,有下列情形之一的,属于《刑法》第一百一十九条第一款规定的"造成严重后果的"情形,处10年以上有期徒刑、无期徒刑或者死刑:

①致使发生特大交通事故的。

②破坏、毁损公路、公路用地、公路附属设施,直接损失在60万元以上的。

③明知车辆装载严重超限而驾驶、运输或强令运输,致使桥梁、隧道坍塌的。

单位主管人员、机动车辆所有人或者管理人指使、强令他人从事破坏公路、公路用地、公路附属设施活动的,以破坏交通设施罪处罚。

(4)对过失损坏公路交通设施,有下列情形之一的,属于《刑法》第一百一十九条第二款规定的"情节较轻的"情形,处3年以下有期徒刑:

①因过失损坏公路、公路用地、公路附属设施,致使发生重大交通事故的。

②因过失损坏公路、公路用地、公路附属设施,直接损失在60万元以下的。

(5)对有下列情形之一的,依照《刑法》第一百一十四条、一百一十五条第一款的规定,以"以危险方法危害公共安全罪"处罚:

①在公路上违法设置障碍物的。

②车辆不规范装载,导致装载物掉落、遗洒、飘散,且不采取足够安全防范措施的。

③向公路上正在行驶的车辆投掷物品的。

④向高速公路随意丢弃杂物的。

⑤载货汽车装载货物质量超过车辆行驶证上核定载质量(即超载)50%以上的。

⑥利用桥梁(含桥下空间)、公路隧道、涵洞堆放物品、铺设高压电线和输送易燃、易爆或者其他有毒、有害气体、液体的。

对故意利用前款第①～③项规定的危险方法迫使车辆停下从事抢劫活动的,依照抢劫罪和以危险方法危害公共安全罪,数罪并罚。

第五章 路政执法的调查取证

路政执法调查取证,是指交通运输路政执法机构依法在行政职权范围内,对发现公民、法人或者其他组织有依法应当给予交通运输行政处罚或行政强制的行为,进行调查和收集有关证据的活动。本章以当前交通运输法律规章中关于路政执法调查取证的相关规定为基础,以对当前调查取证实务中疑点难点问题的解读分析为着力点,通过系统阐述路政执法调查取证的核心即路政执法证据的基本概念,详细介绍路政执法调查取证应该遵循的原则、程序和主要方法,对交通运输路政执法调查取证工作进行较为全面的梳理、归纳和论述。

第一节 路政执法证据概述

一、路政执法证据的概念及功能

(一)路政执法证据的概念

什么是证据?作为一个法律术语,"证据"不仅是证据法学的基础概念,而且有着非常重要的理论意义。我国《刑事诉讼法》第四十八条规定:可以用于证明案件事实的材料,都是证据。《民事诉讼法》第六十三条规定:证据必须查证属实,才能作为认定事实的根据。《行政诉讼法》第三十三条也同样规定证据经法庭审查属实,才能作为认定案件事实的根据。从这些法条的规定中可以看出,我国的证据法学认为"证据"是由内容和形式共同构成。证据的内容,就是事实材料,与事实相关的情况;证据的形式就是证据的证明手段。

公路管理机构路政执法人员在路政执法案件查处中,"证据"有其特定的法律含义,是指公路管理机构路政执法人员依照法定程序收集,用来证明案件真实情况的一切事实。换句话讲,证据就是证明的根据,用以证明案件真实情况的一切事实,都是证据,也可以说是用已知的事实去证明未知的事实,前者(已知事实)是后者(未知事实)的证据,后者是前者的证明对象。

(二)证据的基本特征

1. 客观性

证据是客观存在的事实,它是不依赖人们的意志而独立存在的,或者说作为证明案件事实的材料,必须是记载客观真实情况或反映客观真实情况的材料。任何主观想象、猜测或捏造的情况,都不能作为证据使用。所有行政执法证据都是已经发生的行

政执法案件事实的客观遗留和真实反映,是不以人们的主观意志为转移的客观存在。它的特点是:

(1)证据是真实(客观)存在的,其有两种表现形式:一种是客观存在的实物根据性材料(如物证),另一种是被人们感知并存入记忆的言词根据材料(如证人证言、当事人陈述)。

(2)证据所反映的内容是真实、客观存在的。执法人员可以发现它、认识它、利用它,但不可以创造它、回避它、改造它。

(3)对真实性的核实具体包括以下几方面:证据形成的原因,发现证据的客观环境,证据是否为原件、原物,复制件、复制品与原件、原物是否相符,提供证据的人或证人与当事人是否具有利害关系,影响证据真实性的其他因素都需要执法人员进行收集和核实。

2.关联性

证据的关联性是英美证据法的基本概念。客观存在的事实是多种多样的,并非所有的事实都能作为证据使用,只有那些与案件事实存在着联系的事实,才能作为证据使用,反过来讲,证据能起到证明案件真实情况的作用。因此,证据与案件事实存在着直接或间接的联系。我国的法律规定,对收集到的各种证据,必须经过查证属实,才能作为定案的根据,所谓查证属实,就是要求办案人员一定要查清证据是否确实是客观存在的事实,以及是否与案件事实存在着联系。交通行政执法案件中要尽可能收集到能够证明行政执法案件事实的全部或某一部分,那么我们要注意到:

(1)证据与案件的基本事实相关。

(2)证据与案件事实之间、证据与证据之间都是能够相互印证,形成证据链的,不是任何人主观想象或强加的联系,证据不是独立存在的,同一个案件中的证据都是相互联系,最后形成一个证据链。

(3)关联的形式或渠道是多样的,有直接、间接、必然或偶然的联系。

3.合法性

证据的收集必须是合法的,必须是依照法定程序收集,并且符合法定形式要求的事实。在交通运输行政执法中,合法性是指证据应当由具有行政执法资格的行政执法人员依照法定程序,以合法的方式和手段取得并符合形式上的要求。具体包括以下几个要素:

(1)收集、核实的主体应当合法,执法人员应当具有相应的执法资格。这个要求在《行政处罚法》第十五条、第三十七条;《行政许可法》第二十二条、第三十四条第三款;《行政强制法》第十七条第一款和第三款中都有相应规定;另外,《交通行政处罚行为规范》第十条中规定:"办案人员调查案件,不得少于两人。办案人员调查取证时,应当出示《交通行政执法证》。"总之,执法人员应当具备相应资格,取得相应《交通行政执法证》。

(2)取得程序应当合法,包括取得证据的程序和方式的合法。《行政处罚法》第三十六条、第三十八条和第四十二条第二款以及中华人民共和国交通运输部制定的《交通行政处罚程序规定》第十六条和第十七条对案件调查人员调查、收集证据做出了明确的规定,凡是违法、违规收集的证据都是无效的。

(3)证据的形式应当合法。证据形式的合法性,是指作为证据不仅要求在内容上是真实的,还要求形式上也符合法律规定的要求。例如,单位向法院提交的证明文书须有单位负责人签名或盖章,并加盖单位印章;保证合同、抵押合同等,需要以书面形式的合同文本加以证明。具体到路政行政执法,如询问笔录必须有被询问人的签名等,才能是合法有效的证据。另外,执法人员对于收集到的证据予以保密,不得非法利用或滥用。

4. 目的性

证据的收集具有明确的目的,即能够证明案件的真实事实。这就要求路政执法人员在收集证据过程中,所收集到的证据必须能够证明案件的事实,那些与案件无关、不能证明案件真实情况或内容含糊笼统的证明材料都不能作证据使用。

(三)路政执法证据的特征

1. 行业性

公路路政执法证据与交通运输基础设施建设或运营活动有密切关系并由交通主管部门或法规授权的机关实施。

2. 技术性

公路的建设、养护和管理都具有很强的专业技术性。国家也有很多有关公路的技术标准,如《公路工程技术标准》《公路路线设计规范》《公路养护技术规范》《公路桥涵施工技术规范》等行业标准,因此就要求公路路政执法人员需具备一定的技术素养,掌握相关的技能,才能及时发现行政违法行为,并依法依规处理,如跨越公路修建桥梁或者架设、埋设管线和电缆等设施,在公路增设平面交叉道口,路产损害赔偿案件中的现场勘验等案件都需要路政执法人员在一定程度上了解有关公路的技术规范。

3. 及时性

交通运输一个显著的特点是流动性,如车、船的运输,对路产的侵权损害案件等,这要求执法人员在执法时要及时收集、固化证据。

(四)公路路政执法证据的功能

证据在公路路政执法案件中有非常重要的意义和作用。执法的任何行为都要留下证据,依法完成。从广义来讲,路政执法不仅仅停留在行政处罚,其实行政许可、行政强制、强制执行等行为都需要留下证据来证明依法行政的全过程。公路管理机构查处违法、违章案件,从立案、调查、定性到处罚,都离不开证据。没有证据,就不能正确揭露、证明违法当事人的违法、违章行为,证实当事人应得到的处罚;没有证据,整个执法办案过程就不能依次正常的进行,并最终达到查处的任务和目的。而从个人来讲,收集证据是为了更好地保护自己,避免行政诉讼被诉风险。

(1)证据是正确认定案件事实的根据和基础。

公路管理机构路政执法人员为了正确地查处公路行政执法案件,必须"以事实为根据、以法律为准绳"。首先,必须查明案件的真实情况,而后才能在事实清楚的基础上正确适用法律,对案件做出处罚决定。其次,执法人员对其所承办的案件,必须经过调查证实和认定是否存在违法事实,谁违法,违反了什么法律法规,以及违法行为发生的时间地点及行为的动机、目的、后果、背景及其他条件等。最后,掌握了客观实在的证据,尽管案件事实无法在当时的条件下原样重演或再现,也可以对它有明晰的了解和正确的认识,这就要依靠证据,使已经发生过的案件事实的全部情景准确无误地被人们认识和反映出来。因此,由真凭实据认定了的案件事实,才具有客观真实性。

(2)证据是与违法行为做斗争的锐利武器,在查处违法案件过程中证据是揭露违法活动和证实违法活动的手段。违法的当事人大都以为自己的违法行为隐蔽,不会被察觉,存在侥幸心理,因而在调查询问和收集证据过程中,往往多方狡猾抵赖,不肯轻易供述违法事实,办案人员就只有正确运用证据,有力地揭穿其谎言,使其感到违法行为难以掩盖,不得不如实交代问题。证据是正确定性处理案件的根据,要正确地定性处理,就必须首先运用证据,查清全部案情事实,然后以事实为根据,正确认定及运用相关法律、法规、行政规章,确定当事人的违法行为,是否具有从轻或从重的情节等,如果离开事实根据或者根本就没有证据材料作为根据,对法律、法规、行政规章理解得再深刻,执行得再坚决,也不能达到正确定性处理案件的目的。只有充分、确凿的证据,才能实事求是地得出当事人有无过错以及对违法行为的性质做出正确的结论。因此,证据路政违法案件中,对正确适用法律、法规、行政规章、合法的做出处罚起着决定性作用,证据是与违法行为做斗争的锐利武器,是揭露违法活动和证实违法活动的手段。

(五)执法全过程记录制度

行政执法全过程记录主要是指开展行政执法活动时,通过纸质和音视频记载等方式,完整记录执法活动的整个过程。所有执法活动,必须以纸质和音视频记载的方式进行记录。纸质和音视频记载的内容要客观实际反映执法活动全过程。执法活动记录的环节主要有:监督检查、调查取证、行政决定、送达等。

2014年中央十八届四中全会审议通过了《中共中央关于全面推进依法治国若干重大问题的决定》(以下简称《决定》),其中指出要坚持严格规范公正文明执法,完善执法程序,建立执法全过程记录制度。明确具体操作流程,重点规范行政许可、行政处罚、行政强制、行政征收、行政收费、行政检查等执法行为。严格执行重大执法决定法制审核制度。《交通运输部关于全面深化交通运输法治政府部门建设的意见》(交法发〔2015〕126号)中也提出完善行政执法程序,建立执法全过程记录制度,适应基层执法需要,加快建设执法音频、视频监控系统,及时配置和更新执法记录仪等执法装备。另外加强行政执法信息化建设,适应交通运输行政执法特点,积极运用信息化推进传统执法方式改革。组织完成"交通运输行政执法综合管理信息系统工程"建设和实施,并提前谋划将行政执法信息化系统建设项目纳入"十三五"信息化发展规划,加强行政执法信息化建设。持续推动行业监管信息的归集应用和互联共享,实现各地区、各系统执法联动和区域协作。交通运输部要做好系统的顶层设计、统筹推进和资金保障工作,各地要做好系统在本地区的应用工作,并积极开展系统配套项目建设。积极推广非现场执法、移动执法等方式。

二、路政执法证据的证明对象和标准

(一)路政执法证据的证明对象

证明对象,又称证明客体、待证事实、要证事实或者争议事实,是指证明主体必须运用证据加以证明或确认的法定要件事实,它既包括在调查取证之前已经发生或者存在的实体性事实,也包括在取证过程中发现的程序法事实,绝大多数的证明对象属于实体法事实。证明对象对于调查取证工作来讲既是起点,又是直接的指向和归宿。只有确立了证明对象,才可以进一步产生证明主体、证明标准、举证责任等问题。路政执法证据的证明对象是指法律规定路政执法人员为了正确处理案件必须查明的事实,与案件无关的事实不具有证明意义,不能成为证明对象。在路政执法活动中,科学地确立证明对象,能够使路政执法机关和当事人明确收集证据、提供证据的范围,保障质证、认证和采证的具体方向,从而提高调查取证活动的效率,保证案件能够迅速得到处理。路政执法证据的证明对象的范围包括实体性事实和程序性事实。

1. 实体性事实

实体性事实是《公路法》及其他法律法规规定路政执法必须运用证据予以证明的案件事实,主要是行政行为相对人是否实施违法行为及实施违法行为情节、后果等的事实。路政执法证据实体性事实包括构成要件事实和情节事实。

(1)构成要件事实。

构成要件事实是路政执法时必须证明的要件事实,包括主体要件、主观要件、客体要件及客观要件。

①主体要件。

主体要件就是具有行政责任能力而实施危害社会行为的自然人、法人或者其他组织。根据《行政处罚法》第二十五条、第二十六条,"不满十四周岁的人有违法行为的,不予行政处罚""精神病人在不能辨认或者不能控制自己行为时有违法行为的,不予行政处罚"的规定只有达到法定行政责任年龄、具有行政责任能力的自然人或者具备且具有行政责任能力的法人、组织,才能作为行政违法行为的主体而对其所实施的违法行为承担被行政处罚的责任。

②主观要件。

主观要件是行政行为相对人对其所实施的危害行为引起的结果所持的心理状态,包括行为人的过错、实施行政违法行为的动机、目的和与之密切相连的违法认识。对于行政违法行为的主观要件实践中一般采取过错推定原则。过错推定原则是根据客观存在的行政违法行为,推定其对行为结果所持的心理状态是直接故意还是间接故意。路政执法中不具有主观过错的正当防卫行为、紧急避险和意外事件是免除违法性的行为。

③客体要件。

客体要件是行政法律规范所保护而被行政违法行为侵害的行政管理秩序。具体到路政执法主体和相对人而言,客体是行政法律规范所确定,而被行政违法行为所侵害的社会关系,如车辆超限行驶,其侵害的社会关系是国家维护公路完好,保障公路安全畅通的关系。任何行政违法行为,不论其表现形式如何,都必然要侵害一定的客体,行为是否对法律规范所保护的社会关系造成侵害是路政执法中必须证明的又一重要对象。

④客观要件。

客观要件是行政法律规范规定的,侵害某种客体的行为及其社会危害性的一系列客观事实,包括危害行为、危害结果、行为发生的时间、地点和方法等方面。危害行为是一切行政违法行为构成的必要要件,危害结果是绝大多数行政违法行为的构成要件,时间、地点和方式仅是某些行政违法行为构成的必要要件。路政执法中只有证明法律规范规定的客观要件存在或发生,才能实施行政处罚或强制。

(2)情节事实。

情节事实是构成从轻或者减轻情节的案件事实。路政执法中应当证明的情节事实包括:

①违法行为轻微并及时纠正,没有造成危害后果的事实。

②主动消除或者减轻违法行为危害后果的事实。

③配合路政执法机关查处违法行为有立功表现的事实。

④其他依法从轻或者减轻行政处罚的事实。

2. 程序性事实

程序性事实是路政执法应当符合的正当程序条件和一系列程序性行为。主要包括:

(1)告知相对人路政执法依据和依法享有权利的事实。路政执法人员应当告知当事人做出行政处罚决定的事实、理由和依据,并告知其依法享有的权利,这些告知行为应当有证据证明,否则可能导致路政执法行为无效或者增加执法风险。《行政处罚法》规定,行政机关在做出行政处罚决定之前,应当告知当事人做出行政处罚决定的事实、理由及依据,并告知当事人依法享有的权利。路政执法人员在做出行政处罚决定之前,不告知给予行政处罚的事实、理由和依据,行政处罚决定不能成立。

(2)听取当事人陈述和申辩并对当事人提出事实、理由或者证据进行复核的事实。路政执法人员听取当事人陈述和申辩的事实应当有证据予以证明。行政相对人对行政执法主体所给予的行政处罚和强制,享有陈述权、申辩权,行政主体必须充分听取当事人的意见。行政主体拒绝听取当事人的陈述或申辩的,行政处罚决定不能成立,当事人放弃陈述或者申辩权利的除外。路政执法人员对当事人提出的事实、理由和证据进行复核应当有证据予以证明,它是行政处罚程序证明的对象。路政执法人员除听取当事人的陈述和申辩外,对当事人提出的事实、理由和证据应当进行复核,当事人提出的事实、理由或者证据成立的,应当采纳。

(3)依法进行听证的事实。路政执法人员做出责令停产停业、吊销许可证或者执照、较大数额罚款等行政处罚决定前,应当告知当事人有要求举行听证的权利;当事人要求听证的,应当组织听证。路政执法人员是否告知听证权利,举行听证的过程,不进行听证的理由和告知,应当有证据予以证明。

(4)关于回避的事实。与行政违法行为人有亲属关系或者与违法案件有利害关系的路政执法人员应当依法回避,当事人也可以要求路政执法人员回避。

(5)未超过追究期限的事实。路政执法主体做出行政处罚和强制决定,行政违法行为未超过法定追究期限是证明对象,应当有证据予以证明。根据《行政处罚法》第二十九条第一款的规定:"违法行为在二年内未被发现的,不再给予行政处罚。法律另有规定的除外",行政处罚应当在法定期限内做出,行政违法行为发生后超过一定期限行政机关不能再给予处罚。

(二)路政执法证据的证明标准

证明标准又称证明要求,是衡量证据是否达到法律要求的尺度,是路政执法机关认定案件事实的前提。证明标准的确定是行政执法主体认定案件事实的前提。证明标准确定以后,一旦证据的证明力已达到这一标准,待证事实就算已得到证明,行政执法主体就应当认定该事实,以该事实的存在作为行政行为的依据。路政执法证据的证明标准是指路政执法机关在执法程序中利用证据证明案件事实所要达到的程度。

2015年开始实施的《行政诉讼法》第六十九条规定,行政行为证据确凿,适用法律、法规正确,符合法定程序的,人民法院驳回原告的诉讼请求。第七十条规定行政行为有下列情形之一的,人民法院判决撤销或者部分撤销,并可以判决被告重新做出行政行为:主要证据不足的;适用法律、法规错误的;违反法定程序的;超越职权的;滥用职权的;明显不当的。

由这些规定可以看出,行政诉讼的证明要求是案件事实清楚,证据确凿,适用法律和程序正确,否则就会导致行政行为部分或者全部被撤销。路政执法属于行政行为,因此路政执法行为证据的证明标准也是如此。"事实清楚,证据确凿"总是要求路政执法证明标准达到100%真实是不可能的,同时,什么是确凿也不好衡量和操作。应针对不同路政执法案件,选择采用排除合理怀疑、优势证据等证明标准。

1. 路政行政强制证明标准

路政行政强制应当采用"排除合理怀疑"的证明标准,即路政执法机关在采取行政强制时,要排除有理由的怀疑。路政行政强制直接影响当事人的权益,应当确定较高的证明标准。优势证据证明标准或明显优势证据证明标准,对于路政行政强制而言,证明标准明显过低。

2. 路政行政处罚证明标准

(1)当场路政行政处罚应以"排除滥用职权"作为证明标准。排除滥用职权标准是路政执法主体证明当事人违法事实存在的标准是能够证明自己在对案件事实认定过程中没有滥用职权。排除滥用职权标准是由当场路政行政处罚的特点和行政法的基本原则确定的一个标准。适用当场处罚程序的一般是较轻微的,对当事人利益影响不大的行政处罚,同时考虑路政执法人员收集证据所需要的社会成本,不能对路政执法机关收集证据提出过高要求。一般情况下,只要行政机关工作人员不滥用职权,由于亲历违法事实过程,对事实的认定不会发生错误。

(2)非当场行政处罚宜采用"排除合理怀疑"的证明标准。在非当场处罚路政行政执法中,做出行政决定的人一般是路政管理机构的负责人或是听证主持人,而非直接发现违法事实或参与调查的人员。如果路政行政执法人员收集达不到确实充分程度,或证据间存在冲突,就需要确定较科学的"排除合理怀疑"证明标准来确定案件事实。

(三)路政执法证据的分类

1. 立法分类

根据《中华人民共和国行政诉讼法》第五章第二十一条和中华人民共和国交通部制定的《交通行政处罚程序规定》第一十五条的规定:证据包括书证、物证、视听材料、证人证言、当事人陈述、鉴定结论、勘验笔录和现场笔录。

2. 学理分类

(1)根据证据的来源以及形成过程的不同,分为原始证据与传来证据。

原始证据俗称第一手资料,是指来源于最初原因或者表现为最初形式的证据原始出处的证据。在形式上未经过复制、增减、传抄、转述、转达的证据,均是原始证据。如行为人辩解、目击证人的证言、文本原件等属于原始证据。传来证据也成派生证据,俗称第二手资料,是指从原始证据经过中间环节衍生出来的证据。书证的复制件、根据他人所说的案件事实所作的证人证言等为传来证据。

(2)根据证据的外在形态、表现形式、存在状况、提供方式以及表述事实的载体不同,分为言词证据与实物证据。

言词证据是指以人的陈述形式所表现的各种证据,又称人证,包括行为人辩解、证人证言、询问笔录等。实物证据是指以客观存在的物件作为证据表现形式的各证证据,又称物证。如工具、涉案物品、勘验笔录等属于实物证据。

(3)根据单独一个证据与案件主要事实之间的关系及证明作用,分为直接证据与间接证据。

直接证据是指能够直接用以证明案件事实的证据。间接证据是指不能单独或直接证明案件事实的证据,但能与其他证据联系起来,共同证明案件事实的证据。

(4)根据证据与承担举证责任的当事人的关系,分为本证与反证。

本证是指能够证明承担举证责任一方所主张的事实存在或者成立的证据。反证是指当事人为推翻他方当事人主张的事实,而证明与他方当事人主张的事实相反的事实的证据。反证不同于反驳,反证通常在本证提出后提出。

第二节　路政执法调查取证原则和程序要求

一、路政执法调查取证的基本原则

路政执法调查取证作为路政执法的核心环节，主要目的是调查、收集路政执法证据，在收集证据、查清事实的基础上，正确适用法律做出决定。因此，其应该遵循的原则也是行政执法原则在交通运输行政执法工作中的具体体现，既要体现行政执法的基本原则、价值观念及法律要求，又要体现交通运输路政执法的特点，更要符合证据学关于调查取证的基本规则。《行政处罚法》第三十六条规定，行政机关发现公民、法人或者其他组织有依法应当给予行政处罚的行为的，必须全面、客观、公正地调查，收集有关证据；必要时，依照法律、法规的规定，可以进行检查。《路政管理规定》第二条规定，路政管理工作应当遵循"统一管理、分级负责、依法行政"的原则。《交通行政处罚程序规定》第十五条规定，交通管理部门必须对案件情况进行全面、客观、公正的调查。《交通行政处罚行为规范》也从行政处罚的构成要件的角度对路政执法调查取证如何做好证据收集提出了原则要求。综合来讲，路政执法调查取证应严格遵守以下原则：

（一）依法行政原则

依法行政是依法治国的重要内容，是行政执法的基本要求，也是路政执法调查取证应遵循的总原则。党的十八大强调法治是治国理政的基本方式，要全面推进依法治国，加快建设社会主义法治国家。党的十八届四中全会做出了《关于全面推进依法治国若干重大问题的决定》，对全面推进依法治国做出了总体部署，"法治"被提到了前所未有的新高度。交通运输部先后制定出台了《关于全面深化交通运输法治政府部门建设的意见》（交法发〔2015〕126号）等推进法治交通建设的文件规定，要求更加积极主动地把法治思维和法治方法贯穿到交通运输规划、设计、建设、运营和管理的各领域各环节。因此，在路政执法调查取证中践行法治、依法调取证据，是应该首要遵循的原则。具体来讲，依法行政原则要求路政执法部门在调查取证时必须严格依照法律授权和法定程序，并牢固树立如下法治观念：

1. 权由法定

行政执法职能是法律法规赋予的，其执法权限是特定的、受到限制的，以保障权力的正当行使。路政执法机关及执法人员必须在法定的范围内开展调查取证，不得有超越职权、放弃或不行使职权的行为发生，自觉接受外部监督。比如，调查取证的相关文书既要符合能够证明违法事实的实际需要，又要符合有关法律、法规和规章规定的制式要求，不能根据主观意愿随意决定文书取舍，更不能随意改动。

2. 严格执法自觉守法

路政执法机关必须在法定的范围内并依循法定程序调查取证，不管是对行政处罚行为的调查取证,还是实施行政强制时的调查取证,都必须依法进行。作为执法机关,只有在调查取证时严格执法、守法,其取得的证据本身才具有合法性。比如,未取得路政执法资格的人员不得从事执法特别是调查取证工作,不得收集行政执法证据。必须保持调查取证的正当性,不得通过钓鱼执法等手段形成和获取证据。

3. 尊重保障行政相对人权利

行政相对人的权利是人权在行政执法活动中的法律化,必须受到各级行政执法机关的充分尊重。在调查取证过程中,不能有先入为主的思想,必须以保护人民群众的法定权利为出发点,既要调查收集指控证据即有利于行政处罚或行政强制部门的证据,又要调查收集辩解证据即有利于行政相对人的证据,特别是在证人证言、当事人陈述等证据的调查取证时,不能有诱导、暗示甚至直接不予记录的行为。

(二)公正公开原则

《行政处罚法》第四条规定,行政处罚遵循公正、公开的原则。该法条规定了我国行政处罚的一项重要的基本原则,即行政处罚公正公开原则。在实施路政行政处罚和行政强制时遵循公正、公开原则,是依法行政、公正执法、执法为民的基本要求,也是廉洁执法、避免滥施行政和路政执法机关一旦应对行政诉讼时可以立于不败之地的保证。

1. 正确理解和把握路政执法调查取证时的公正原则

《辞源》对于公正的解释是:"不偏私,正直"。公正带有明显的"价值取向",它所侧重的是社会的"基本价值取向",并且强调这种价值取向的正当性即合理性问题。任何在路政管理活动中发现的违法嫌疑,在未收集到客观、真实的证据,形成有法律效力的证据链条前,都不能将违法嫌疑转变为违法事实而对其实施行政处罚或行政强制。需要把握的是,在路政案件调查中,不能先设立违法嫌疑人的违法性质和应当适用的法律法规和处罚幅度,然后围绕这一定向思维收集证据和材料,这样往往使案件调查误入歧途,对新发生的和其他有突破性的情况视而不见,造成错案,正确的做法是既有坚定目标又无主观偏见,依法、公正收集证据,然后依法处理。

2. 正确理解和把握路政执法调查取证时的公开原则

阳光是最好的防腐剂。公开原则,是路政执法特别是调查区中活动不可缺少的原则遵循,具体来讲,就是指路政执法机关在调查取证前或在取证过程中以及取证后,要通过一定的方式和途径让行政相对人知悉了解情况,以增加路政执法活动的透明度,体现路政处罚的民主,保障公民的知情权,促进公民的民主参与,方便公民对路政执法机关的监督,这也是公开原则的根本价值。特别是在当前路政执法自由裁量权较大、群众对此有较多的反映和诟病的情况下,用公开的手段把路政执法部门在调查取证时依法定量、定性、裁量的依据广而告之,从一定程度上较好地促进了路政管理中实施行政处罚或者行政强制的公正性和客观性。同时,通过平时公开案件案例,方便群众对同性质案件进行差异比较,既有利于规范路政执法机关自由裁量权的行使,也有利于调查取证活动的顺利进行。

(三)客观全面原则

《行政处罚法》和《交通行政处罚行为规范》明确了行政处罚必须遵循客观、全面的原则。

1. 客观原则

体现在路政执法调查取证中,就是要求路政执法部门和执法人员要本着尊重客观事实的态度收集行政执法证据,不能主观地认为被调查事项应该是什么样的,然后带着思维定式去进行调查取证,这样的证据也就不会符合行政执法证据的客观性要求。调采证据时必须坚持具体问题具体分析,通过在手证据的客观分析,根据不同案件的特点,查找证据线索,探寻未知证据,最终做到发现和提取证据。同时,还要结合每种证据的不同调查取证要求,以正当的方式规范采集,比如对物证资料必须原物采集,对现场勘验笔录必须是在现场实际调查勘验、如实反映案件事实,并在现场制作,不能弄虚作假,歪曲事实真相。

2. 全面原则

只有在路政执法调查阶段全面地查明全部事实,从不同角度、多个方面切入,不放过、不漏过任何一个蛛丝马迹和违法证据,形成完整的证据链条,才能为下一步正确适用法律、最终合理合法地做出行政处罚或行政强制决定奠定基础。要围绕案件的证明对象确定合理的证明标准,在此基础上确定取证范围,全面收集能够证明行政案件真实情况的所有证据,不能只重视容易收集的当事人陈述、证人证言等言辞证据,而忽视了现场痕迹和物证资料,特别不能因觉得麻烦而不做或少做检测鉴定。同时,不仅要搜集证明涉嫌违法的当事人有违法行为和从重处罚情节的证据,也要搜集证明其没有违法或应当从轻、减轻或者免予处罚的证据。为此,调查询问中要特别注意听取被调查人的陈述、申辩,要求其提供不违法或违法行为情节轻微等方面的证据,同时予以记录。

(四)及时有效原则

调查取证工作是一项时间性极强的工作,容不得半点迟缓和拖延。执法人员必须及时地赶赴现场,询问当事人,走访证人,提取、收集、固定、保全证据材料,及时查获违法行为人。这一方面是因为自然条件和社会条件变化,证据自身就有变化、损毁或灭失的可能,另一方面也是因为趋利避害是人之常情,任何当事人都有串供、隐瞒、销毁、伪造变造证据甚至指示他人作伪证的可能。特别是对于一些破坏路产路权的即时性行为,如果延缓拖延,就会失去调查取证的有利时机,致使现场痕迹遭到破坏,一些容易灭失的证据被转移或毁灭,从而使调查取证工作陷入困境。只有及时进行调查取证,抓紧一切有利时机收集证据、查获违法行为人,路政执法行为才有可能顺利实施。在法律、法规、规章规定有取证时限的情况下,行政执法机关应当在规定的时间内完成调查取证工作。

二、路政执法调查取证的程序步骤

(一)路政执法调查取证的程序要件

路政执法调查取证的程序要件,是路政执法机关证明案件事实的行为规范,具有三个特征：一是强制性。路政执法机关及执法人员在实施调查取证工作时，应当遵守此规则，否则所收集的证据无效。二是指导性。行政执法机关及执法人员可以根据调查取证程序的指引，规范调查和收集证据。三是时效性。调查取证程序属于程序法的范围，必须按照行政执法程序的时限要求来开展。

1. 主体要件

《交通行政处罚行为规范》第七条规定，对于决定立案的，交通行政执法机关负责人应当指定办案机构和两名以上办案人员负责调查处理。第十条规定，办案人员调查案件不得少于两人。办案人员调查取证时应当出示《交通行政执法证》。第十一条规定，需委托其他单位或个人协助调查、取证的，应当制作并出具《协助调查通知书》。以上规定详细确定了路政执法调查取证的主体必须是持有《交通行政执法证》的两名以上办案人员，受委托从事调查取证工作的，应持有委托单位提供的《协助调查通知书》。同时，《行政处罚法》第三十七条、《交通行政处罚程序规定》第十二条、《交通行政处罚行为规范》第九条都明确规定了执法人员回避制度，也就是执法人员系当事人或当事人的近亲属，或者虽不是当事人或当事人的近亲属，但与案件有利害关系或者有其他可能影响案件公正处理的情形，不能参与执法活动以及调查取证工作。

2. 形式要件

形式要件主要包括两个方面的内容：第一，是指路政执法调查取证活动，在取证范围、工作步骤上必须符合有关法律、法规和规章的要求；第二，是指调查取证活动取得的所有证据，必须符合法律、法规、规章等关于证据的规定。所有证据都是形式和内容的统一，证据形式是审查判断证据是否合法可采信的重要内容和途径。证据材料能否作为被采用，除内容因素外，还也取决于证据形式是否符合法定条件。比如，《勘验笔录》是否在现场制作，制作《抽样取证凭证》时当事人是否在场并签名或者盖章，根据《委托鉴定书》从事鉴定工作的鉴定机构是否具有法定鉴定资格，证据登记保存是否经交通运输执法机关负责人批准等。证据形式是在调查取证过程中形成的。加强对证据形式要件的理解认识，可以有效地规范规范取证行为，提高证据证明力。

3. 时限要件

有程序即有时限。对照"先取证、后裁决"这个行政法治的基本要求，路政执法调查取证工作的程序时限要求非常重要。根据《行政处罚法》《交通行政处罚程序规定》及《交通行政处罚行为规范》的有关规定，路政执法机关收集证据，应当在做出行政行为之前的行政程序中进行。做出行政决定后再行收集的证据，不得作为原案证据使用。同时，《交通行政处罚行为规范》第三十条规定，违法事实不清、证据不足的，交通行政执法机关负责法制工作的内设机构应当建议办案机构补正。这条规定列明了路政执法调查取证活动中可以进一步补强证据的时间节点。

（二）路政执法调查取证的一般步骤

1. 启动调查取证程序

《交通行政处罚行为规范》第五条规定，除依法可以当场做出的交通行政处罚外，交通行政执法机关通过举报、其他机关移送、上级机关交办等途径,发现公民、法人或其他组织有依法应当处以行政处罚的交通行政违法行为,应当自发现之日起7日内决定是否立案。交通行政执法机关主动实施监督检查过程中发现的违法案件,可不经过立案环节。根据该规定,除适用简易程序的行政处罚案件外,需要启动调查取证程序的案件为交通运输路政执法部门按程序立案或者主动实施监督检查发现的案件。一般情况下立案即意味着调查取证程序的开始。

2. 实施调查取证工作

(1)明确调查人员。根据案件的性质和程度组成调查组进行调查取证。负责调查的人员要由两名以上交通行政执法人员组成,在进行调查、搜集证据时应向被调查人员出示交通行政执法证件。

(2)明确调查任务。路政执法机关和执法人员要根据本案存在哪些疑点、需要查明哪些案件事实,确定调查收集哪些证据、采取哪些采集方法,从而明确调查任务。分析现有案情和证据材料。

(3)调取证据材料。要根据调查任务,围绕《交通行政处罚行为规范》确定的七类法定证据,依法调查取证,不能用非法手段去提取证据材料。要按照将同案件事实有联系、可以证明案情的客观事实都纳入收集范围,具体来说,包括有关能证明涉嫌行政违法行为主体情况的证据材料;有关证明行政违法行为存在、违法行为情节严重的证据;有关证明行政违法行为不存在、违法行为情节轻微的证据;与行政案件处理有关的其他证据材料等。

(4)妥善保管证据材料。对收集到的证据材料,要注意防止证据材料丢失或者被转移、盗窃、更换,并保护证据材料不受破坏。特别是物证等原始性较强的证据,如果原始状态被破坏,其证明力就很可能减弱或丧失。在证据可能灭失或者以后难以取得的情况下,要依法采取登记保存措施。

3. 结束调查取证并移送审查

在案件调查取证结束后,办案人员要对已取得的全案证据进行自我审查和综合分析判断。一是审查每个证据的来源是否合法。二是审查证据与案件事实之间的联系,这是证据关联性的要求。即证据与案件待证事实之间有一定联系,证据应该能够证明案件事实是否存在。三是审查证据形成的时间、地点、条件等客观以及主观方面的因素,执法人员在审查判断证据的过程中,须分析证据形成的原因和发现证据的环境以判断证据的内容是否属实。四是对证据本身所反映的内容进行分析,注意前后是否一致,自身是否存在逻辑矛盾,内容是否合乎情理等。五是审查证据的收集是否合法、科学、得当,确保证据收集行为符合法定程序。办案人员审查后认为违法事实成立,应当予以行政处罚的,制作《违法行为调查报告》,连同《立案审批表》和证据材料,移送本单位交通行政执法机关负责法制工作的内设机构进行审核;应当予以行政强制的,报请交通行政执法机关负责人批准后执行。审查后认为违法事实不成立的,应当予以销案的;或者违法行为轻微,没有造成危害后果,不予行政处罚的;或者案件不属于本单位管辖应当移交其他单位管辖的;或者涉嫌犯罪应当移送司法机关的,应当制作《违法行为调查报告》,说明拟作处理的理由,移送本交通行政执法机关负责法制工作的内设机构进行审核,根据不同情况分别处理。

三、公路路政执法调查取证的工作要求

(一)树立证据第一的理念

《行政处罚法》第四条明确规定:"设定和实施行政处罚必须以事实为依据,与违法行为的事实、性质、情节以及社会危害程度相当。"第三十条规定:"公民、法人或者其他组织违反行政管理秩序的行为,依法应当给予行政处罚的,行政机关必须查明事实;违法事实不清的,不得给予行政处罚。"行政执法人员为查明和证明案件而进行的调查活动,本质上都是证据调查。根据上述规定,行政执法人员在证据调查过程中必须严格树立重证据的意识,即在办案活动中,要树立证据第一的思想,对一切案件事实的认定,都要依据确实充分的证据。

在调查取证时应尤其注意"不能轻信口供"的要求。口供在行政程序中的主要表现为当事人的陈述,它是法定的证据形式之一。所谓不轻信口供,不是不要口供或者轻视口供的作用,而是对于路政执法案件而言,仅有当事人的陈述是不够的,还需要其他证据加以补强,即通过能证明案件事实的书证、物证、视听资料、证人证言、鉴定结论、勘验笔录等证据来证实或证伪当事人的陈述。路政执法活动中经常出现凭当事人陈述定案的问题。因此在调查中,执法人员必须正确认识和处理口供与其他证据的关系。口供既可以为执法人员查明案件事实指明调查取证的方向和突破口,同时,口供也需要其他证据的证实或证伪,只有充分收集能证明案件事实的各种证据,形成完整的证据链,才能准确地认定案情,确保做出的行政决定符合法律要求。

(二)强化相对人权利保障

《最高人民法院关于执行〈中华人民共和国行政诉讼法〉若干问题的解释》第三十条规定:"行政机关严重违反法定程序收集的证据不能作为认定被诉具体行政行为合法的根据。"《行政诉讼证据规定》第五十八条规定:"以违反法律禁止性规定或者侵犯他人合法权益的方法取得的证据,不能作为认定案件事实的依据。"路政执法机关及其执法人员在调查取证过程中如果出现程序违法或程序有瑕疵的行政行为,比如诱供、逼供,根据上述规定,在行政复议或者行政诉讼中,就有可能被复议机关或者人民法院予以撤销或者确认违法,所以行政执法人员在执法过程中必须牢固树立尊重和保障行政相对人的实体权利及程序权利意识,确保我们的路政执法调查取证活动严格在法定职权范围内依照法定程序做出。相对人权利保障原则不仅要保护相对人的实体权利,还要保护相对人的程序权利。行政执法机关及其执法人员在执法中,保障和尊重公民的基本人权及合法权益,向相对人说明根据、理由,听取相对人的陈述、申辩,其意义是对相对人人格的尊重。

(三)严禁非法获取证据

《最高人民法院关于行政诉讼证据若干问题的规定》第五十七条规定:"以利诱、欺诈、胁迫、暴力等不正当手段获取的证据不能作为档案依据。"用利诱、欺诈、胁迫、暴力等不正当手段获取证言或行政相对人陈述,其危害是极其严重的:一是严重侵犯公民的人身权利,为法律所禁止;二是把案情搞得真假难辨,易于引发行政复议;三是有损行政执法人员在人民群众心目中的形象,进而损伤党和政府的威信;四是因违法行为导致国家赔偿时,还将给国家带来经济上的损失。因此,在调查过程中,执法人员必须依照法定程序收集能够证明相对人违法与否及违法情节轻重的各种证据,严禁以粗暴简单和威胁、欺骗等非法方法获取当事人陈述。

(四)坚持"孤证不能定案"规则

"孤证不能定案",是指一个案件全部事实只有一个证据不能认定被告人有罪,或者每一项事实只有一个证据也不能认定。这里的证据主要是指间接证据。对于能够单独直接证明案件主要事实的证据,也就是直接证据,比如超限运输检查中的检测单,能够直接证明车辆超限的主要违法事实,在符合证据合法性、真实性、客观性三大特征的情况下,可以不适用"孤证不能定案"。对于不能够单独直接证明案件主要事实的证据,也就是间接证据,应该严格遵守"孤证不能定案"规则。比如仅通过客车的检票记录,不能完全认定其站外上下客以及不按线路行驶。因此,在日常执法工作中应尽量避免孤证,要善于把证据种类转换,让证据种类多样化,视听资料、现场笔录、勘验笔录、书证、物证、证人证言一起用。也可以在只能调取一类证据的情况下,通过尽量增加数量,以全面的视角尽量呈现案件事实,比如在路产损害案件证据的收集时,采取物证照相方法固定路产损害证据,一定要拍摄整个路产损失的全景照片,并对重点部分分别拍摄,如果是拍摄照片,必须由损害发生起始地、损害发生结束地、由标尺衡量的损害全景等一组照片来说明问题。这样就可以还原整个路损的全貌,使当事人心服口服,难以提出异议。

第三节 路政执法调查取证的基本方法及实例探讨

一、路政执法调查取证的主要方式

路政执法调查取证工作的方法,从调查取证主体来讲,可以分为行政执法机关主动收集证据材料,行政机关要求行政执法相对人、利害关系人提供证据,行政执法相对人、利害关系人主动提供证据三种方式。从调查取证获取的证据类别来讲,可以按照《行政诉讼法》确定的七种法定证据类别,分为八种方式。

(一)书证的调查取证方式

1. 书证

书证是指以文字、符号、图画等所表达和记载的思想内容证明案件待证事实的书面文件或其他物品。具有稳定性强,易于保存,不受载体限制的特点。非纸类的物质亦可成为载体,如木、竹、石、金属等。按书证的制作主体可分为公文性书证与非公文性书证:公文性书证是指国家职能部门在其职权范围制作的文书,比如客货车营运证等;非公文性书证是指公文性书证以外的其他书证。按书证的形成程序可分为一般书证与特殊书证:特殊书证是指根据法律规定必须具备特定形式或者格式,履行特定程序的文书;一般书证是指法律没有规定特定形式、格式、程序所形成的文书。按书证的来源可分为原本、正本、副本、节录本、影印(复印)本、译本等。书证具有三个特点:一是以其载体上记载、表述的思想内容来证明案件事实;二是能够在行政执法活动中起到直接证明的作用;三是书证的真实性较强,不易伪造。

2. 路政执法机关调取书证的基本规则

《最高人民法院关于行政诉讼证据若干问题的规定》(法释〔2002〕21号)第十条:根据行政诉讼法第三十一条第一款第(一)项的规定,当事人向人民法院提供书证的,应当符合下列要求:①提供书证的原件,原本、正本和副本均属于书证的原件。提供原件确有困难的,可以提供与原件核对无误的复印件、照片、节录本。②提供由有关部门保管的书证原件的复制件、影印件或者抄录件的,应当注明出处,经该部门核对无异(标明"与原件一致")后加盖其印章。③提供报表、图纸、会计账册、专业技术资料、科技文献等书证的,应当附有说明材料。④被告提供的被诉具体行政行为所依据的询问、陈述、谈话类笔录,应当有行政执法人员、被询问人、陈述人、谈话人签名或者盖章。法律、法规、司法解释和规章对书证的制作形式另有规定的,从其规定。

(二)物证的调查取证方式

1. 物证

物证是物证是我国《刑事诉讼法》《民事诉讼法》《行政诉讼法》都明确规定的一种十分重要的证据种类,指以其存在形式、外部特征、内在属性证明案件待证事实的实体物和痕迹。物证具有客观性、不可替代性、关联性、间接性等特征,可分为物品物证、痕迹物证、微量物证。比如,车辆痕迹、超限运输中被损害的路面等均为物证。

2. 路政执法机关调取物证的基本规则

《最高人民法院关于行政诉讼证据若干问题的规定》(法释〔2002〕21号)第十一条:根据行政诉讼法第三十一条第一款第(二)项的规定,当事人向人民法院提供物证的,应当符合下列要求:①提供原物。提供原物确有困难的,可以提供与原物核对无误的复制件或者证明该物证的照片、录像等其他证据。②原物为数量较多的种类物的,提供其中的一部分。另外,我们还需注意:通过先行登记保存获得物证,必须依法由交通行政机关负责人批准,并在法定时间内(一般为7日)做出处理。查封、扣押或者登记、保存应开具物证清单,由执法人员和当事人在清单上签名,双方各执一份。物证不是原物的,应当对不能取得的原因、复制过程或者原物存放的地点予以说明,并由制作人和物证持有人核实无误后签名或盖章。

《交通行政处罚行为规范》(修改稿)第三十九条还有以下规定:①原物为数量较

多的种类物,收集方式还可以采取拍照、取样、摘要汇编等方式收集。拍照取证的,应当对物证的现场方位,全貌以及重点部位特征等进行拍照或者录像。抽样取证的,应当通知当事人到场,当事人拒不到场或暂时难以确定当事人的,可以由在场的无利害关系人见证。②收集物证,可以制作勘验(检查)笔录并在笔录中载明获取该物证的时间、原物存放地点、发现地点、发现过程以及该物证的主要特征。③物证不能入卷的,应当采取妥善保管措施,并拍摄物证的照片或录像存入案卷。

(三)视听资料的调查取证方式

1.视听资料

视听资料是指运用现代技术手段,以录音、录像所反映的声音、形象、电子计算机所储存的资料、其他科技设备所提供的资料来证明案件真实情况的证据。视听资料具有物质依赖性、综合性、形象性、直接性、便利高效性等特征。视听资料按表现形式分为录音资料、录像资料、计算机数据资料和其他科技设备所提供的资料。

2.路政执法机关调取或制作视听资料的基本规则

(1)在进行录音录像时,一般应当公开进行。若因查处违法行为,需要进行秘密录音录像的,应当不违反法律规定,且不得侵害当事人的合法权益。

(2)提取有关资料的原始载体。提取原始载体确有困难的,可以提取复制件。

(3)注明制作方法、制作时间、制作人和证明对象等。

(4)声音资料应当附有该声音内容的文字记录。

(5)根据工作需要,在不损害视听资料原始载体的条件下,可以对其进行复制,并在复制件上对视听资料中与案件无关的内容进行删减。

(6)路政执法机关收集视听资料,应当制作笔录,对制作的过程、方法、时间、地点、收集人、制作人、证明对象等内容予以明确记录。

(四)电子数据的调查取证方式

1.电子数据

电子数据是存储作为证明案件事实的音响、活动影像和图形的电子计算机或者电子磁盘等。从定义上看,电子数据与视听资料只是证据载体不同。《最高人民法院关于审理证券行政处罚案件证据若干问题的座谈会纪要》(法〔2011〕225号):会议认为,证券交易和信息传递电子化、网络化、无线化等特点决定电子交易信息、网络IP地址、通讯记录、电子邮件等电子数据证据在证券行政案件中至关重要。2012年《刑事诉讼法》和《民事诉讼法》修改将"电子数据"从"视听资料"中分离出来,列为独立的证据种类。但由于电子数据证据具有载体多样、复制简单、容易被删改和伪造等特点,对电子数据证据的证据形式要求和审核认定应较其他证据方法更为严格。

2015年2月4日,最高法院正式发布并开始实施新的《关于适用〈中华人民共和国民事诉讼法〉的解释》,这部最新的司法解释明确了电子邮件、电子数据交换、网上聊天记录、博客、微博、手机短信、电子签名、域名等形成或者存储在电子介质中的信息都可以作为证据使用,且属于证据种类中的电子数据。但《最高人民法院关于民事诉讼证据的若干规定》规定,存有疑点的视听资料,不能单独作为认定案件事实的依据。所以在录制视听资料时一定要注意掌握相应的技巧,而固定电子证据的最关键之处就是要及时公证,同时就视听资料和电子数据证据的真实性尽量搜集相关联的证据予以佐证。

2.路政执法机关调取或制作电子数据的基本规则

《最高人民法院关于行政诉讼证据若干问题的规定》(法释〔2002〕21号)第十二条:根据行政诉讼法第三十一条第一款第(三)项的规定,当事人向人民法院提供计算机数据或者录音、录像等视听资料的,应当符合下列要求:①提供有关资料的原始载体。提供原始载体确有困难的,可以提供复制件。②注明制作方法、制作时间、制作人和证明对象等。③声音资料应当附有该声音内容的文字记录。

《交通运输行政执法行为规范》(征求意见稿)第三十九条对于电子数据还有以下规定:①收集原始载体,由证据提供人在原始载体或者说明文件上签字或者盖章确认。②提取原始载体的,应由证据提供人出具其签字或者盖章的说明文件,注明复制品与原始载体内容一致。③电子数据可以提取制作打印件的,由当事人注明"经核对与原件一致",标明提取时间,并签字或者盖章确认。④复制视听资料的形式包括采用存储磁盘、存储光盘进行复制保存、对屏幕显示内容进行打印固定、对所载内容的书面摘录与描述等。条件允许时,应当优先以书面形式对视听资料内容进行固定,由当事人注明"经核对与原件一致"并签字或者盖章确认。⑤提供、复制电子数据应当保持其完整性。提取、复制过程及原始存储介质存放地点,应当有文字说明并由执法人员签字或盖章。⑥存储介质无法入卷的,可以转录入存储光盘存入案卷,并标明光盘序号、证据原始制法等。证据存储介质需要退还当事人的,应当要求当事人对转录的复制件进行确认。

(五)证人证言的调查取证方式

1.证人证言

证人证言是指了解案件有关情况的人向行政执法机关所作的用来证明案件待证事实的陈述。证人只能是自然人且不可替代,必须是了解案件事实的自然人,能向行政机关陈述其了解的情况的人,且一般情况下应是案件当事人以外的人。证人享有拒绝证言权、获得经济补偿权和受保护权,也负有及时到行政机关作证、如实作证、接受询问的义务。证人证言往往受到证人本人对客观事物认识能力的限制。

2.路政执法机关调取证人证言的基本规则

《最高人民法院关于行政诉讼证据若干问题的规定》(法释〔2002〕21号)第十三条:根据行政诉讼法第三十一条第一款第(四)项的规定,当事人向人民法院提供证人证言的,应当符合下列要求:①写明证人的姓名、年龄、性别、职业、住址等基本情况。②有证人的签名,不能签名的,应当以盖章等方式证明。③注明出具日期。④附有居民身份证复印件等证明证人身份的文件。

公路路政执法案件中通常要制作《询问笔录》,也可以由证人自行书写材料证明案件事实。在制作《询问笔录》，收集证人证言的过程中，要注意以下几点：一是询问证人时必须两人，且应制作《询问笔录》，在笔录上上必须写明证人的姓名、年龄、性别、职业、住址等基本情况，每页应当有证人的签名，不能签名的，应当以盖章等方式证明，注明出具日期，附有居民身份证复印件等证明证人身份的文件。二是对两个或两个以上的询问对象，应当分别进行询问，以防串供或其他不可预测事件的发生。对询问的情况，检查人员一人一笔录，即每份笔录只记录一个被调查人情况，并告知被询问人不如实提供情况应承担的法律责任。三是证人是未成年人时，路政执法人员必须通知其监护人或者其教师到场。确实无法通知或者通知后未到场的，应当记录在案；证人是聋哑人的，询问时应当有通晓聋哑手势的人在场，并在询问笔录上注明被询问人的聋哑情况以及翻译人的姓名、住址、工作单位和职业。四是询问时不得使用威胁性、诱导性语言。五是询问内容，不得有结论性语言。

（六）当事人陈述的调查取证方式

1. 当事人陈述

当事人陈述是案件当事人就案件事实向行政执法人员或司法机关所作的陈述。在广义上，当事人陈述还包括当事人关于诉讼请求的陈述，关于与案件有关的其他事实的陈述，关于案件性质和法律问题的陈述。当事人陈述和证人证言一样都是相对比较复杂的，因为其具备以下几个特点：

（1）当事人最了解案件事实，因而当事人可能具有最令人意想不到的效果。

（2）当事人一般与案件的处理结果有利害关系，当事人陈述具有较大的主观性和倾向性。

（3）当事人陈述的复杂性，体现在当事人陈述的不同内容和不同功能上。

（4）当事人陈述的调查方法，在大陆法系和英美法系略有不同。前者采用独立的调查方法；而后者则采用和调查证人一样的调查方法。

2. 路政执法机关调取当事人自述的基本规则

《最高人民法院关于行政诉讼证据若干问题的规定》（法释〔2002〕21号）第十条：根据行政诉讼法第三十一条第一款第（一）项的规定，当事人向人民法院提供书证的，应当符合下列要求：被告提供的被诉具体行政行为所依据的询问、陈述、谈话类笔录，应当有行政执法人员、被询问人、陈述人、谈话人签名或者盖章。

路政执法机关调取当事人自述时的基本规则如下：

（1）当事人提供书面陈述的，行政机关应当收取原件，并要求当事人明确注明时间等内容，并签字或盖章。

（2）当事人口头向行政机关陈述的，行政执法人员应当如实记录，并交当事人核对。

（3）在当事人陈述过程中执法人员不得以诱导、暗示等方式影响当事人，从而做出违背客观真相或当事人真实意思表示的陈述；更不得以威胁、欺骗以及其他非法方法取得当事人陈述。

(4)询问当事人涉及个人隐私或商业秘密等内容时,路政执法机关和办案人员应当保守秘密。

(七)鉴定结论的调查取证方式

1. 鉴定结论

鉴定意见是指鉴定人接受路政执法机关或个人的委托或聘请,运用自己的专门知识或技能,对某些专门性问题进行分析、判断后所做出的结论意见。鉴定结论具有补充行政执法人员认识能力的作用,对认定案件事实具有重要的证明作用。鉴定结论具有四个方面特征:

(1)鉴定结论是鉴定人对鉴定资料分析研究所作的判断。

(2)鉴定结论解决的是事实问题,而非法律问题。

(3)鉴定结论裁定的事实是拟制事实。

(4)鉴定结论具有主客观双重性。

常见的鉴定结论有文书鉴定、痕迹鉴定、技术鉴定、会计鉴定和电子数据鉴定等。

2. 鉴定意见的调查取证规则

(1)路政执法机关应当为鉴定人进行鉴定提供必要条件,及时向鉴定人送交有关检材和对比样本等原始材料,介绍与鉴定有关的情况,并且明确提出要求鉴定解决的问题,但是不得暗示或者强迫鉴定人做出某种鉴定意见。

(2)鉴定意见应当载明委托人和委托鉴定的事项、向鉴定部门提交的相关材料、鉴定的依据和使用的科学技术手段、鉴定部门和鉴定人鉴定资格的说明,并应有鉴定人的签名和鉴定部门的盖章。

(3)通过分析获得的鉴定意见,应当说明分析过程。

(4)封样检测鉴定的,应要求当事人在封样上签名,对可以备份的检材,应当备份。

《最高人民法院关于行政诉讼证据若干问题的规定》(法释〔2002〕21号)第三十二条:人民法院对委托或者指定的鉴定部门出具的鉴定书,应当审查是否具有下列内容:鉴定的内容;鉴定时提交的相关材料;鉴定的依据和使用的科学技术手段;鉴定的过程;明确的鉴定结论;鉴定部门和鉴定人鉴定资格的说明;鉴定人及鉴定部门签名盖章。

(八)勘验笔录、现场笔录的调查取证方式

1. 勘验笔录、现场笔录

所谓勘验笔录,是指行政机关工作人员或者人民法院审判人员对与行政案件有关的现场或者物品进行勘察、检验、测量、绘图、拍照等所作的记录。《最高人民法院关于行政诉讼证据若干问题的规定》(法释〔2002〕21号)第三十四条中对勘验笔录提出了具体的制作要求:审判人员应当制作勘验笔录,记载勘验的时间、地点、勘验人、在场人、勘验的经过和结果,由勘验人、当事人、在场人签名。勘验现场时绘制的现场图,应当注明绘制的时间、方位、绘制人姓名和身份等内容。

现场笔录是行政执法人员在执行职务过程中当场进行调查、处理、处罚而制作的文字记载材料。《最高人民法院关于行政诉讼证据若干问题的规定》(法释〔2002〕21号)第十五条明确规定了现场笔录的制作要求:根据行政诉讼法第三十一条第一款第(七)项的规定,被告向人民法院提供的现场笔录,应当载明时间、地点和事件等内容,并由执法人员和当事人签名。当事人拒绝签名或者不能签名的,应当注明原因。有其他人在现场的,可由其他人签名。法律、法规和规章对现场笔录的制作形式另有规定的,从其规定。

勘验笔录与现场笔录近似,只是制作主体、时间略有区别。勘验笔录、现场笔录都是对勘验、现场检查的客观记载,制作方法多种多样,且均具有较强的客观性。我国《行政诉讼法》第三十三条规定的证据种类有勘验笔录和现场笔录。而《民事诉讼法》第六十三条中规定的是"勘验笔录",《刑事诉讼法》中指的是"勘验、检查、辨认、侦查实验等笔录",通常是由公安司法机关工作人员对与案件有关的场所、物品、人身、尸体进行勘察、检验时就所观察、测量的情况所做的如实记载。由此可见,现场笔录是行政诉讼所特有的一种证据类型。现场笔录也是行政程序的一种重要证据种类,为大量单行行政管理法规、规章所规定❶。《行政诉讼法》所规定的"勘验笔录"和"现场笔录"是两种独立的证据种类。

2.路政执法机关制作勘验笔录、现场笔录的基本规则

(1)笔录应当载明时间、地点和事件等内容,并由执法人员和当事人签名。现场笔录应当现场制作,不得事后补作。

(2)当事人拒绝签名或者不能签名的,应当注明原因,并邀请见证人签名。

(3)勘验、检查现场应制作全面反映现场客观情况的勘验、检查笔录。现场勘验、检查笔录的制作顺序应与现场勘验、检查的实施顺序一致。

二、路政执法典型案件的调查取证

(一)超限行驶案件的调查取证

《公路法》第五十条、第七十六条规定,超过公路、公路桥梁、公路隧道或者汽车渡船的限载、限高、限宽、限长标准的车辆,不得在有限定标准的公路、公路桥梁上或者公路隧道内行驶,不得使用汽车渡船。违反规定,车辆超限使用汽车渡船或者在公路上擅自超限行驶的,由交通主管部门责令停止违法行为,可以处3万元以下的罚款。

行政相对人涉嫌在禁超公路路段上超限行驶,破坏公路、桥梁、隧道及其附属设施等公路路产,路政执法人员应当依法收集下列书证:一是称重检测数据即计重单据;二是驾驶员的驾驶证以及车辆的行驶证、货物运输证等证件,查明驾驶证信息与身份证信息是否相同、驾驶证是否过期等内容;三是路政执法人员对现场勘查完毕后,应当制作现场勘查图。现场勘查图须经当事人和两名以上交通执法人员签字或盖章;四是禁

---

❶ 殷宪龙,李继刚编著,《证据法学》,法律出版社,2014年。

超公路路段限高、限宽、限长的书面材料。同时,应当依法收集或固定下列物证:一是超限行驶的运输车辆,查明车辆类型、用途等情况;二是公路、桥梁、隧道及其附属设施受损坏的物体证据。

路政执法人员收集当事人陈述的,应当允许当事人对在禁超公路路段上超限行驶的时间、地点以及原因、过程等情况做出说明。必要时,路政执法人员还应当收集证人证言。路政执法人员制作现场笔录的,应当载明当事人、时间、地点、事件等基本内容。

路政执法人员还应当对当事人的运输车辆在禁超公路路段上超限行驶的现场进行勘查,具体内容包括:一是对超限运输车辆的牌照及其他基本情况进行照相或者录像;二是对检测超限运输车辆的长度、宽度、高度,制作勘验笔录,并在勘验笔录上标明该车辆超长、超宽、超高的具体数额以及车辆行驶的具体禁超公路路段。

禁超公路现场安装有电子摄像设备的,路政执法人员应当调取该电子证据,并且记录提取电子证据的时间、地点、人员等情况。

(二)公路建筑控制区违章建筑案件的调查取证

《公路法》第八十一条规定,在公路建筑控制区内修建建筑物、地面构筑物,由交通运输主管部门责令限期拆除,并可以处50000元以下的罚款。逾期不拆除的,由交通运输主管部门拆除,有关费用由建筑者、构筑者承担。《公路安全保护条例》第五十六条将行政强制执行、行政处罚权全部授权公路管理机构实施。

从路政执法调查取证的角度来看,公路建筑控制区违章建筑案件的取证是相对明确和具体的,一般来说认定违章建筑时,路政执法人员要收集好以下几方面的证据。一是检查发现、举报或要求整治违章搭建、违章建筑的检查笔录、信件和陈述笔录。二是现场巡查的发现纪录。三是对违章搭建、违章建筑的查勘笔录、照片或录像等。四是邻人及其他人的调查笔录。五是违章搭建、违章建筑的行为人的陈述笔录。六是违法主体的资格证据,是单位的,应要求其提供法人代码证、营业执照等;是个人的,要求其提供官方制发的载明个人基本情况的证件,比如身份证、户口簿等。七是公路管理机构或交通主管部门出具的证明修建该建筑物不是公路防护、养护需要的书面证明。

(三)损坏公路及附属设施案件的调查取证

《公路法》第四十四条、第五十二条、第七十六条规定,任何单位和个人不得擅自占用、挖掘公路,不得损坏、擅自移动、涂改公路附属设施,有以上违法行为的,由交通主管部门责令停止违法行为,可以处30000元以下的罚款。

作为路政执法机关,在进行破坏损坏公路及附属设施案件的调查取证时,书证主要是调取当事人是否具有占用公路的批文,是否存在伪造或使用过期占用公路批文问题的书面证据。物证主要是涉及当事人损坏公路附属设施的地理位置、次数、持续时间等方面,以及现场勘查提取的损坏公路附属设施的地理位置、现场遗留物、痕迹、工具等。视听资料主要包括涉及当事人故意损坏公路附属设施的监控录像、录音、照片、证人拍摄的录像、制作的录音等,特别是在大额的路产损失案件中,由于路产损失面较大,一定要拍摄整个路产损失的全景照片,并对重点部分分别拍摄,如果是拍摄照片,必须由损害发生起始地、损害发生结束地,由标尺衡量的损害全景等一组照片来说明问题。这样就可以还原整个路损的全貌,使当事人心服口服,难以提出异议。证人证言主要涉及当事人明知损坏公路附属设施的地理位置、面积、持续时间、转移或处理挖掘物品等情况,以及公路养护人员、现场目击人及其他知情人的证言等。鉴定结论主要涉及当事人精神状态的医学鉴定和出生年龄的鉴定,被损坏公路附属设施的损害程度鉴定结论和损害估价结论等。当事人陈述和辩解主要涉及当事人有关损坏公路附属设施的目的、动机的表述和辩解。勘验、检查笔录主要是涉及公路附属设施被损坏状况(数量和程度)的现场勘验、检查笔录。

第六章　路政执法文书

第一节　路政执法文书制作

一、路政执法文书的概念和特征

1. 路政执法文书的概念

路政执法文书是交通运输路政执法机关,在法定职权范围内实施行政监督检查,办理行政执法案件依法制作的具有法律效力或者法律意义的书面文件的总称。这个概念包括四层含义:

(1)制作主体。

路政执法文书的制作主体,是各级路政管理主体。包括交通运输行政主管部门,即交通运输部、厅、局,以及其所属的地方性法规授权的公路管理机构和路政管理机构。

(2)文书范围。

路政执法文书是路政执法主体在路政管理过程中,依照法定程序,实施行政监督检查,进行行政许可、行政强制、行政处罚等行政行为的过程中,依法制作的具有法律效力的书面文件。

(3)法律依据。

制作路政执法文书必须严格遵循《路政管理规定》以及交通运输部制定的文书格式和规范要求。

(4)法律效力。

依法制作的路政执法文书生效后,未经法定程序不能随意更改和撤销;一经送达,即对相对人产生约束力,行政相对人在规定的期限内拒不履行相关生效执法文书时,路政执法机关可申请人民法院强制执行。

2. 路政执法文书的特征

路政执法文书制作是执法过程中的重要环节,是严肃的执法活动。文书制作必须具有合法性、规范性及有效性。

(1)合法性。

路政执法文书是路政执法机关执法活动中使用的文书,文书制作必须符合国家有关法律法规的规定。具体包括:路政执法主体合法;路政执法文书的内容包括案由、事实、理由等符合国家有关法律法规的具体规定;路政执法主体制作执法文书的程序符合法定的程序要求,特定执法文书制作时还应当依法履行必要的手续。

(2)规范性。

路政执法文书制作在内容、形式等方面必须符合规范要求。

执法文书制作的基本要求以及案由、案号、当事人情况等相应栏目的具体填制规范应符合《交通行政执法文书制作规范》的统一要求的样式逐项填写。文书用语应按照《交通行政执法用语规范》的有关规定,填写相应的栏目。同时,必须语言表达简洁、准确,用词规范、明确,以保证文书权利义务内容在明确的前提下得以实施。

(3)有效性。

路政执法文书是具有国家强制的法律文书。路政执法机关依照法定职权制作的执法文书,一经生效即具有法定约束力,路政执法文书如确有错误,非经法定程序不得变更或撤销。行政管理相对人必须按照执法文书上记载的内容行使权利履行义务,逾期不予履行,将由国家强制力强制实现。交通运输部《交通运输行政处罚程序规定》第三十八条规定,对已经生效的处罚决定,当事人拒不履行的,由做出处罚决定的交通管理部门依法强制执行或者申请人民法院强制执行。相对人拒不履行,路政执法部门可申请法院强制执行。

3.路政执法文书的作用

路政执法文书是规范交通运输行政执法行为的重要载体,是保证国家有关法律法规具体实施的重要形式。其重要作用表现在以下几个方面:

(1)保障法律法规实施。

法律法规的目的在于实施,进而实现法律法规所追求的目标。路政执法部门实施执法监督检查、行政许可、行政处罚、行政强制等行政执法行为,必须通过依法制作相应的执法文书予以体现和规范,进而保障法律法规的实施,所以,路政执法文书是交通运输行政执法机关具体实施法律法规的重要手段。

(2)记载执法活动过程。

制作路政执法文书是从立案、调查、审核、批准到执行各个执法环节执法规范化的要求。路政执法文书应客观记录执法全过程,准确地反映路政执法情况,同时作为解决执法争议的重要依据。路政执法文书的价值并不局限于记载执法活动本身,而且也是通过文书这一形式制约执法权规范行使的重要手段。路政行政执法文书卷宗能够反映出路政执法机关的执法职责是否履行到位,执法动机和目的是否正当,法律法规适用是否准确,执法程序执行是否合法。通过执法监督、执法考核等形式,发现执法文书中暴露的执法问题,进一步严格、规范、公正、文明执法,提高执法人员的法治素养和办案水平。

(3)进行法制宣传教育。

落实"谁执法,谁普法"的普法责任制,在路政执法过程中宣传国家有关法律、法规、规章也是路政执法部门的重要工作之一。规范的路政执法文书是普法宣传的生动教材。通过文书中对事实的认定、法律法规的引用分析,可以实现对相对人进行宣传教育的目的。使相对人对与案件相关的法律法规有深入的了解,对国家法律法规对违法的处置和权利救济途径有所认识,教育相对人遵纪守法,从而达到法制宣传教育的目的。

二、路政执法文书的制作要求及范例

1. 路政执法文书的种类

按照《路政管理规定》的内容进行分类,将路政管理文书分为:路政许可文书、路政处罚文书、路政强制文书及路政赔(补)偿文书。

(1)路政许可文书。

根据交通部2004年10号令《交通行政许可实施程序规定》,路政许可文书包括:
①交通行政许可申请书。
②交通行政许可申请不予受理决定书。
③交通行政许可补正通知书。
④交通行政许可申请受理通知书。
⑤交通行政许可(当场)决定书。
⑥交通行政许可征求意见通知书。
⑦延长交通行政许可期限通知书。
⑧交通行政许可期限法定除外时间通知书。
⑨交通行政许可决定书。
⑩不予交通行政许可决定书。
⑪交通行政许可听证公告。
⑫交通行政许可告知听证权利通知书。

(2)路政处罚文书。

根据交通部《交通行政执法文书制作规范》,路政处罚文书包括:
①现场笔录。
②举报记录。
③立案审批表。
④协助调查通知书。
⑤询问笔录。
⑥勘验(检查)笔录。
⑦抽样取证凭证。
⑧委托鉴定书。
⑨鉴定意见书。
⑩证据登记保存清单。
⑪证据登记保存处理决定书。

⑫车辆暂扣凭证。
⑬责令车辆停驶通知书。
⑭解除行政强制措施通知书。
⑮责令改正通知书。
⑯回避申请书。
⑰同意回避申请决定书。
⑱驳回回避申请决定书。
⑲案件处理意见书。
⑳违法行为通知书。
㉑陈述申辩书。
㉒听证通知书。
㉓听证公告。
㉔听证委托书。
㉕听证笔录。
㉖听证报告书。
㉗重大案件集体讨论记录。
㉘行政(当场)处罚决定书。
㉙行政处罚决定书。
㉚不予行政处罚决定书。
㉛分期(延期)缴纳罚款申请书。
㉜同意分期(延期)缴纳罚款通知书。
㉝不予分期(延期)缴纳罚款通知书。
㉞行政强制执行申请书。
㉟文书送达回证。
㊱处罚结案报告。
（3）路政强制文书。
路政强制文书包括：
①现场笔录。
②强制执行申请书行政强制措施审批表。
③行政强制措施决定书。
④延长扣押期限审批表。
⑤延长扣押期限告知书。
⑥检测检验或者技术鉴定告知书。
⑦行政强制措施处理决定书。
⑧催告书。
⑨行政强制执行(代履行)决定书。

⑩中止(恢复、终结)行政强制执行通知书。
⑪执行协议。
⑫强制拆除公告。
⑬行政强制执行笔录。
(4)路政赔(补)偿文书。
路政赔(补)偿文书包括：
①公路赔(补)偿案件勘验检查笔录。
②公路赔(补)偿案件询问笔录。
③公路赔(补)偿案件抽样取证凭证。
④公路赔(补)偿案件证据登记保存清单。
⑤公路赔偿和补偿案件鉴定意见书。
⑥公路赔(补)偿案件调查报告。
⑦公路赔(补)偿通知书。
⑧公路赔(补)偿通知书(存根)。
⑨公路赔(补)偿案件管理文书送达回证。
⑩公路赔(补)偿案件结案报告。

2. 路政执法文书的基本内容

执法文书一般由事实、理由及结论三部分组成,这三者有机联系,不可分割。

(1)事实。

执法文书的事实是指案件事实,是一种法律事实。法律事实是指法律所规定的,能够引起法律关系的产生、变更或消灭的具体条件和事实根据。法律事实是经过证据证实了的事实,是经过依法举证、质证、认证的事实。

执法文书记述的事实应当具有客观性、真实性。通过证据还原事实的本来面目。执法文书引文材料必须经证据证实,出处准确无误,使用数据说明问题要求精确,不允许夸大或缩小,更不允许歪曲甚至虚构、捏造事实。

(2)理由。

执法文书的理由包括认定事实的理由和适用法律的理由。认定事实就是认定案件、事件的事实。案件、事件的事实只有通过举证、质证、认证等活动,充分听取各方意见,经过推理判断,对证据的取舍和证明力做出正确的判断和选择,才能做出正确的认定。

适用法律的理由,主要是对适用法律的事实(小前提)与法律(大前提)之间关联性的分析,得出最终为法律所认定的事实,做出适用某一法律的判断。

(3)结论。

执法文书的结论是行政执法案件的最终处理结果。结论表达要求准确、具体。所谓准确,就是要求执法文书的结论要以事实为根据,以法律为准绳。所谓具体,是指结论应当明确表达文书的处理结果。一般可以从执法文书的标题认知其基本结论或主旨,如交通行政机关的行政处罚决定书,就是对特定案件的违法行为做出行政处罚。

3.路政执法文书的制作要求

路政执法文书的制作要求主要体现在路政执法文书的结构要求、格式要求、内容要求及范式要求等方面。

(1)路政执法文书的结构要求。

执法文书制作结构一般包括首部、正文及尾部三个部分。

①首部是执法文书的开篇部分。一般包括文书制作机关名称、文书名称、文书编号、当事人的基本情况、案由或事由、案件或事件的来源和处理过程等项内容。其中,路政执法的案由是指路政执法案件的由来,即当事人因何原因需要路政执法机关进行处理。确定路政执法案件的案由,实际上就确定了路政执法案件的名称。作为路政执法文书基本内容的一部分,案由是对案件内容、性质、特征等的高度概括,《交通行政执法文书制作规范》第七条明确规定:交通行政执法文书中"案由"填写为"当事人姓名(名称)+涉嫌违法行为性质+案由"。案由的确定对当事人和路政执法机关都具有十分重要的意义。

②正文是执法文书的核心部分。正文的内容包括事实、理由及结论三项。不过,有的"结论"是指要求事项或处理意见或处理结果等。在有些文书中这三项内容是连在一起书写,而不是分开表述的。其中,路政执法文书中的事实要素包括案件的时间、地点、当事人、案由、经过、结果等。路政执法文书中对案件事实的叙述,要按照事件发生的时间顺序,客观、全面、真实地反映案情,并要抓住重点,逻辑周密,叙述详尽。路政执法文书中阐明证据都采用逐一罗列法,将与本案有关的所有证据,在执法文书中一一列举。在证据的列举时要对证据进行甄别,只列举与本案有关联的证据,并将所有与本案有关的证据,都包含进去。此外,应按照一定的标准对证据进行分类整理,如按照时间顺序、证据类别、证明程度等,对证据进行整理。理由部分法律依据适用的基本要求:一是法律依据应当写明法律、法规或规章的全称,有款、项、目的,必须具体到款、项、目,特别是项的表述要规范;二是引用法律依据的顺序按效力高低引用,不得援引法律、法规和规章以外的其他规范性文件作为法律依据。

③尾部是执法文书的结束部分。一般包括告知事项,主要是告知行政相对人权利义务,即告知权利救济的方式和途径;还包括签署、日期、用印、附注说明等项。根据不同的文种,尾部的事项稍有不同,但签署、日期、用印则是必备的项目。尾部的用语固定,程式严格,对执法文书效力有着直接的影响。

(2)路政执法文书的格式要求。

执法文书制作格式主要有四种类型,即填写式文书、笔录式文书、制作式文书及表格式文书。

①填写式文书。

填写式文书是指结构简单,大部分内容固定,只有少量内容由制作者填写的文书。填写式文书制作时十分方便迅速,一般用于较为简单的事项,如《当场处罚决定书》

《听证通知书》《授权委托书》《证据登记保存清单》《车辆暂扣凭证》《责令车辆停驶通知书》等。

②笔录式文书。

笔录式文书就是以文字的形式如实记录交通行政执法活动的文书,主要起证据作用。这类文书要求内容真实,完整、客观地记录现场监督检查、听证、调查、当事人陈述申辩等现场情况。笔录式文书一般不进行主观的论证分析,也不必阐明权利主张。主要文书类型如《当事人陈述申辩笔录》《询问笔录》《听证笔录》《现场检查笔录》等。

③制作式文书。

制作式文书也称拟制式文书或叙议式文书,是指制作主体制作时需要叙述事实、阐述理由并在此基础上做出结论的规范性文书。这类文书只规定文书的形式要素,结构要求完整。但各个结构部分的内容,如事实、理由等则要求制作者根据案情具体情况进行填写。如《听证报告书》《重大案件集体讨论记录》等。这类文书在制作上具有一定的难度,是文书制作应掌握的重点。

(3)路政执法文书的内容要求。

路政执法文书的制作要严格遵循惯用体例,内容应做到完整准确规范。

①内容填制应当规范。

执法文书应当使用蓝黑色或黑色签字笔或钢笔填写,做到文字规范、字迹清楚、文面整洁。执法文书首页不够填写的可附页记录,并标注页号,由执法人员和当事人签名并标注日期。两联以上的文书应当使用无碳复写纸印制,第一联留存归档。执法文书中除编号、数量等必须使用阿拉伯数字的外,应当使用汉字。案由填写应为:当事人姓名(名称)+涉嫌违法行为性质+案由;当场处罚决定书、立案审批表、违法行为通知书、行政处罚决定书等对外送达的交通运输行政执法文书应当编注案号,即:行政执法机关简称+执法门类+文书类别+年份+文书顺序号。执法文书尾部要求签名或注明日期的,必须准确无误,并由执法人员、审核人、审批人等手签姓名,不得机打。需要交付当事人的文书中设有签收栏的,由当事人直接签收;也可以由其同住的成年家属或委托代理人签收。文书中没有设签收栏的,应当使用文书送达回证。

②语言表述要清晰。

路政执法文书应当使用公文语体,用词准确、简洁。准确,就是要如实反映案件事实,切实分析事理,逻辑推理严明,做到法律、事实、论证的有机结合。避免语意的不确定性,不要使用推测性或含义不清、有歧义的词句。简洁,就是要善于概括,要避免上下文在文字上、意思上的重复。用词造句简洁明了,行文干脆利落,做到言尽意止。

(4)路政执法文书的范式要求。

部相关的规章、文件已对交通运输行政执法文书的样式进行了统一。应根据执法的实际情况和具体过程,选用不同的交通运输行政执法文书,按照规定的格式,使用A4型纸填写或者打印制作。不同的交通运输行政执法文书在书写格式、事项内容、办案人签名、加盖印章方面有不同的要求,制作时应严格遵循相应的文书制作规范。做到文书栏目填制完整、准确。格式文书中设定的栏目,应逐项填写,不得遗漏和随意修改,无需填写的,应用斜线划去。确因错误需要进行修改的,可以用杠线划去修改处,在其上方或者接下处写上正确内容,并在改动处加盖印章,或者由当事人签名、盖章或按指印确认。不同交通运输行政执法文书中的相同栏目填制内容应当一致。如不同执法文书中的"当事人"填制时应保持一致。

当事人情况应根据案件情况确定"个人"或者"法人或者其他组织"。其中,"个人""法人或其他组织"两栏不能同时填写。当事人为公民的,姓名应填写身份证或户口簿上的姓名;住址应填写常住地址或居住地址;"年龄"应以公历周岁为准;当事人为法人或者其他组织的,填写的单位名称、法定代表人(负责人)、地址等事项应与工商登记注册信息一致,不得随意省略和使用代号。

询问笔录、现场笔录、勘验(检查)笔录、听证笔录等文书,应当当场制作并交当事人阅读或者向当事人宣读,由当事人逐页签字或盖章确认。当事人认为笔录内容无误的,应在笔录上写明"以上笔录无误"字样,并签名、注明日期。当事人发现笔录有误,可以要求修改笔录,在每一处修改的地方,要让被询问人一一签名,予以确认。当事人要求作较大修改的,可以要求当事人在笔录后另外书写,并签名确认。当事人拒绝签字盖章或拒不到场的,执法人员应当在笔录中注明,并可以邀请在场的其他人员签字。

执法依据应当写明法律、法规、规章的规范文号或名称全称,并具体到条款、项,不得使用不规范的简称。做出罚款决定,行政处罚决定书应写明指定的收款银行及地址。

交通行政执法文书中注明加盖交通行政执法机关印章的地方必须加盖印章,加盖印章应当清晰、端正。

第二节 路政执法文书送达

执法机关依照法定的程序和方式,将执法文书送交当事人的行为,称为执法文书的送达。执法文书的送达是行政执法过程中不可或缺的一个重要环节,执法文书一经送达,便产生一定的法律效力。在交通行政执法实践中,执法文书的送达都是按照民事诉讼的文书送达程序来执行的。

《中华人民共和国行政处罚法》第四十条规定:"行政处罚决定书应当在宣告后当场交付当事人;当事人不在场的,行政机关应当在7日内依照民事诉讼法的有关规定,将行政处罚决定书送达当事人。"由此可见,《民事诉讼法》中规定的六种送达方式均适用于交通执法文书的送达。

1. 直接送达

路政执法人员将执法文书直接交给当事人的送达方式为直接送达。但以下情况也属于直接送达:

(1)当事人是公民的,本人签收;本人不在,交其同住的成年家属签收。

(2)当事人是法人或其他组织的,应当由法人的法定代表人、其他组织的主要负责人或者该法人、组织的办公室、收发室、值班室等负责收件的人签收。

(3)当事人有代理人的,行政机关可以向当事人送达,也可以向其代理人送达。

(4)当事人已向行政机关指定代收人的,送交代收人签收。在送达回证上签收的日期以当事人或与当事人同住的成年家属、法人或其他组织的负责收件的人、代理人或代收人在送达回证上签收的日期为送达日期。

2. 留置送达

留置送达是指当事人或者他的同住的成年家属拒绝签收向其送达的执法文书时,行政机关执法人员依法将文书留在当事人住所的送达方式。适用留置送达必须同时具备以下几个条件:

(1)必须是将文书送达到当事人的住所。

(2)当事人或其同住的成年家属拒绝接收执法文书。

(3)必须邀请当事人所在的基层组织或者所在单位的代表在场或有拒绝接收的摄像资料。

(4)必须是在当事人或与其同住的成年家属在场的情况下把执法文书留在其住所。

留置送达不仅适用于对公民送达,也适用于对法人或者其他组织的送达。送达人向法人或者其他组织送达执法文书,"应当由法人的法定代表人、该组织的主要负责人或者办公室、收发室、值班室等负责收件的人签收或盖章,拒绝签收或盖章的,适用留置送达"。

3. 委托送达

委托送达是指交通执法机关直接送达执法文书有困难,委托有关执法机关代为交给受送达人的送达方式。委托其他执法机关代为送达的,委托单位应当出具委托函,并附需要送达的执法文书和送达回证,以受送达人在送达回证上签收的日期为送达日期。

4. 邮寄送达

邮寄送达是指交通执法机关直接送达执法文书有困难,通过邮局将执法文书用挂号邮寄给受送达人的送达方式。邮寄送达应当附有送达回证。挂号信回执上注明的收件日期与送达回证注明的收件日期不一致的,或者送达回证没有寄回的,以挂号信回执上注明的收件日期为送达日期。

5. 转交送达

转交送达是由执法机关将执法文书交受送达人所在单位代收后转交给受送达人的送达方式。转交送达是在不便直接送达时采用的一种送达方式。主要适用以下三种情形:

(1)受送达人是军人的,通过其所在部队团以上单位的政治机关转交。

(2)受送达人被监禁的,通过其所在监所或者劳动改造单位转交。

(3)受送达人被劳动教养的,通过其所在劳动教养单位转交。

代为转交的机关、单位收到执法文书后,必须立即交受送达人签收,以在送达回证上的签收日期为送达日期。

6.公告送达

公告送达是指执法机关以登报、张贴公告等方式告知受送达人执法文书的内容或通知其到执法机关领取文书的一种送达方式。

公告送达是一种推定送达。执法机关必须严格按照法定程序进行。适用公告送达,必须符合以下情形:一是受送达人下落不明,所谓下落不明,是指受送达人现在何处无从知晓。二是采用直接送达、留置送达、委托送达、转交送达、邮寄送达五种送达方式均无法送达的。

第三节 路政执法文书归档

一、基本要求

(1)处罚文书应当根据简易程序与一般程序的类别,按年度和一案一号的原则立卷归档。一般程序的文书一案一卷,简易程序的文书可数案(一般为10个案件,但也可根据实际情况适当减少数量),合并立卷。

(2)行政处理文书单独序列编号,编号规则参照一般程序案件行政处罚文书。文书归档按照流水号依次顺序进行。

二、文书立卷

(1)简易程序文书立卷顺序为:卷宗封面(采用国家标准封面);文书目录;各档案文书。各案件文书归档顺序为:询问笔录;当场处罚决定书;罚没款票据。简易程序文书归档中不得出现证据登记保存清单。

(2)一般程序文书立卷顺序为:卷宗封面;卷内目录;立案建议书;询问笔录;勘验检查笔录;抽样取证凭证;鉴定意见书;证据登记保存清单;违法行为调查报告;处罚报批表;违法行为通知书;处罚决定书;送达回证;罚没款票据;结案报告;卷宗封底。

行政处理案件文书立卷顺序参照行政处罚案件一般程序文书。

(3)装订卷宗前,要先全面检查文书,不完整的要补齐,破损的要修补或附复印件;然后将文书按顺序排列,并逐页编页码;最后填制卷宗封面及卷内文书目录后妥善装订。

(4)文书归档后应当装盒。文书归档卷宗档案盒应使用国家标准卷宗及档案盒。

三、执法文书的归档及管理

(一)文书组卷要求

行政处罚一般程序案件,按年度和一案(事项)一卷的原则立卷归档,材料过多的,可以一案多卷;行政处罚简易程序案件按年度、10~20案作一卷归档。

卷内文书材料应当齐全完整,无重份或多余材料。

案卷应当制作封面、卷内目录和备考表。

(1)封面题名应当由当事人和违法行为定性两部分组成。卷宗封面上还应当载明:归档号、案件(事项)类别、案由、案件(事项)编号、当事人姓名或者名称、执法单位、做出决定或者结案时间、制作卷宗时间及立卷人、保存期限等内容。

(2)卷内目录按卷内文书材料排列顺序逐件填写。应当包括序号、题名、页号和备注等内容,按卷内文书材料排列顺序逐件填写。页码一律用阿拉伯数字编在有文字正面的右上角、背面的左上角。卷宗封面、卷内目录、卷底不编号。

(3)备考表填写卷中需要说明的情况,并由立卷人、检查人签名。

(二)文书归档顺序要求

(1)填制好卷宗封面及卷内目录后妥善装订。案件文书材料按照下列顺序整理归档:

①案卷封面。

②卷内目录。

③行政处罚决定书或者不予行政处罚决定书。

④立案审批表。

⑤现场笔录、举报记录、协助调查函、询问笔录、勘验(检查)笔录、抽样取证凭证、委托鉴定书、鉴定意见书、证据登记保存清单、证据登记保存处理决定书、行政案件接受处理催告通知书等。

⑥责令车辆停驶通知书、解除行政强制措施通知书、责令改正通知书、回避申请书、同意回避申请决定书或者驳回回避申请决定书等。

⑦违法行为调查报告、行政案件处罚报批表、违法行为通知书、陈述申辩书等。

⑧听证会通知书、听证公告、听证委托书、听证笔录、听证报告书等听证文书。

⑨重大案件集体讨论记录。

⑩分期(延期)缴款申请书、同意分期(延期)缴纳罚款通知书或者不予分期(延期)缴纳罚款通知书、行政强制执行申请书等。

⑪执行的票据等材料。

⑫罚没物品处理记录等。

⑬送达回证等其他有关材料。

⑭行政处罚结案报告。

⑮备考表。

⑯卷宗封底。

(2)不能随文书装订立卷的录音、录像等证据材料应当放入证据袋中,并注明录制内容、数量、时间、地点、制作人等随卷归档。

(3)当事人申请行政复议、提起行政诉讼或者行政机关申请人民法院强制执行的案卷,可以在案件办结后附入原卷归档。

(三)案卷装订要求

(1)案卷装订前要做好文书材料的检查。文书材料上的订书钉等金属物应当去掉。对破损的文书材料应当进行修补或复制。卷内文件材料应当用阿拉伯数字从"1"开始依次用铅笔编写页号;页号编写在有字迹页面正面的右上角和背面的左上角;大张材料折叠后应当在有字迹页面的右上角编写页号;A4纸横印材料应当字头朝装订线摆放好再编写页号。小页纸应当用A4纸托底粘贴。对字迹难以辨认的材料,应当附上抄件。

(2)案卷应当整齐美观固定,不松散、不压字迹、不掉页、便于翻阅。

(3)办案人员完成立卷后,应当及时向档案室移交,进行归档。

(4)案卷归档,不得私自增加或者抽取案卷材料,不得修改案卷内容。

(5)行政执法文书卷宗必须按照案件分类,区别不同的保管期限。交通行政执法文书卷宗保管期限分永久、长期与短期三种。重大行政处罚案件卷宗应长期保存,一般行政案件卷宗短期保存。长期保存期限为5~10年,短期保存期限为2年。